生态旅游补偿机制研究的理论与实践

严贤春　等 编著

科 学 出 版 社

北 京

内容简介

本书是一本较为全面、系统地阐述生态旅游补偿机制理论与实践的著作。全书共有6章，在介绍生态旅游理论、生态补偿机制理论、旅游生态补偿理论的基础上，提出旅游生态补偿的构建策略，结合四川旅游生态补偿中的问题，提出相应的管理对策，并以唐家河自然保护区为例，进行旅游生态补偿机制的案例研究。

本书可供旅游、林业、农业、环境保护等专业的工程技术人员和管理人员阅读，也可作为培训用书。另外，本书还可作为大专院校相关学科的教材和教学参考书。

图书在版编目(CIP)数据

生态旅游补偿机制研究的理论与实践 / 严贤春等编著. — 北京：科学出版社，2020.3

ISBN 978-7-03-060431-6

Ⅰ. ①生…　Ⅱ. ①严…　Ⅲ. ①生态旅游-补偿机制-研究　Ⅳ. ①F590.75

中国版本图书馆 CIP 数据核字（2019）第 014087 号

责任编辑：孟　锐 / 责任校对：彭　映
责任印制：罗　科 / 封面设计：墨创文化

科学出版社 出版
北京东黄城根北街16号
邮政编码：100717
http://www.sciencep.com

成都锦瑞印刷有限责任公司印刷
科学出版社发行　各地新华书店经销

*

2020年3月第　一　版　　开本：787×1092　1/16
2020年3月第一次印刷　　印张：14.25
字数：344 千字

定价：85.00 元

研究及出版资助

——四川省哲学社会科学规划应用类项目（四川旅游地生态补偿机制研究，SC12LY16）

——西华师范大学英才科研基金项目（四川自然保护区生态旅游开发及国家公园建设研究，17YC353）

——西华师范大学生态学一流学科建设项目

前 言

旅游活动古已有之，为了协调旅游开发与环境保护、维持生态系统的平衡，生态旅游便应运而生。生态补偿机制作为一种新型的资源环境管理模式，能解决生态环境保护资金的供求。生态补偿在研究与实践层面都是国内一个不断升温的热点和前沿问题。随着生态补偿研究的不断深入和研究领域的不断扩大，旅游领域的生态补偿问题也逐渐进入研究者的视野。但目前国内外关于旅游生态补偿的研究者和研究内容并不多，研究体系还不完善。国内学者关于旅游生态补偿的研究，大多遵循生态补偿研究的基本思路与模式，对于旅游生态补偿的针对性不强。

为了使旅游生态补偿向正常健康的方向发展，研究并制定出一种能平衡旅游地经济发展与生态保护矛盾之间的旅游生态补偿机制显得尤为重要。本书是在吸取国内外对生态旅游及生态补偿和旅游生态补偿研究的相关成果的基础上，结合作者在四川的实地调查研究完成的。

本书是一本较为全面、系统地阐述生态旅游补偿机制理论与实践的著作，本书的编撰与出版，旨在为旅游生态补偿机制的构建提供参考和借鉴。

全书共有 6 章。第 1 章分析生态旅游的概念和内涵，探讨环境伦理观、可持续发展理论及生态学、旅游学等相关理论。第 2 章分析生态补偿的概念及实质，探讨生态补偿的公共物品理论、外部性理论、生态环境价值论、环境公平与生态正义理论、博弈论、福利经济学理论等基础理论，分析生态补偿的目的、原则与方式、途径、类型、主体、客体、对象、标准及方法，并尝试构建生态补偿的合理机制。第 3 章分析旅游生态补偿的概念与内涵，探讨国内外的研究现状，分析旅游影响理论、利益相关者理论、旅游孤岛经济效益、旅游生态足迹等基础理论。第 4 章探讨旅游生态补偿的合理机制，包括补偿的主体、对象、原则、模式、方式、标准及体系的构建。第 5 章探讨四川旅游生态补偿的现行模式，针对四川旅游生态补偿中存在的问题，提出相应的管理对策。第 6 章以唐家河自然保护区为例，做了旅游生态补偿机制的案例实践研究。

本书由严贤春主笔。李登飞参与了第 1 章部分内容的文字整理及编撰工作；丁华艳参与了第 3 章部分内容的文字整理及编撰工作；徐娟参与了第 5 章部分内容的文字整理及编撰工作；冯国杰参与了第 6 章部分内容的文字整理及编撰工作。

本书的编辑及出版得到了四川省哲学社会科学规划应用类项目、西华师范大学英才科研基金项目、西华师范大学生态学一流学科建设项目的资助，特此致谢。在编写过程中参考并引用了大量有价值的资料，在此对相关著作人员一并表示感谢。

旅游生态补偿是一个涉及面广、综合性强的领域，由于编撰者水平和掌握的资料有限，不足之处在所难免，真诚希望得到广大读者的批评指正。

严贤春

2018 年 4 月 于西华师范大学

目　录

1　生态旅游理论

1.1　生态旅游的概念与内涵

1.1.1　生态旅游的兴起及概念的提出

旅游活动古已有之，但将旅游现象在理论上进行探讨，迄今却仅有一百多年历史。由于不同学科的介入和发展演化，不断地为旅游研究注入新鲜血液(邹统钎等，2008)。正是人类社会向前发展所带来的生理、心理和教育的需要，让人们产生了返回到大自然中去的愿望，因而旅游的动机就产生了。随着旅游业的发展，人们逐渐认识到旅游业并不是所谓的“无烟工业”，传统的旅游业给人们带来更多直接与间接就业机会和收入的同时，也带来了各种负面影响(梁慧，2007)。为了协调旅游开发与环境保护的矛盾、维持生态系统的平衡，生态旅游便应运而生(程占红和张金屯，2001)。

其实，具有生态旅游某些特征的实践活动远早于生态旅游概念本身(邹统钎等，2008)，生态旅游的根源性观念和实践应该已经有好几个世纪了，将旅游与环境保护结合在一起的观念在非洲人的狩猎和 19 世纪国家公园的建设中就已经有所体现。David Western 认为，一个世纪以前涌向黄石公园和约塞米蒂公园的旅游者就是最早的生态旅游者。

生态旅游(eco-tourism)一词最早出现在 1965 年，学者贺兹特(Hetzer)建议对文化、教育、旅游进行再反思，并倡导所谓的“生态性旅游”，这就是生态旅游的雏形。生态性旅游有四个要点：减少对环境的影响、增强对当地文化的尊重、让当地居民受益、满足参加者的娱乐需求(李俊清等，2004)。

1983 年，世界自然保护联盟(International Union for Conservation of Nature，IUCN)生态旅游特别顾问、墨西哥专家谢贝洛斯・拉斯喀瑞(H. Cebllos Lascurain)首先在文献中使用“生态旅游”一词(段永惠和王丽娟，2004)，其被赋予了两个基本含义：旅游对象是自然生态环境，旅游方式是不对自然生态环境造成破坏。他在 1986 年墨西哥召开的国际环境会议上正式确认该词，并进一步给出了生态旅游的定义：“生态旅游作为常规旅游的一种特殊形式，旅游者在欣赏和游览古今文化遗产的同时，置身于相对古朴、原始的自然区域，尽情研究野生动植物和享受旖旎的风光”。

1992 年第 1 届旅游与环境世界大会，把生态旅游定义为促进保护的旅行(魏湘岳，1995)。1995 年，《可持续发展宪章》指出：可持续旅游发展的实质，就是要求旅游与自然、文化和人类生存环境成为一个整体，旅游发展必须建立在生态环境的承受能力范围之内，并符合当地社会道德规范和经济状况。此后，生态旅游的理念深入人心。

在之后的发展历程中，中外专家和各种旅游组织又纷纷从各自的研究领域出发，对生态旅游做出了不同角度的定义(田里和李常林，2004)，其中比较有代表性的定义见表 1.1.

表 1.1 生态旅游代表性定义一览表

年份	作者	生态旅游定义
1990	伊丽沙白·布(Elizabeth Boo)	以自然为基础，为学习研究生态、欣赏享受自然风光等特定目的，到干扰较少或没有受到污染的自然区域所进行的旅游活动
1992	伊丽沙白·布(Elizabeth Boo)	以欣赏和研究自然景观、野生生物及相关文化特征为目标，为保护区筹集资金，为当地居民创造就业机会，为社会公众提供环境教育，有助于自然保护和可持续发展的自然旅游
1993	东亚第一届国家公园与保护会议	是提供相应的设施及环境教育，以便旅游者在不损害生态系统或地域文化的情况下访问、了解、鉴赏、享受自然及地域文化的旅游
1993	怀斯特(Wester)	是考虑环境承载能力将游客数量控制在适当范围内的旅游
1993	生态旅游学会(Ecotourism Society)	是具有保护自然环境和联系当地人民双重责任的旅游活动
1994	探险与旅游学会	是对环境负责的，对一定地区自然或人文景观进行有利于促进保护和地区经济发展的旅游
1994	巴克利(Buckley)	是以自然为基础的、可持续的、生态环境保护的和环境教育的旅游
1996	卢云亭	是以生态学原则为指针，以生态环境和自然环境为取向所开展的一种既能获得社会经济效益，又能促进生态环境保护的边缘性生态工程和旅游活动
1996	王兴斌	是以自然生态和社会生态为主要旅游吸引物，以观赏和感受生态环境、普及生态影响和知识、维护生态平衡为目的的一种新型旅游产品
1998	吴兆录	是旅游者走进优良生态环境的一种活动。旅游者除了脚印外，不留下任何物质和痕迹，除带走照片、录相和自然感受外，不带走任何物质

1.1.2 生态旅游的客体外延

在最早的生态旅游定义中，其客体一般是指自然旅游资源，特别是受干扰比较小或没有受到污染的自然区域，例如自然保护区、森林公园、国家公园、风景名胜区等。许多国家在做关于生态旅游的统计时，都是将进入自然保护区、国家公园和森林公园的人数及旅游收入作为生态旅游的相应指标。然而，人类是地球生态系统中最重要的组成部分，人类活动是生态系统最重要的影响因素，特别是许多民族的民俗旅游资源比自然旅游资源更脆弱、更需要保护。因此，生态旅游的客体从自然旅游资源，外延至人文旅游资源(田里和李常林，2004)。

1.1.3 生态旅游的内涵

近年来，国内外学者就生态旅游进行了深入的讨论，虽然未取得一致的看法，但仍在以下几个方面达成了共识：

(1)生态旅游对象是原始的自然以及人与自然和谐共生的生态系统；

(2)生态旅游者、当地居民、旅游经营管理者等旅游主体的环境意识很强；

(3)生态旅游对旅游者、当地居民具有环境教育作用；

(4)生态旅游促进环境保护，包括提供资金支持、增强环保意识等；

(5)生态旅游是一种可持续旅游，对环境的负面影响很小。

总之，生态旅游是以自然生态景观和原生性地域特色文化为主要吸引物，基于生态环境保护和建立在可持续发展基础上的旅游活动，其问题的实质是生态旅游资源的保护性开发和环境的可持续发展问题(杨国良，2010)。

生态旅游既不是旅游开发的一种新方法，也不是旅游活动的一个分支，而是代表着旅游业发展的一个崭新阶段，是一种能使旅游业实现可持续发展的全新的旅游发展模式。生态旅游的内涵就是在可持续发展思想的指导下实现旅游业发展的全面生态化(田里和李常林，2004)。

1. 旅游规划与开发生态化

旅游规划与开发生态化是指在开发利用旅游资源和生态环境时，要遵循生态学规律，利用生态学理论进行科学布局，在规划区内完成系统稳定性与安全性的最优，使其资源和环境得到合理的有效利用，并把开发和利用程度控制在可承受的范围之内，实现可持续发展。

生态旅游规划与开发，强调崇尚自然，尽量保留原有自然风貌，将旅游对环境的影响降到最低程度，并以自然体验为主，实现旅游业与环境保护、社会发展的紧密结合，将社区生活质量的提高、环境的改善、经济效益一起作为规划的总体目标。

2. 旅游管理与服务生态化

旅游管理与服务生态化是旅游业实现可持续发展的重要保证，我们必须兼顾这两方面，既要保证生态环境不被破坏，又要满足旅游者的旅游需求。旅游管理生态化要求我们根据环境承载力对环境客量进行量测，建立科学的环境保护标准，并对污染和破坏的旅游生态系统进行恢复和重建。旅游服务生态化，需要我们为旅游者提供高质量的旅游环境和旅游服务。

3. 旅游消费生态化

旅游消费生态化是对旅游者的消费行为和消费习惯进行引导，要求旅游者进行一定限度的自我约束。生态旅游消费是一种理性消费，既强调旅游需求的满足，又要不破坏生态环境；既强调代内的平等，也要考虑代际间的公平。

1.1.4 界定生态旅游的基本原则

界定一个旅游是不是生态旅游，主要从下面三个基本原则来考虑。

1. 可持续发展

生态旅游应坚持可持续发展原则。生态旅游应考虑旅游环境及资源现状、发展趋势及承载能力，防止过度开发造成的生态环境的污染和破坏。通过法律、行政、经济和科技等有效手段，保障旅游业与环境的和谐发展，实现资源的永续利用。

2. 生态效益和经济效益相结合

生态旅游应坚持生态效益和经济效益的合理化原则。生态旅游的运作既要符合生态规律，也要符合旅游市场经济规律；既要考虑当地社区的利益，又要顾及旅游投资者的利益；既要保证自然生态环境，又要确保旅游体验的质量。

3. 社区参与

生态旅游应坚持社区参与原则。社区是社会学的重要内容，生态旅游强调通过适度开发利用资源环境，实现旅游业和旅游地共同发展(严力蛟，2007)。社区参与(community participation)是生态旅游的一个重要内容和评判依据。社区的参与为生态保护提供了动力和可能，也更容易形成和谐的原生文化氛围。因此，在生态旅游开发过程中，应保证当地社区居民有正常而有效的参与渠道，确保旅游收益公平、合理的分配，调动当地居民保护旅游资源和生态环境的积极性。另外，要有一定比例的旅游收入用于生态环境保护，改善和提高旅游区环境质量，使社区直接受益。

1.2 环境伦理观——生态旅游的基础理论

可持续发展战略的提出，标志着人类的价值观念与生活方式的变革。这种变革，是人类对人与自然关系的重新认识和思考。因此，环境伦理构成了生态旅游的理论和实践基础。

人与自然的关系，经历了经济主义—消费主义—享乐主义，实行了一种 “反自然”的社会—经济—消费生活，导致人与自然的不和谐发展，人类面临生态危机和资源告罄的局面。人类开始反思和总结教训，关注生态环境、自然界、资源的合理使用，关注自然界的价值、权利和发展。这个转向，是一个新时代的人类文明的转向，是哲学荒野的转向，引发了关于“人类中心主义”“大地伦理”“代际理论”“自然界的内在价值”“物种歧视”“动物权利”以及从根本上摧毁传统自然观的讨论，表明人对自然关系的认识进入到了一个更高、更深的层次(张建萍，2008)。

1.2.1 生态环境伦理的概念

伦理在中国传统文化中通常指人伦之理、伦常之理，表明做人的要求与规范。伦理是道德，是约束人们行为的命令；伦理是规范，是矫正人生方向的标尺；伦理是自律，它体现人们的良好禀性，传统伦理学已有数千年历史，基本上属于人际伦理学的范畴。伦理观扩展到人与自然的关系上，就是环境伦理观，再将环境伦理观延伸至旅游领域，可称为生态旅游环境伦理观或生态环境伦理观(田里和李常林，2004)。生态旅游环境伦理将人与自然、生态、旅游三者密切地联系起来，把道德关怀扩展到各种非人类存在的物身上。环境伦理学作为一种全新的伦理思潮或价值观，它不是伦理学的一个分支或应用伦理学，其实质就是要承认各种非人类存在物，应拥有独立于人类的“内在价值”，人类必须尊重它们的“生存权利”。

因此，生态环境伦理体现于人类的保护生态环境和资源的理性思维与道德规范。它是研究生态环境保护相关的道德问题的理论，其目的是为保护生态环境提供一个恰当的道德根据和规范(张建萍，2008)。

1.2.2 中国古代的生态伦理思想

中国自古就有保护生态的优良传统，在中国传统文化中，早就有善待环境的传统美德，追求人与自然的和谐是中国几千年传统文化的主流(张建萍，2008)。

1. 儒家生态伦理思想

1)天人合一，天人合其德——人与自然和谐发展

中国古代对人与自然的关系的认识，就是“天人合一”，这在《易经》《老子》《庄子》中都有系统的体现。在儒家思想中，强调人与自然的协调、和谐，也就是人们常说的“天时、地利、人和”，儒家的“天人合一”学说有着重要的哲学上的意义，与西方当代生态环境伦理的主流思想——大地伦理观的基本含义殊途同归。

儒家认为，自然本身是一个生命体，人是大自然的一部分，是自然秩序中的一个存在，所有的存在相互依存而成为一个整体。儒家把人类社会放在整个大生态环境中加以考虑，强调人与自然环境息息相通，和谐一体，这就是“天人合一”的思想。孔子虽然没有明确提出“天人合一”，但他的思想中却包含了这一命题。《论语·泰伯》中说道“大哉，尧之为君也！巍巍乎！唯天为大，唯尧则之。”孔子肯定了天之可则，即肯定了自然的可则，人与自然具有统一性。

后世儒家进一步发展了“天人合一”的思想。《中庸》中就有：“万物并育而不相害，道并行而不相悖。”《孟子·尽心上》中有：“夫君子所过者化，所存者神，上下与天地同流。”《礼记·郊特牲》中有：“阴阳和而万物得。”这些论述，都把人与自然的发展变化视为相互联系、和谐、平衡的运动。由此可以看出，以孔子为代表的儒家，不是把天、地、人孤立起来考虑，而是把三者放在一个大系统中作整体的把握，称天、地、人为“三才”，认为做任何事，掌握和运用“天时”“地利”“人合”是取得成功的关健(田里和李常林，2004)。如果说孟子承续了孔子较多地从人道自然的层面理解人与自然的关系的话，那么荀子则较多地从天道自然的角度理解自然。荀子的自然观认为，人本身是自然的一部分，人类应尊重自然秩序和生命。人类对环境的破坏速度超出了人类自己的预料，同时也正在为自己的行为而付出代价。江河洪水泛滥，资源枯竭，宇宙射线对人类健康构成威胁，所有这些都警示人类，自然不是可以随意盘剥的对象，而是与人类生存和发展息息相关的生命共同体。

2)“天行有常”——人类应尊重自然规律

儒家认为“天”是具有独立不倚的运行规律的自然界。《论语·阳货》中有：“天何言哉?四时行焉，百物生焉，天何言哉!”这个天就是生生不已的自然之天。自然界自有其运行的规律，不受人类主观意志的支配，正如《荀子·天论》所说的“天行有常，不为尧存，不为桀亡。”因此，人类在对自然进行改造和利用的过程中，必须限定在对自然规律的认识与遵循之上，即“制天命”须以“应天时”为前提。

遵循自然规律办事，节约自然资源是儒家生态伦理思想的主流和内核。合理利用资源

和保护自然资源在中国古代农业社会有其深厚的历史渊源，据《逸周书·大聚解》记载，大禹曾具有良好的生态保护意识，“禹之禁，春三月，山林不登斧，以成草木之长；夏三月，川泽不入网罟，以成鱼鳖之长。”《逸周书·文传解》记载，周文王在临终前嘱咐武王要加强山林川泽的管理，他说：“山林非时，不升斤斧，以成草木之长；川泽非时，不入网罟，以成鱼鳖之长……是以鱼鳖归其渊，鸟兽归其林，孤寡辛苦，咸赖其生。”周文王这番话是在训诫自己的接班人时说的，足见他把生态资源的保护看成是关系国计民生和国家兴旺的首要大事(田里和李常林，2004)。

3)天道生生，仁民爱物，“节用而爱人”——合理地开发利用自然资源

所谓“天道”是指自然界的变化过程和规律，“生生”是指产生、助生，“天道生生”指一切事物生生不息。我国古代思想家认为，自然界一切事物的产生和发展都具有一定规律性，生命的产生和生生不息，既是自然之“道”，又是自然之“德”。儒家一直提倡“益于生灵”“利于庶物”，儒家还明确提出“节用而爱人，使民以时”。

《中庸》记载：“天地之道，可一言而尽也：其为物不贰，则其生物不测。”正是从这个意义上，儒家主张人应节制欲望，以便合理地开发利用自然资源，使生产和消费进入良性循环状态。儒家自孔子起就坚决反对滥用资源，《论语·学而》中载：“节用而爱人，使民以时”。《论语·述而》中，孔子说“钓而不网，弋不射宿”。《礼记·祭义》中，曾子说“树木以时伐焉，禽兽以时杀焉”。这些都表达了取物有节、节制利用资源的思想。孟子对这一思想作了进一步的发展，要求统治者节制物欲，合理利用资源，注意发展生产。《孟子·尽心上》说：“易其田畴，薄其税敛，民可使富也。食之以时，用之以礼，财不可胜用也。”《孟子·梁惠王上》说：“不违农时，谷不可胜食也。数罟不入洿池，鱼鳖不可胜食也。斧斤以时入山林，林木不可胜用也。”孟子认识到其他物类对人类的重要性，所以提倡“仁民爱物”。他所提倡的“仁民爱物”反映了儒家重物节物的思想，只有重物节物才能使万物各按其规律正常地生生息息，人类才有取之不尽、用之不竭的生活资源(田里，李常林，2004)。

4)时禁——毋变天之道，毋绝地之理

古代儒家所主张的生态伦理可以简略地归纳为以“时禁”为主的行为规范。古代中国人对这种自然和生命的节律十分敏感并有各种禁令，所禁的行为对象范围不仅包括动物、植物，也涉及山川土石。而其中的“毋变天之道，毋绝地之理、毋乱人之纪”则可视为基本的原则。

2. 道家生态伦理思想

中国古代的道家为生态伦理提供了一种独特的精神视野和风景，与今天西方的生态哲学更为接近，道家哲学中“万物一体”思想所表达的宇宙生命统一论，蕴涵着深刻的生态智慧(张建萍，2008)。《老子》通过自然之道、自然之理来讲政治。老子所创立的“道”，一个重要的思想是，宇宙、自然本是混沌同一的，人类社会应该回到一种人与自然、人与人和谐相处的理想社会中去。

1)法天责真，道法自然

道家创始人老子和庄子，都强调自然秩序、主张“道法自然”，这和现代的可持续发展思想相吻合。顺应自然不等于不改造自然，在顺应自然规律的前提下可以改造自然。

2)万物平等自化

道家的中心概念是“道”，“道”首先是“天道”，然后是“人道”。天人之道可以合一，即人与自然是一个统一的整体。万物没有亲疏贵贱之分，这是道家哲学的价值观，是一种温和的生物平等主义。

儒家提倡在基本生存权利和发展机会上的“人格平等”观念，道家使这个平等的观念扩及为“物格平等”观念，包含了所有动物、所有生命以及所有事物的平等。

3)按自然原则生活，体验真实生命

道家反对以人事干预自然，提出了对人的生活方式的主张和独特的人格思想。人类应把自己视为自然万物的平等一员，恰如其分地认识自己在自然界的地位，不以主宰者自命，不以优越者自居，不致力于榨取自然。

4)节制物欲

人类节制物欲是防止人类破坏自然环境的一个关键，在这一点上，道家和儒家是一致的。但是，道家可能比儒家走得更远，道家希望有一种预先的防范，在有可能引起物欲的方面就开始进行节制，使人们不因物欲而产生竞争。

1.2.3 西方生态环境伦理观的发展

西方生态环境伦理观的发展可划分为如下三个阶段。

1. 生态环境伦理观产生前的“回归自然”思潮

18 世纪以后，人类生存开始由“未区分态”走向“区分态”，即在人与自然、人与神、个人与社会共同体的关系上出现了清晰的区分(田里和李常林，2004)。在走出原始和蒙昧之后，工业革命、社会化大生产、机械大工业和日新月异的科技革命，不断刺激着人们对自然资源的享有欲和征服欲，自然界开始沦为人类开发、利用、改造、践踏和掠夺的对象。在人类对自然的不断享用和征服过程中，自然界慢慢被淡忘和忽视，人类试图从自然界分离出来。

但慢慢地人类开始反思，一种竭力挽救被工业文明淹没了的人的灵性、揭露技术理性负面效应的浪漫主义思潮开始出现，其中最有代表性的人物就是法国著名思想家卢梭。卢梭认为“自然的道路就是幸福的道路”，强烈要求人类“回归自然”，“按照自然而生活”“按照自然的道路前进”。卢梭“回归自然”的排斥科学技术、摒弃知识的思想，实质上是一种怀旧眷恋式的思想，与当代人对回归自然的期盼还不完全相同。

总之，在这个人类“区分态”社会，人与自然的关系常被扭曲至极端状态，人们要求回归自然，实质上是一种人性和人类自我回归，这种原始的回归思想为生态环境伦理观的产生起了一定的推动作用(田里和李常林，2004)。

2. 生态环境伦理观的萌芽时期

20世纪40年代末，生态环境伦理观思想开始萌生了，这是人们对根深蒂固的旧观念的一种反思，是建立在科学根据的基础上的。生态环境伦理观所表达的是一种基于生命需要的生存意识，环境被视为人类生存所必需的栖息地。人与自然之间应该有道德规范，人类应尊重和爱护自然，保护生态环境。

1)竭力主张“拯救地球”的生态环境伦理观先驱马丁•海德格尔

马丁•海德格尔(Martin Heidegger，1875～1965)是当代德国著名哲学家。他出生于德国西部的巴登州(梅斯基尔希)，主要著作有《存在与时间》《论人类中心论的信》《工艺与转向》等。20世纪40年代后，海德格尔用诗化的语言和抽象的思辨，提出了“拯救地球”的主张(田里和李常林，2004)。西方许多学者把他视为“绿党分子”，海德格尔的生态伦理观思想主要包括：技术时代潜伏着破坏地球的巨大危险；拯救地球就应该改变人的主体地位；把艺术召引到人类未来的行列中来。

2)生态环境伦理观的奠基人奥尔多•莱昂波尔德

奥尔多•莱昂波尔德(Aldo Leopold，1887～1948)出生于美国依阿华州伯灵顿市的一个法国移民家庭。他先后出版了《猎物管理》《沙乡的沉思》《沙郡年鉴》等著作。莱昂波尔德对生态环境保护的最大贡献是“大地伦理观”理论，此理论于20世纪30年代被提出后，没有立刻引起人们的重视，60年后其思想观点才被人们所推崇。莱昂波尔德已被世界公认为生态伦理观或环境伦理观的奠基人(田里和李常林，2004)。他的至理名言是“像一座山那样思考”：山虽无法进行思考，但是山的存在所体现的却是动物、植物、微生物、岩石、土地间的整体性和相关性。“大地伦理观”理论主要体现在：人是大地共同体中的一员，保护生态系统是合乎大地伦理观规范的行为，对大地美的审视和伦理观审视的统一。

3)美国著名女海洋生态学家雷彻尔•卡逊

雷彻尔•卡逊(Rachel Carson，1907～1964)出生于美国宾夕法尼亚州，专门从事海洋生态研究，先后出版了《海风下》《我们周围的海洋》《海洋的边缘》《人与人为敌》《寂静的春天》等著作。《寂静的春天》一书较为集中地表达了她的生态自然观和环境伦理观。春天应该是一个充满了动感和张力的季节，然而在卡逊的眼里，春天却是一个“寂静”的季节。她生动地对比了以往的美丽春天和当今受污染的春天的差别，研究了形成这种“寂静”春天的原因：生态环境受到了可怕的污染，特别是大量化学药品的污染，使千百年来所形成的人与环境之间的和谐关系被打破了。卡逊把环境问题引入社会界，指出人们绝不可再扩充自己的征服手段，而要用一种环境伦理观态度来约束自己，尊重自然权利。卡逊的这一研究成果曾获得当时的美国总统肯尼迪的支持，全美野生动物联盟把首次设立的“保护主义年度奖”授予她，卡逊从此被誉为“20世纪的斯托夫人”(田里和李常林，2004)。

4)生态环境伦理观的另一奠基人阿尔贝特·史怀泽

阿尔贝特·史怀泽(Albert Schweiter，1875～1965)生于德法边界的阿尔萨斯省的小城凯泽尔贝格。1918年以后，史怀泽在欧洲和非洲巡回讲授他的“敬畏生命”伦理学，1954年，史怀泽因其研究成果而被授予诺贝尔和平奖。其著作有《敬畏生命》《敬畏生命理论的产生及其对我们文化的意义》《人类思想发展中的伦理观问题》。史怀泽的“敬畏生命”伦理观思想主要阐释了：敬畏生命的善恶定义、敬畏生命伦理观的原则、敬畏生命伦理观的目标。“敬畏生命”伦理观将伦理的范围扩大到一切生命，要求人对一切生命承担保护责任，以伦理观的态度关爱生命世界，史怀泽被人们看作是环境伦理观的另一奠基人(田里和李常林，2004)。

3. 生态伦理观的定位时期

生态环境伦理观经过20世纪40年代至60年代的长足发展，到70年代以后，它开始在学科领域中获得应有的地位。1972年6月5日至16日，联合国在斯德哥尔摩召开第一次大型的人类环境会议。大会通过了《人类环境宣言》，随后又形成了大会正式报告《只有一个地球》，这两个文件被称为生态环境伦理观的基石和框架结构。

《人类环境宣言》呼吁各国政府和人民为维护和改善人类环境、造福全人类、造福子孙后代而共同努力，同时会议还决定将每年的6月5日定为“世界环境日”。

《只有一个地球》指出：人类所面临的环境问题都是人类对生态的错误行为所致，为了重建地球新秩序，人类必须爱护共同享有的生物圈，正确地使用控制技术，并在新的时代中制定全人类共同遵守的生存原则。

1983年，联合国在第38届大会上通过决议，成立了世界环境与发展委员会。1987年，该委员会提出研究报告《我们共同的未来》，明确界定“可持续发展”的概念为“既满足当代人的需要，又不对后代人满足其需要的能力构成危害”。

1992年6月3日至14日，联合国继斯德哥尔摩人类环境会议之后，又于巴西的里约热内卢举办了环境与发展大会，通过了《里约环境与发展宣言》、《21世纪议程》和《关于森林问题的原则声明》。153个国家和欧共体正式签署了《气候变化框架公约》和《生物多样性公约》。里约环境与发展大会对西方社会长期以来所推行的“高生产、高消费、高污染”的传统发展模式提出了批判，提出了更加合理的人与自然相协调的生产和生存方式，要求各国在解决生存危机和环境问题时通力合作，形成全球性伙伴关系。

除了联合国组织的官方环境会议外，许多社会组织、政党和民间团体也都各尽所能，为保护生态环境奔走呼吁。1993年8月28日至9月4日，来自世界各地宗教团体的6500名代表在美国芝加哥集会，通过的《走向全球伦理观宣言》就是一个民间宗教力量促进环境保护事业的最好例子。该宣言指出，对于一种更好的全球秩序，我们全都负有某种责任。1968年宣告了罗马俱乐部的诞生，发布了许多向人们提供警示的有关环境问题的实地考察资料，教育人们要对未来和人类自身承担责任，要热爱自然，保护生态环境。

1.2.4 生态环境伦理观的内容

1. 强调大自然的整体和谐性

整体性是指人类生存的大地，包括各种生物系统和生物栖息所依赖的自然环境系统，是一个统一的、完整的有机体，每个系统的组成要素之间都是相互联系和相互制约的。史怀泽在“敬畏生命” 伦理观中，莱昂波尔德在“大地伦理观”中都指出了这一观点(田里和李常林，2004)。大自然是一个互相关联的和谐的整体，人类只有把自己的行为约束在有利于保护生态系统的和谐稳定、保护生物存在的多样性、保护土地利用的完整无损时，才可以说是符合生态环境伦理观规范要求的。

2. 要求人与自然的关系是非常和谐的关系

前面介绍的几位著名的环境伦理学家在所创立的生态伦理学说中，都要求人与自然维持一个非常和谐的关系。人类从属于大地，依赖于大地，人不应该充当大地的中心和主宰，应走出“人类中心主义”的误区，做自然的看护者。人类不能再扩充自己的征服精神，而要用一种道德态度来尊重自然。人类要加强自己对生态环境的道德责任，克服盲目的利己主义，发展人与自然之间的伙伴关系。与自然保持和谐的关系，正是现代人的共识，也正是人们所着力追求的目标。

3. 强调维护生物多样性和生态环境多样性

生物作为一种物种存在，有资格、有权利得到人类的尊重，即人类有责任、有义务保护生物的多样性，保护生物为了维护自身的存在必须拥有的特定的生态环境，诸如阳光、空气、水源、地域等。自然是可供人类享用的，但人类的享乐和发展与保护生物的多样性是互为条件的，生物多样性一旦受到破坏，就会危及人类的生存。人类为了享用自然，就应以高度的责任感保护生物的多样性，以最高的道德要求节制和约束自己的行为，改变那种不尊重生物权利的生产方式和生活方式。

4. 要求人类必须承认自然的权利

自然权利就是自然生物的权利或生物的自然权利，即生物固有的、按生态学规律存在并受人类尊重的资格。为了保护生物的多样性和生态环境条件，人类必须把整个地球看作一个活的有机体，承认自然的权利，承认和尊重生物的权利。人类有责任、有义务保护一切生物。任何生物包括人类，不论其数量多少、力量强弱、出现时间先后、进化程度高低，都没有超越生态学规律的特权。

1)生物都有适应环境的特殊方式

这种特殊的方式实质上就是生物的种族特征，生物在自然竞争和自然选择的过程中，逐步使其种族在自然中占据了属于它们自己的“生态位”，这是生物在自然界存在的资格或权利。人类与生物之间的利益关系是一种互利共生的“利益共同体”，一切生物有权利、有资格受到人类的尊重和保护。

2）生物的存在权利是由自然赋予的

它们在竞争中能否保存其种族，完全由它们的生命运动规律所决定，人类无权利消灭生物物种，否则就是对生物自然权利的侵犯。人类要遵循生态学规律，保护和维持其他生物赖以生存的自然条件，利用其他生物资源必须有一个限度，不造成生物物种灭绝。

3）生物权利的本质特征是它的自然性

所谓自然性，一方面指生物权利是自然意志、自然法则、自然力量的体现，它源于自然运行的法则，依赖于自然力量的支撑，任何违背自然意志和自然法则的行为都是对生物权利的侵犯，最终必将受到自然的惩罚；另一方面指生物的存在都是权利和义务相统一的关系。如植物有输出氧气的义务，也有吸纳二氧化碳的权利；动物有吸入氧气的权利，也有呼出二氧化碳的义务等。生物在存在权利上是平等的，在尽义务上也是平等的（田里和李常林，2004）。

5. 要求人类必须承认自然的价值

生态系统是由一系列形形色色的生物交织而成的立体式网络，它们环环相扣，彼此关联，从而形成了一个完整的生态机制。每一种生物都对生态系统的平衡和稳定，对生态系统的物质循环、能量流动和信息交换，发挥着自己的特殊作用。自然的价值主要表现在以下两个方面。

1）对人类有用的自然使用价值

如自然界向人类提供的土地、森林、海洋、动植物等自然资源，自然界向人类提供具有科学研究功能的价值，自然界向人类提供具有陶冶情操作用的价值，自然界向人类提供有益于身心健康的环境的价值等。

2）自然界固有的价值或内在价值

如生物物种的存在对生态平衡的作用，动物的存在对保持食物链的连续性与完整性的作用等。这类价值并不是直接对人有用的，但是它却比自然使用价值的意义更深刻和更重要。

1.2.5 生态旅游环境伦理观的原则

生态旅游环境伦理观同一般的社会观一样，有其基本原则。生态环境伦理观在协调人与自然的关系中，坚持的是“利益公正”原则。把“利益公正”原则扩大到社会、人与自然一体化的领域，便可视为生态旅游伦理观的原则。

1. 实现生态旅游代际间的利益公正

生态旅游所依赖的资源包括生物多样性和生态环境多样性，这些资源不仅是当代人可享用的资源，而且也应是后代人可享用的资源。为了保证子孙后代能够享用到这些自然生态旅游资源，当代人必须具有实现人类代际间的利益公正的意识。当代人在开发利用生态旅游资源时，要用心保护生态旅游资源，使之不受破坏、不被浪费、不会退化，不能因为满足自身或当前利益，无节制地开发生态旅游资源，把代内不应开发的生态旅游资源留给后代去开发和享用，实现生态旅游在当代和后代间的可持续发展。

2. 实现生态旅游代内的利益公平

生态旅游代内的利益公平是指当代人在利用生态旅游资源时应做到机会平等，即强调公平地享有地球和生态旅游资源，将旅游资源和生态环境看成是人类共有的财富，由大家共同承担维护和保护地球的责任，在保护家园、享用生态资源、谋求发展和生存上实现责任平等。当今世界，代内各国家和地区之间在保护生态旅游资源方面存在着责任严重不平等状况，一些发达国家利用生态旅游为传递工具，把生态危机转嫁给发展中国家或地区，这是环境伦理观点的不平等。要实现人类代内的利益公平，需要全人类，特别是发达国家共同面对生态危机，共同承担起化解生态危机的神圣使命。

3. 实现“人—地”公正

“人—地”公正是指人类和大自然之间应保持一种公正关系，人类对自然的公正态度表现了道德义务的无偿性和非权利动机。生态旅游开发者要有意识地约束自己的行为，合理地利用和改造自然界，维护生态系统的完整和稳定，保持生物的多样性。

1.2.6 生态旅游环境伦理观的规范

生态旅游环境伦理观既要求人们坚持利益公正原则，还要求人们遵循相应的伦理观道德规范。

1. 合理、健康地旅游消费

生态旅游活动是一种既有物质消费，又有精神文化消费的行为。相对于其他旅游形式而言，生态旅游属于少数人参与的活动。生态旅游消费行为应有合理、健康的道德规范要求。反对那些不合理的、不健康的消费行为。

1)消费文明化

生态旅游在消费行为上必须强调文明化，其内涵主要包括三方面：一是以精神消费为主，适当辅以物质消费活动。在生态旅游中，参与该项活动的人群主要以获得生态感受、增长知识、陶冶情操、丰富精神境界为目的，因此其消费活动主要把满足精神需要放在极其重要的地位，而满足物质生活需要则是从属要求。二是生态旅游者在参加生态旅游消费活动时，不应该把这种消费仅仅看作是个人的爱好，而应将其视为自我发展、自我完善的手段。三是生态旅游区严禁一些不健康的消费陋习与活动。

2)消费无害化

人类旅游消费行为目前已经在许多方面对生态环境造成了危害，如许多自然风景区堆积如山的垃圾，时常有专门猎杀、捕食野生动物和采摘名贵植物的猎奇性消费行为。违反生态伦理道德的这些行为对生态环境平衡造成了极其恶劣的影响，同时也破坏了生态旅游的资源基础。因此，生态环境伦理要求人们在进行合理、健康的生态旅游消费时，要努力使自己的消费行为不破坏生物系统的良性循环。

2. 控制环境容量

生态旅游容量是环境伦理观关注的重要问题。导致自然风景区生态危机的重要原因是超负荷接待游人，这对旅游区的自然环境产生巨大压力，进而会造成生态环境失衡，威胁人类自身的生态基础。

控制生态环境容量的关键是做好生态旅游地合理容量的评价工作，其中最佳人均占有空间标准值是关键。由于生态旅游地要求维持的生态环境质量较高，其人均占有空间标准值要比其他风景区大，生态环境容量值要比其他风景区低。

3. 适度发展

适度发展是人类生产活动中提出的伦理观要求，同时也是生态旅游环境伦理观所关注的问题。适度发展就是要将自然环境作为一种潜在的生产力加以保护，改变以破坏资源、过量消耗自然为代价或者“先破坏后治理”的生产发展模式。在生态旅游开发中，要适度利用生态资源，防止污染，保护生态平衡。生态旅游中如何把握适度发展的“度”，目前还没有提出一个统一的标准，只能依据各地实际情况选择适当的开发模式(田里，李常林，2004)。

1)少投入、多产出

生态旅游要维护生态系统平衡与稳定，必须控制人工建筑项目的规模，特别是为旅游者提供的食宿建筑设施和购物、娱乐建筑设施，数量不能过多，规模不宜过大。在考虑产出时要用适度发展的新的项目评价模式，正确领会多产出与增加收入的关系，不能只考虑成本、利润、产值这些经济要素对生产活动的影响。

2)多利用、再利用

多利用、再利用最大限度地对资源进行经济合理利用，要用生态指标作为评价标准，在开发生态旅游时，必须按生态要求，考虑人与自然的和谐相处，维护生态系统的平衡，从环境伦理视角对生态旅游活动进行调控，从纯粹的经济意识误区中走出来，实现经济效益与生态效益的统一。

3)少排放

要求旅游区内尽量减少对环境有害的建设项目，少排放废水、废气、废渣等“三废”物质，使生态环境不受或少受污染。

1.2.7 生态环境伦理观在生态旅游中的作用

生态旅游环境伦理观是开展生态旅游所依据的生态伦理学思想，它是生态旅游伦理道德的核心和根本标准，在生态旅游活动中的主要作用体现在以下方面。

1. 生态旅游活动的基本准则

生态环境伦理所包含的内容和观点是开展生态旅游活动必须遵循的基本原则。因为生态旅游的最本质属性是保护生态环境，维护物种稳定和平衡。人类在从事生态旅游活动时，应懂得生物多样性和生态环境的多样性是人类对自然可享用性的基础和保障。生态环境伦理思想的精华是大自然的整体和谐性，人与自然之间的伙伴关系，维护生物多样性和生态环境多样性，生态环境伦理是所有参与生态旅游事业的人必须具备的意识和伦理素质。

2. 生态旅游活动的操作方法

生态环境伦理所强调的生物权利和生物价值的观点，从实践上给生态旅游活动指明了一种可操作的方法。这种方法主要体现在人们在从事生态旅游时必须以实际行动维护生物在自然界存在的资格和权利，把生态旅游地看作是人与生物的“利益共同体”。生态旅游活动不能侵犯自然、破坏生物的多样性，要制定出约束自我行为、履行保护生态环境义务的办法。尊重生物权利和生物价值的基本方法是不滥捕、滥杀动物，不破坏、采伐植物，同时要以最大的责任心约束自己的行为，不污染、不破坏生物赖以生存的条件，这是一个基本的要求。

3. 生态旅游活动的思想武器

生态环境伦理是指导生态旅游活动的重要思想武器。生态环境伦理对人们的行为提出了规范要求，这种规范要求所遵循的基本原则就是要在对自然采取的行为的价值指向上实现“利益公正”的目的，特别是人类代际间的利益公正。生态旅游的本质属性就是要维护生态环境安全和生态平衡稳定，这就要求当代人的生态旅游活动必须保护生态环境，在开发“代内”生态旅游资源时，能想到代际人们对资源的享用需求，有意识地给后代留下一些可供享用的资源和环境，实现代际间的利益公正。这些观点都是从生态环境伦理中延伸出来的，它是指导生态旅游活动健康发展的有力思想武器。

1.3 可持续发展理论——生态旅游的核心理论

可持续发展理论是在人类面临生存危机时，对未来生存和发展道路的正确选择，是人与自然协调论在人类发展战略中的折射(杨桂华等，2000)。可持续发展理论的基本要点有两个：一是环境问题必须与社会经济问题一体化考虑，并在社会经济发展中寻求解决方法。二是人类应该把自己的生活方式控制在生态资源允许的范围内，减少其资源消耗量，并且应当使人口数量的增长同生态系统的生产潜力的变化协调一致。

1.3.1 可持续发展的概念

“可持续”的概念源于生态学中林业和渔业的一种可再生资源管理战略，即如何将其全部资源中的一部分收获，而另一部分留下进一步繁殖生长，以弥补所收获的数量。可持续的概念后来很快被应用于经济、社会等领域，作为社会经济发展的资源和环境。可持续指的是自然资源能够永远为人类所利用，不至于因为当代人的消耗而影响后代人的生产和生活。

狭义的“发展”仅指经济的发展，由于经济增长依赖于社会变革，“发展”的内涵又进一步外延为“发展＝经济增长+社会变革”。人类的发展不仅受制于经济和社会，还受制于地球自然环境的承载力，人类的活动只有限制在地球环境和资源允许的范围内，进一步的发展才有基础。这就是可持续发展，即：可持续发展＝经济增长+社会变革+自然生态环境保护。

可持续发展始于20世纪80年代初，不同学者将其引入自己的研究中，赋予其一定的含义。1987年，以挪威首相布伦特兰夫人(Brundtland)为首的世界环境与发展委员会(World Commission on Environment and Development)正式发表了题为《我们共同的未来》(Our Common Future)的研究报告，又名《布伦特兰报告》，同年12月，该报告经过联合国第42届“环境与发展会议”通过(鲁小波，2010)。这个报告在1992年6月巴西里约热内卢联合国环境与发展大会上得到公认(田道勇，1996)。报告中提出的“既满足当代人的需要，又不构成危及后代人满足需求的能力的发展” 是目前世界比较公认的可持续发展概念。可持续发展包含了两个重要的要素：一是“需要”，尤其是世界贫困人民的基本需要，应放在特别优先的地位考虑；二是“限制”，技术状况和社会组织对环境满足眼前和将来需要的能力施加的限制。可持续发展是一种关于人类社会长期发展的战略和模式，特别强调环境和资源的长期承载能力(严力蛟，2007)。可持续发展要求人们从传统工业文明的发展方式中解脱出来，在经济活动中应遵循生态学原理，走人与自然协调发展的生态文明发展方式。

1.3.2 可持续发展的基本观点

1. 可持续性观点

可持续性观点是指人类发展的横向平衡性和纵向永续性。横向平衡性是因为当代人类共同的家园是地球，人类的发展首先寻求的是全球各区域的共同平衡发展；纵向永续性是因为人类有着共同未来的后代，当代人的发展不能影响、危及后代人的发展，即发展的永续性(杨桂华等，2000)。

在人类发展的经济、社会和资源环境三大要素中，主要限制因素是发展的基础——资源环境，经济和社会发展必须维持在资源环境的承受能力范围内，以保证发展的可持续性。因此，人类必须充分认识资源环境的有限性，约束自己对资源的浪费和对环境的污染行为，并对已经污染和破坏的环境要治理和重建，恢复其发展的基础功能。在开发利用自然资源的同时，要补偿从生态系统中索取的东西，使自然生态系统保持稳定性和平衡性。

2. 共同性观点

地球的完整性和人类的相互依赖性决定了人类有着共同的根本利益，共同性体现在横向和纵向两个方面(杨桂华等，2000)。从横向上看，地球的完整同一性决定了环境污染受害者是所有人，大气圈中空气的流动，会把污染空气传递到其他区域。横向上的共同性还包括人类与生物圈所有成员有着共同的利益，人类的健康取决于生物圈中大气、海洋、土壤、森林这些生命组成部分的健康。生物圈的破坏，意味着人类生存基础的破坏。从纵向上看，地球上不同代的人生存的基础是共同的资源和环境，如果当代人破坏和污染环境，后代人将因失去资源和环境而难以生存和发展。

3. 公平性观点

公平性观点是指当代和后代人的利益公平，即指代内公平和代际公平(杨桂华等，2000)。为了实现这种公平，世界环境和发展委员会建议通过国际公约和国际法来解决资源合理利用和环境保护问题。

“代内公平”是指同代人具有享受共同资源环境，谋求共同发展的公平权力。基于目前经济发展的地区差异和拥有财富的人际差异，特别要注意不能因为满足一部分人的需要而危及另一部分人的基本需要，不能因为满足一部分人的利益而损害另一部分人的利益。同时，一些国家对环境的污染和破坏也常常引起相邻国家和地区的环境质量和人类健康水平的下降。“代际公平”是指当代人与后代人具有同等享受地球上的资源与环境、谋求发展的权利。当代人不能过度地使用和浪费资源，破坏环境，剥夺后人公平地享有资源和环境的权利。

1.3.3 可持续发展的战略

可持续发展应该将观点转变为可操作的发展战略，可持续发展战略是一个复合性的概念，包括生态、经济、社会三个方面可持续发展的有机统一，这是人类可持续发展的根本保证(杨桂华等，2000)。

1. 生态可持续发展战略

生态可持续发展战略是指人类在开发利用资源和环境时，要遵循生态学规律，开发和利用的程度限制在自然生态环境承受力范围内，维护生态系统的正常物质循环和能量流动的生态过程，必须重视资源和环境承载力的研究，在此基础上建立科学的环境保护标准，并利用新技术来恢复和重建已经被污染和破坏的生态系统。

2. 经济可持续发展战略

经济可持续发展战略是指经济的发展必须建立在生态的可持续发展基础上。横向上看，应在生态环境承载力范围内保持和加快国际经济的发展，解决日益贫困和资源短缺的相互作用，有效地保护生态环境。纵向上看，当代人经济发展必须限制在资源与环境的承载力范围内，确保后代人有一定的资源和环境作为发展的基础。经济的可持续发展能为生态可持续发展提供条件，在经济发展中牺牲的环境，还需经济来赔偿，在环境重建方面，同样需要经济作为支撑。污染的环境如果不治理，会导致可利用资源及环境量的减少，可持续性经济发展将失去基础。

3. 社会可持续发展战略

社会可持续发展战略是指国内和国际的社会稳定发展，只有在国内和国际可持续性社会发展的条件下，才能保证每一个国家的安全和发展。一个国家，要有让公民长期有效地参与发展决策的政治体系和社会管理体系，保证国家的稳定和发展。在国际上，也应该让各国人民参与建立长期的和平安全的社会环境，谋求全人类的共同发展。

1.3.4 可持续旅游

可持续旅游的理论来源于可持续发展思想，20 世纪 80 年代，可持续旅游的思想开始萌芽，并在 90 年代得到广泛的重视，它是人们对可持续发展主题在旅游方面的积极响应和深刻理解(邹统钎等，2008)。

1. 可持续旅游发展历程

在可持续发展思想的影响下，1989 年，在荷兰海召开了由众多国家参与的各国议会大会，第一次明确而正式地提出了可持续旅游发展的口号(邹统钎等，2008)。

1990 年，在加拿大温哥华召开的全球可持续发展大会上，旅游组行动委员会发表了《旅游可持续发展行动战略》草案(鲁小波，2010)，构筑了可持续旅游的基本框架，并阐述了可持续旅游发展的主要目标，这标志着可持续发展思想开始向旅游业中正式渗透。

1993 年，一本专门的以可持续旅游为研究对象的学术期刊——《可持续旅游杂志》(*Journal of Sustainable Tourism*)在英国问世，标志着可持续旅游的研究已进入一个崭新的起点(邹统钎等，2008)。

1995 年，联合国教育、科学及文化组织(United Nations Educational，Scientific and Cultural Organization，UNESCO)，联合国环境规划署(United Nations Environment Programme，UNEP)和世界旅游组织(World Tourism Organization，WTO)等在西班牙召开“旅游可持续旅游发展世界会议”，会议通过了著名的《可持续旅游发展宪章》和《可持续旅游发展行动计划》，这为旅游可持续发展制定了一套行为准则，提供了具体操作程序，对旅游可持续的发展起到了积极推动的作用，标志着可持续旅游已进入实践阶段(鲁小波，2010)。

1997 年，世界旅游组织(WTO)、世界旅游业理事会(The World Travel & Tourism Council，WTTC)与地理理事会(Earth Council)联合国第 9 次特别会议上正式发布了《关于旅游业的 21 世纪议程》，描述了旅游业实施可持续发展战略应当采取的行动(鲁小波，2010)，将联合国制定的《21 世纪议程》具体转化为全球在发展旅游业方面的行动纲领。

2002 年，被确定为国际生态旅游年，这年 5 月 19 日，由联合国环境规划署(UNEP)和世界旅游组织(WTO)共同发起的世界生态旅游高峰会议在加拿大魁北克召开，并通过了《魁北克宣言》(邹统钎等，2008)。宣言在于推动各国政府、旅游景点的居民、旅游经营者和浪费者为促进生态旅游的发展更好的合作。

2004 年，第 3 届亚太经济合作组织(Asia-Pacific Economic Cooperation，APEC)旅游部长会议在智利蓬塔阿雷纳斯举行，会议通过了《巴塔哥尼亚宣言》。宣言强调，旅游业正成为推动社会和经济发展的重要动力。

我国学者在吸收国外“可持续旅游”思想时也提出了“旅游业可持续发展”一词，并指出其实质是改善旅游业的经营机制，以不损害资源和环境为前提，追求最优效益，实现旅游业的可持续发展。

2. 可持续旅游的概念

可持续旅游的概念是从可持续发展的概念演化而来。由于可持续旅游是 20 世纪 90 年代初才开始形成的全新思想理念，所以不同机构和研究者对可持续旅游给出的定义略有差异(表 1.2)，但其基本思想与可持续发展思想一致，强调经济、社会和生态环境的统一协调，核心目标在于为旅游者提供高质量的旅游环境的同时，改善当地居民的生活水平，并在发展过程中保持生态环境的良性循环，增强社会和经济的未来发展能力(牛亚菲，1999)。

表 1.2 可持续旅游代表性定义一览表

年份	作者或机构	可持续旅游定义
2001	世界旅游组织(WTO)	在保持和增强未来发展机会的同时满足目前游客和旅游地居民的需求；是对各种资源管理的指导以使人们在保持文化的完整性、基本的生态过程、生物多样性和生命维持系统的同时，完成经济、社会和美学的需要
1996	田道勇	满足当代人的旅游需求，又不损害子孙后代满足其旅游需求能力的发展
2000	曾珍香和傅惠敏	在充分考虑旅游活动对经济、社会、文化、自然资源和生态环境的作用和影响的前提下，努力谋求旅游业与自然、社会、文化和人类生存环境持续协调发展，这种旅游发展模式将为旅游者提供高质量的感受及体验，并与提高旅游目的地人民的生活质量相统一，同时保证不损害后代旅游者和旅游地居民满足其需求的可能性
2004	严贤春	旅游与自然、文化和人类生存环境成为一个整体，自然、文化和人类生存环境之间的平衡关系使许多旅游目的地各具特色

3. 可持续旅游的思想实质

在《旅游可持续发展宪章》和《旅游可持续发展行动计划》中明确指出：“旅游可持续发展的实质就是要求旅游与自然、文化和人类生存环境成为一个整体”(邹统钎等，2008)。

可持续旅游的实质包含公平性、持续性、共同性三个方面的含义。公平性强调同代人之间、各代人之间应公平分配有限的旅游资源，持续性强调旅游资源的开发与旅游业的发展应在生态系统的承载能力之内，反对为满足同代人需求和为谋取短期利益而掠夺式开发旅游资源，共同性即采取全球性的发展战略和联合行动，同时在旅游业发展中尊重所有各方因文化、历史和社会经济发展水平的不同而形成的差异(田道勇，1996)。

4. 可持续旅游的目标

1990 年加拿大全球旅游大会提出了旅游可持续发展的五大目标是：

(1)增进人们对旅游所产生的环境效应与经济效应的理解，强化生态意识；

(2)促进旅游的公平发展；

(3)改善旅游接待地区的生活质量；

(4)向旅游者提供高质量的旅游经历；

(5)保护未来旅游开发赖以生存的环境质量。

我国学者基本沿袭这一思路研究了旅游可持续发展的目标体系。田道勇(1996)认为我国旅游可持续发展的目标体系应当体现旅游业发展的稳定性、多样性、连续性和独立性，体现旅游业发展与社会系统及其内部要素的协调性，体现旅游业由小到大的渐进性，体现民族特色与国际规范接轨的国际性，并以此为基础提出了我国旅游可持续发展的目标内容。崔风军(1996)提出，实现旅游业的可持续发展目标仅仅是人们的一种“理想状态”，理论上是不可能达到“绝对的和谐状态”的，因为可持续发展会随着不同地区、不同人群、不同社会状态和发展阶段、人们的价值观、追求目标而有所改变。因此，旅游可持续发展的目标也仅仅具有特定时段和特定社会群体的意义。

5. 可持续旅游的原则

可持续发展的普通性原则同样适合于旅游可持续发展。可持续旅游最基本的原则是“环境限制性原则”，它是实现可持续性的前提。可持续旅游的中心原则为“经济持续性”，要求从经济效益的标准出发，实现旅游经济收益的持续性增长。此外，旅游可持续发展还有自然资本原则、预警原则、环境质量原则、污染者付费原则、道德伦理原则(邹统钎等，2008)。

6. 可持续旅游的关键

旅游可持续发展的关键就是旅游环境承载力约束问题。一个旅游目的地的环境承载力主要包括经济、生态、资源环境、社会承载力等方面(吴净利和李好好，2003)。经济承载力指适合用于建造旅游设施的土地数量及这些旅游设施的最大综合接待能力，生态承载力指生态环境自恢复能力所允许的最大游客数量，资源环境承载力指在不至于导致当地旅游环境的对外吸引力出现下降的前提下，所能吸纳来访游客的最大数量，社会承载力指在不至于导致当地社会公众的生活和活动受到不可接受的影响的前提下，所能接待来访游客的最大数量。

7. 可持续旅游的衡量标准

旅游业可持续性的基本标准可用社会发展、旅游经济、环境保护三个标准来评价(牛亚菲和王文彤，2000)。社会发展标准如旅游业能否保证开发成本和收益的公平分配，社区能否参与旅游决策等；旅游经济标准指旅游经济能否实现持续增长；环境保护标准指旅游业能否促进自然和文化资源的保护，旅游业的发展能否促使旅游者和当地居民对自然环境保护持支持态度等。

8. 可持续旅游的优势

可持续旅游对传统的旅游发展模式进行了扬弃，改变了传统的以资源和环境为代价换取旅游经济效益的模式，在旅游发展过程中，可持续旅游追求旅游发展过程中的社会、经济、环境效益的协调(邹统钎等，2008)。

(1)传统旅游主要看重旅游的经济属性，其主要目标在于追求利润最大化。可持续旅游包括社会目标、经济目标和环境目标三大发展目标(牛亚菲和王文彤，2000)。社会目标主要是保护地方文化遗产，向旅游者提供高质量的旅游产品；经济目标主要是增加当地经济收入，改善地方基础设施条件、提高地区的生活质量；环境目标主要是改进土地利用方式，改善生态环境，促进对环境和文化的保护。

(2)传统旅游的主要受益者是开发商和运营商，而当地社区和居民在经济上受益有限，还要承担旅游活动带来的诸如环境污染、资源消耗、文化冲击等各种负面影响。在可持续旅游中更侧重开发商、运营商、当地社区和居民分享利益，使当地社区和居民获得参与社区旅游发展决策的权力和公平获得旅游收益的机会。

(3)传统旅游认为游客第一，最大限度地开发旅游地，对旅游空间施展和交通方式不加限制。而可持续旅游则将生态系统承载力放在第一位，对旅游地进行科学的规划和有效的管理，并适当控制游客数量，尽量使旅游对环境的消极作用控制在环境的自我调节能力的范畴内。

(4)传统旅游业以当前经济利益为目标，刺激区域经济在短期内快速增长，并以满足游客需求为前提改善交通、娱乐和基础设施。可持续旅游注重经济、社会和生态效益的融合，争取为当地创造持续的就业机会，促进经济长期发展，在交通、娱乐和基础设施的改善方面更侧重与当地环境相协调，以不影响当地居民和生物的生活规律为前提，同时考虑游客和当地居民的需求。

1.3.5 可持续发展理论的生态旅游价值

作为以生态环境为客体和背景的生态旅游业，离不开可持续发展思想。可持续发展既是生态旅游的指导思想，又是终极目标。因此，可持续发展理论是生态旅游的核心理论。生态旅游是实现旅游可持续发展的保证，反过来说，生态旅游的目标是可持续发展，为了实现旅游业的可持续发展，一切受益于生态旅游的人都应持可持续发展观点，以可持续发展作为生态旅游开发管理工作的准则，使生态旅游走上一条良性的、健康的发展道路(杨桂华等，2000)。

1. 生态旅游发展的目标是可持续发展

在可持续发展理论的指导下，生态旅游与经济、社会、环境三大效益的横向和纵向的关系都十分密切，且把长远的可持续旅游发展作为发展目标，通过操作性强的生态旅游，保证旅游可持续发展能够落到实处。

2. 生态旅游者应持可持续发展观点

生态旅游是一种满足人类身体和精神需求的活动，生态旅游者在其利用的资源有限的基础上，应持可持续发展的观点，增强保护意识，自觉主动地保护旅游对象，在旅游活动中，尽一切可能将生态旅游对环境的不利影响降至最低。

3. 生态旅游从业人员应以可持续性发展作为工作准则

可持续发展理论是协调旅游开发者、管理者、生态旅游者与社区居民之间矛盾的重要理论，它对于生态旅游的实施具有重要的指导作用。为了保证生态旅游的可持续发展，生态旅游的一切从业人员在工作中均应以旅游可持续发展作为准则。

(1)生态旅游开发者在开发生态旅游目的地，挖掘当地旅游特色时应特别注意对当地特色和环境的保护，杜绝开发性破坏，保护生态旅游的物质基础。开发投资者要清楚地认识到，生态旅游的投资包括资源投资、知识投资和经济投资，相应地利益也应该是三者共同享有。

(2)开发决策者应该具有长远发展观，不仅要重视当前的效益，更应把可持续发展放在首位。

(3)旅游管理者和服务者应采用节约型和保护型管理模式，以保证旅游发展的后劲。

4. 生态旅游可持续发展指标体系

生态旅游要做到可持续发展，要求旅游业的发展能确保当地社区发展、经济发展，旅游资源应循环利用，旅游应促进环境质量的提高。生态旅游其可持续发展指标体系包括五大类指标：

(1)社区发展包括促进当地居民生活质量、就业结构、观念意识及社会文明程度；

(2)经济发展指标包括旅游业投资、旅游业收入、年递增率及占地区国内生产总值的比重等；

(3)资源指标主要指旅游资源规模、特色、品位、保存完好度和循环利用水平；

(4)环境指标则包括旅游环境质量、废弃物处理率、旅游容量控制、节能设施使用和环境受干扰程度；

(5)管理指标包括实现可持续发展的相关政策、管理措施以及生态旅游规划编制和执行情况。

1.4 生态学及相关理论

生态旅游产生的直接原因就是要协调和平衡旅游开发与资源环境之间的矛盾(程占红，2001)。生态学理论无疑是指导生态旅游发展的重要理论。

“生态学”一词由希腊文“oikos”衍生而来，“oikos”意即“住所”或“生活所在地”。因此，生态学是研究生物有机体与其周围环境之间的相互关系的一门科学(严力蛟，2007)。在全球经济的快速发展进程中，人口的增长和人类活动干扰对环境与资源造成了极大压力，因此人类迫切需要掌握生态学理论来调整人与自然、资源以及环境的关系，协调社会经济发展和生态环境的关系，进而促进可持续发展。可以说，生态学既是连接自然科学与社会科学的桥梁，也是生态旅游的基础学科，生态旅游发展必须站在生态整体性的高度，同时遵循生态学相关理论与规律(陈玲玲等，2012)。

1.4.1 生物多样性理论

生物多样性的存在，是人类和大自然和谐共处的集中体现，生物多样性是人类赖以生存的物质基础，是全球的共同财富(李海涛和黄渝，2007)。生态环境不断恶化、人口不断增加、生境不断破碎、外来物种入侵等全球性重大问题成为生物多样性锐减的决定性影响因素。全球生物多样性保护策略的形成和实施则是持续发展赖以实现的基础，同时也标志着国际自然保护运动进入了一个新的发展时期(魏湘岳，1995)。生物多样性作为描述自然界生命形式多样化程度的概念，一般包括物种的遗传与变异的多样性(genetic diversity)，动物、植物、微生物的物种多祥性(species diversity)，以及生态系统的多样性(ecosystem diversity)3 个组成部分(陈玲玲等，2012)。生物多样性保护这种明确的保护目标，使自然资源保护明确化、多样化和多层次化，特别是对于物种多样性的保护从过去关注的濒危物种和珍稀物种等扩大到了普通物种和常见的物种，体现了保护意识的进一步深化(魏湘岳，1995)。

1. 遗传多样性

遗传多样性是生物多样性的重要组成部分，遗传的多样性才能构成生物种类的多样性。广义的遗传多样性是指地球上生物所携带的各种遗传信息的综合，这些遗传信息储存在生物个体的基因之中。因此，遗传多样性也就是生物的遗传基因的多样性。任何一个物种或生物个体都保存着大量的遗传基因，可以看作一个基因库。一个物种所包含的基因越丰富，它对环境的适应能力越强，基因的多样性是生命进化和物种分化的基础。从狭义上讲，遗传多样性是指生物种类的基因变化，包括种内显著不同的种群之间以及同一种群之间的遗传变异。物种在长期的进化过程中，遗传基因产生突变，这是遗传多样化形成的根本原因(李海涛和黄渝，2007)。

2. 物种多样性

物种多样性是生物多样性的核心，它既体现了生物之间及环境之间的复杂关系，又体现了生物资源的丰富性。物种的多样性是衡量一个地区生物资源丰富程度的客观指标。物种在分类学上是最小的单位，物种之间是能够相互配育的，由此而产生自然界的种群，种群之间在生殖上相互隔离。物种的多样性具有两个方面的特征，其一是某一个区域内物种的丰富程度高，其二是物种分布的均匀程度高。

3. 生态系统多样性

生态系统多样性是各种生物与其周围环境所构成的自然综合体，生态系统是生物和环境构成的自然综合体，任何一种物种都是生态系统的组成部分。在生态系统中，物种之间相互依赖，相互制约。生态系统多样性包括生境的多样性、生物群落和生态过程的多样化等多个方面。其中，生境的多样性是生态系统多样性形成的基础，生物群落的多样化可以反映生态系统类型的多样性。

4. 生物多样性与生态旅游

生物多样性的减少，不仅使人类丧失了各种宝贵的生物资源，而且造成了生态系统的退化，直接或间接地威胁人类生存的基础。在开展生态旅游时，应实行以保护为主，保护与开发利用相结合的方针(张杰和张华，1999)。生态旅游通常以各类自然保护区为旅游目的地进行，不适宜的生态旅游活动会给野生动植物及其栖息地造成巨大伤害，但适度的干扰有益于保护区的生物多样性保护。因此，自然保护区内的生态旅游活动应该以生物多样性理论为指导，进行科学的组织和管理，严格执行保护区的各项管理法规和措施，通过开展特定时空限制下的适度集约化的生态旅游形式，达到既能满足生态旅游业的社会需要，又能最大限度地保护生物多样性、维持自然界生态系统平衡的目的。

1.4.2 生态位理论

生态位理论是生态学中的基本理论之一，在研究种间关系、群落结构、城市生态位、企业生态位等方面得到了广泛运用，成为近年来生态学研究的中心之一（丛沛桐等，1999；罗小龙和甄峰，2000；周放和房慧伶，2000；孟德友和陆玉麒，2008）。

生态位与种群相对应，一般来说，一个生态位只能容纳一个特定的生物种群。在自然生态系统中，随着系统的演替，在向顶级群落阶段发展时，其生态位数目渐增，空白生态位逐渐被填充，生态位逐渐饱和，从而构成了复杂稳定的具有网络结构的生态系统。生态位重叠是生态位理论的中心问题之一，它是指不同物种的生态位之间的重叠现象或共有的生态位空间。两个物种的重叠程度取决于它们获取同一食物的概率及各自的生态位宽度。当然，在生态平衡时，各个生物的生态位原则上不重叠。若有重叠，那么必然是不稳定的，必然会通过物种间的竞争来削减生态位的重叠，直到平衡为止。通常多个种群组成的生物群落，要远比单一种群的群落更能有效利用环境资源，维持长期较高的生产力，也具有更大的稳定性。

1. 国外的生态位理论研究

早在 1910 年，Johnson 就使用了“生态位”这一术语，但他未对生态位进行定义。Grinnell、Elton 和 Hutchinson 等先后对生态位的概念进行了定义和扩展，生态位理论的外延和内涵在不断地扩大和深入（冯国杰等，2013）。Grinnell（1917）把生态位定义为恰好被一个种或一个亚种所占据的最后分布单位；Elton（1927）提出了竞争排斥法则；Hutchinson（1957）提出了基础生态位和现实生态位，其“多维超体积生态位”最具代表性和现实指导意义，他认为生物在环境中受到多个而不是两个或三个资源因子的供应和限制，每个因子对该物种都有一定的适合度阈值，在所有这些阈值所限定的区域内，在任何一点所构成的资源环境组合状态上，该物种均可以生存繁衍，所有这些状态组合点共同构成了该物种在该环境中的多维超体积生态位。通俗地讲，生态位就是生物在漫长的进化过程中形成的，在一定时间和空间拥有稳定的生存资源，进而获得最大生存优势的特定生态定位（陈玲玲等，2012）。Odum（1971）把生态位概括为某物种究竟怎样生活在地球上的诸多生态因子。Gray（1999）则认为，一个生物单位的生态位就是该生物单位适应性的总和。

进入 21 世纪，Adamson（2003）给出了企业生态位的概念，Christo-ph（2009）给出了城市生态位的概念，Colinvaux（1986）提出了“物种生态位”概念。Guanxia（1995）则应用模糊集理论定义生态位，从而给予生态位以较好的数学抽象。Deasy 和 Griess（1966）对旅游地空间竞争关系进行了定量分析。Fagence（1995）和 Ghimire（2001）侧重旅游国际合作研究。

2. 生态位理论在中国

生态位理论在中国旅游中的应用，最早是黄芳(2001)提出的，她认为如何通过优化旅游系统促进旅游业可持续发展是当今旅游研究的重大课题之一，某些生态学原理(含生态位理论)可为这一问题的解决提供有益的方法和独特的视角。祁新华等(2005)从生态学的角度探讨区域旅游可持续发展的本质问题，提出了以系统共生、循环再生和自我调节等生态学原理为指导，遵循生态位原理、促进旅游地协调共生等区域旅游可持续发展的措施。邹仁爱等(2006)以研究旅游地系统空间关系和发展策略为目标，引入生态位理论，在界定旅游地生态位概念的基础上，阐述了旅游地生态位的竞争原理和演变规律，并探讨了区域旅游在协调开发过程中的生态位策略。陈鹰等(2007)运用生态位理论探讨了旅游资源集合区在区域旅游规划中的地位和作用，并以浙江省为例对旅游资源集合区生态位进行研究，为区域旅游规划中对旅游资源的多角度认识提供参考。祁新华等(2007)以皖南三大名山为例，研究了生态位理论在旅游竞争中的应用。向延平等(2010)运用生态位理论探讨了凤凰旅游发展问题。邹仁爱等(2006)系统阐释了旅游地生态位，认为："旅游地生态位是指在一定社会经济环境下，旅游地在区域生态空间内所具有的生存位置、特定功能以及所发挥的群体效益作用，集中反映了该旅游地在资源、市场、品牌、信息以及服务等旅游维度上所占据的特殊位置"。刘改芳和董观志(2000)利用生态位理论研究了旅游业稳定度。贺伶俐等(2010)利用生态位理论，探讨了福州市内河旅游开发策略。

3. 生态位理论与生态旅游

生态位理论为生态旅游活动中对野生动植物的保护提供了重要的理论依据。

(1)生态旅游活动过程中易对某些生物的生态位发生挤占，从而导致利用这一生态位的物种减少甚至濒临灭绝，抑或是打乱原有的生态位格局，造成生态系统的混乱与失衡。因此，在对生态旅游设施、项目以及线路进行规划时，要尽量避免占用野生动物的栖息地或迁徙廊道，尽量避免造成生境的破碎化，尽可能地保护野生动植物原有的生境条件。

(2)不当的生态旅游设计和生态旅游者行为往往促使野生动物对人类形成依赖，例如游人好心给动物喂食、不封闭的垃圾箱诱使野生动物翻捡垃圾箱寻找食物等，从而导致野生动物生存本能下降，甚至离开自己特定的生态位，破坏生态系统原有的稳定性。因此，生态旅游活动要尽量避免形成野生动物对人类的依赖性。

(3)在生态旅游规划设计中，要尽量保护关键物种，以及预防游客带入的外来物种入侵。关键种在建群以及维持生态系统稳定性方面发挥着重要作用，必须给予重点关注。外来入侵物种往往生存、繁殖能力较强，易于传播，且对原有生态系统具有危害性，尤其是这些入侵物种能够起初占据空生态位，而后逐渐地竞争、排斥掉生态系统的土著物种，这种入侵过程往往易被人们忽略，而当外来种爆发时才引起关注，其生态后果相当严重。因此，要尽量保护关键种，同时注意游客有意或无意带入的各类外来物种。

1.4.3 景观生态学原理

1. 景观生态学的起源及概念

最早的“景观”含义是地方风景或景色。“景观”的地理含义为“一个地理区域的总体特征”，一般包括自然景观和人文景观。景观生态学(Landscape Ecology)一词首先由德国的 Troll 于 1939 年提出，从其诞生到现在，已经历了七十余年(陈利顶等，2014)。20 世纪 30 年代德国生物地理学家 Troll 观察航片时发现，生态系统间存在某种联系，在此基础上他提出了景观生态的概念，将景观与生态系统联系在一起。他希望把地理学家采用的表示空间的“水平”分析方法和生态学家使用的表示功能的“垂直”分析方法结合起来，形成一门新学科——景观生态学。Troll 提出的概念一出现就很快为学术界所接受，作为对自然环境的一种综合研究思想获得广泛的传播，并表现出极其强大的生命力(史本林，2005)。

景观生态学的概念，是由两种科学观点的结合产生的，一种是地理学的(景观)，另一种是生物学的(生态学)(C.特罗勒和林超，1983)，它来源于科学家置身于自然环境综合研究的成就。1966 年，特罗尔给景观生态学下的定义是：“景观生态学是研究景观单元中，优势生物群落与环境之间综合的诸作用的相互关系”(傅伯杰，1983)。

2. 我国的景观生态学研究

景观生态学引入中国相对较晚。在 20 世纪 80 年代，中国老一辈地理学和生态学科技工作者逐渐将景观生态学的概念和理论介绍到中国。自 20 世纪 90 年代至 21 世纪初，中国景观生态学进入了蓬勃发展阶段，并逐渐形成了独具特色的中国景观生态学研究体系。根据中国景观生态学研究特点，将中国景观生态学发展划分为五个阶段：摸索与酝酿阶段(20 世纪 80 年代以前)、吸收与消化阶段(1980～1988 年)、实践与迅速发展阶段(1989～2000 年)、发展与思索阶段(2001～2010 年)、思考与创新阶段(2011～?)。中国景观生态学研究的重点领域主要体现在土地利用格局与生态过程及尺度效应、城市生态用地与景观安全格局构建、景观生态规划与自然保护区网络优化、森林景观动态模拟与生态系统管理、绿洲景观演变与生态水文过程、景观破碎化与遗传多样性保护、多水塘系统与湿地景观格局设计、稻-鸭/鱼农田景观与生态系统健康、梯田文化景观与多功能维持、源汇景观格局分析与水土流失危险评价等方面(陈利顶等，2014)。这也是中国景观生态学研究的特色。

3. 景观生态学研究的内容

景观生态学是研究在一个相当大的区域内，由许多不同生态系统所组成的整体(即景观)的空间结构、相互作用、协调功能及动态变化。它的研究焦点是在较大的空间和时间尺度上，生态系统的空间格局和生态过程。景观生态学对时空尺度和人文因素的综合考虑使得它成为规划和管理中富有潜力的理论框架。

景观生态学是现代生态学中内容最丰富、发展最快、影响最广泛的学科之一。广义的景观包括现在从微观到宏观不同尺度上的、具有异质性或缀块性的空间单元，而空间格局及其变化如何影响各种生态学过程一直都是景观生态学中的中心问题(陈玲玲，2012)。景观生态学的研究重点是人类活动对景观的生态影响和生态系统的时空关系，注重对景观管理、景观规划和设计以及空间结构与生态过程的相互影响研究。景观生态学还以人类对景观的感知作为景观评价的出发点，通过自然科学与人文科学的交叉，围绕建造宜人景观这一目标，综合考虑景观的生态价值、经济价值和美学价值。

景观生态学的核心概念是景观，景观的空间形态结构通常用缀块(patch)、廊道(corridor)和基底(matrix)这三个元素来描述(李蕾蕾，1995)。

缀块泛指与周围环境在外貌或性质上不同，并具有一定内部均质性的空间单位。具体地讲，缀块可以是植物群落、湖泊、草原、农田或居民区等，因此，不同类型缀块的大小、形状、边界以及内部均质程度都会表现出很大的不同。

廊道是指景观中与相邻两边环境不同的线性或带状结构。常见的廊道包括农田间的防风林带、河流、道路、峡谷、输电线路等。

基底则是景观中分布最广、连续性最大的背景结构。常见的有森林基底、草原基底、农田基底、城市用地基底等。

必须指出，在实际研究中，要确切区分缀块、廊道和基底有时是很困难的，也是不必要的。因为景观结构单元的划分总是与观察尺度相联系，所以这三者的区分往往也是相对的。

4. 生态旅游目的地景观系统

用景观生态学观点来审视生态旅游，旅游目的地可视为一个景观系统，生态旅游活动就是一种通过景观的人流和生态流。

旅游资源的分布呈现出点、线、面关系的空间格局，景点或景区以空间斑块的形式镶嵌于具有不同地理背景的称为旅游目的地的基质上，而旅游路线则是用以连接景点或景区的廊道，廊道常常相互交叉形成网络。斑块的特征有类型、大小、形状与分布状况等，影响着旅游规划设计中的景点景区布局与旅游活动项目选择；廊道特征有连通性、弯曲度与宽度，影响着旅游规划中游路的合理安排及生物资源的有效保护；基质的特征有大小、孔隙率、边界形状和类型，它是策划旅游地整体形象和划分各种功能区的基础。有选择的自然与人文景观组合以及精心策划的文化活动即构成了多姿多彩的旅游项目，并可进一步按照功能关系或空间关系组成旅游系列。

景观的功能就是景观要素之间通过景观的流来实现的相互作用，因此，可以把旅游活动进一步解释为通过特定地点(景点或景区)和特定路径(游路)的生态流，这种流集中体现于通过游客所带来的客流、物流、货币流、信息流和价值流，这些流的大小、强度、速率与流向不仅受旅游景观和旅游产品等主体环境的影响，还要受整个社会大环境、政策因素等客体环境的强烈影响，是一个十分庞大的网络系统。这与生物生态学所研究的以能流、物流和物种迁移为特征的生态流相比，显然更加复杂。二者既有近似之处，又有很大不同，前者更具社会学的特征。

景观动态是指景观系统在结构和功能方面随时间推移而发生的变化。旅游目的地的动态从短时间尺度由于客流季节性所引起的物流、货币流等变化，出现淡旺季之分，从长时间尺度看，有的学者认为一个旅游区的发展演变可分为探查、参与、发展、巩固、萧条和重现活力(或衰亡)等六个过程。旅游要有较好的经济、社会和生态效益，就得保持或延长其在短时间尺度上的旺季和长时间尺度上的巩固期，这就需要研究旅游目的地景观系统的稳定性，可分为两类生态系统来分析其恢复与抗干扰能力：一类是自然生态系统的稳定性，主要考虑环境承载力和生态容量；另一类是自然-社会-经济复合生态系统的稳定性，重点是选择得当的措施来保持和延长效益的最好时期。

5. 生态旅游的景观生态规划

在城市旅游开发与规划中，我们可以设想，在一个有边界的城市区域，也有三类与旅游设计直接相关的元素：斑、廊和基。“斑”代表城市的旅游产品，即游客的旅游消费场所，如景点、酒店、商场等；“廊”表示城市内部连接斑的旅行线；“基”代表除此之外的背景。这样，就形成一个由斑、廊、基构成的网络结构，城市旅游的一切生产和消费全部发生在这个网络中(李蕾蕾，1995)。景观生态学理论体系的不断发展和日趋完善，提供给旅游规划者有益的思想、原则和方法，它能够提供许多有益的启迪，有利于规划与自然的协调，体现规划结合自然的本质(祁黄雄和林伟立，1999)。

景观生态学研究将在生态旅游的应用领域发挥广泛作用。在各种旅游形式中，生态旅游是最接近于景观生态学研究特点的，因为生态旅游的一个重要特征，是对生态环境和社区经济发展负有双重责任，要对环境的影响最小化。用景观生态学理论与方法来分析研究生态旅游能够更好地满足这些要求(肖笃宁和钟林生，2000)。

根据景观生态学的基本结构单元，生态旅游区也可以看作是由缀块、廊道和基底构成的异质性景观，由于这三者相互影响、相互作用，并共同影响着生态景观的美学质量和观赏价值，因此，根据生态旅游区的具体特征，应用景观各要素进行合理组合，形成效益优良、景观美学效果良好的生态旅游景观格局，便成了生态旅游景观规划与设计的核心内容。此外，缀块的数量、大小及形状，缀块与缀块之间的空间关联性和功能联系性，景观类型的性质、多少、比例及空间分布等都极大地影响着景观在空间结构、功能机制和时间动态等方面的多样性和变异性。景观的多样性又恰恰是维持物种多样性和生态环境稳定性的基础，在土地利用规划、景观评价与设计、野生动植物保护和自然保护区建设等方面均有重要意义。同时，生态旅游规划和设计的最终成果也必然表现为空间格局合理的具体生态旅游景观。

因此，在生态旅游开发时，应通过对生态旅游区的林带、绿地、水域、小径、生态建筑等景观要素的巧妙布置与适当增减，充分利用生态旅游区景观的缀块、廊道、基底之间的关系，从而使生态旅游区的生物多样性保持在较高的水平上，并且提高区域生态环境的稳定性与抗干扰能力。景观生态学的相关理论为资源的开发、利用、管理和保护提供了理论依据和运作方法，没有景观生态学理论的指导，生态旅游就难以实现可持续发展。

生态旅游规划是景观生态规划在旅游业中的实际应用，所谓景观生态规划是运用景观生态学原理解决景观水平上生态问题的实践活动，是对原有景观要素优化组合或引入新的组分，经调整构成新的景观格局，并据此对景观进行长期的动态维护与管理，其实质是努力寻找和营造生态美。

美学的核心包括三个层次。第一层次是形象美和形态美，即通常所谓视觉景观的美感，使人感觉欢快愉悦，赏心悦目，流连忘返。第二层次的美是指生命系统的精巧和神妙，包括高等动、植物和人类自身，生命即美，因而应该善待生命，当前世界对于维护生物多样性的重视正是体现了这一思潮。美学的第三层次可归纳为对自然真谛的简洁明快的表达，如爱因斯坦为建立统一场论，追求对复杂自然现象本源的统一解释所作的努力。建立在上述第一、第二层次美学观念之上的生态美可谓是当代美学的新潮，其主要内容是具有美丽外貌和良好功能的生态系统，以及按照生态学原理和美学规律设计的人工与自然景观。

生态旅游区的景观规划和设计中常常采用一些生态美学原则。如在森林公园、风景名胜区的景观生态规划实践中要考虑多样性和独特性，千姿百态与独领风骚，反映景观的复杂及稀有程度；开阔度和纵深感，一览无余与曲径通幽，反映景观的视域及视觉感受；旅游客体(旅游群源、景点)与环境氛围，有时要达到万绿丛中一点红的画龙点睛作用；旅游主体(游客)的环境感应，达到诗情画意、浮想联翩的效果；造型与背景，注重形态、线条、色彩和质感的配合；生机和活力，万物钟灵秀，生生不已，珍惜自然，关爱生命，感悟生态美之真谛。

在森林经营中应用生态美学原则通常包括以下方面：尽量选择乡土树种，力求森林景观类型的多样化，要为林木提供足够的生存空间，保持良好的森林卫生状况，有目的地营造风景林等。

在保护生态环境的前提下回归自然，充分享受乐趣，这是现代人的一种新追求，从这个意义上说，生态旅游可望成为 21 世纪旅游业的主旋律。景观生态学作为一门多学科综合的交叉学科，其在生态旅游的应用领域将是广泛的。

1.4.4 恢复生态学原理

1. 恢复生态学发展及内涵

恢复生态学(Restoration Ecology)是研究生态恢复的生态学原理和过程的科学(任海等，2014)。它主要研究生态系统退化的原因、退化生态系统恢复与重建的技术和方法及其生态学过程和机理(余作岳和彭少麟，1997)。为了防御自然灾害以保证社会稳定和经济发展，就必须把固体地球、气圈、水圈、生物圈以及智慧圈组成的复杂耦合系统作为一个整体来研究，其研究结果必须是恢复、创建已经失去了的生态平衡，所以，恢复生态学就应运而生了(马志正，1993)。

1973 年 3 月，在美国弗吉尼亚多种技术研究所和州立大学召开了题为“受害生态系统的恢复”的国际会议，第一次专门讨论了受害生态系统的恢复和重建等许多重要的生态学问题。1985 年，Aber 和 Jordan 首次提出了“恢复生态学”这个科学术语(赵晓英和孙成权，1998)。

恢复生态学与景观生态学一样，均属于现代生态学的一个分支，主要致力于那些在自然灾变和人类活动压力下受到破坏的自然生态系统的恢复与重建。它所应用的是生态学的基本原理，尤其是生态系统演替理论。恢复生态学在加强生态系统建设和优化管理以及生物多样性的保护方面具有重要的理论和实践意义(陈玲玲等，2012)。

根据生态系统退化的不同程度和类型，可以采用不同的恢复方式：恢复、重建和保护。这里所说的“恢复”是指生态系统原貌或其原先功能的再现，“重建”则指在不可能或不需要再现生态系统原貌的情况下营造一个不完全雷同于过去的甚至是全新的生态系统。目前，恢复已被用作一个概括性的术语，包含重建、改建、改造、再植等含义，一般泛指改良和重建退化的自然生态系统，使其重新有益于利用，并恢复其生物学潜力，也称为生态恢复。生态恢复最关键的是系统功能的恢复和合理结构的构建(赵晓英和孙成权，1998)。对生态系统的结构和功能已受到严重的干扰和破坏，影响经济发展的区域，采用人为措施恢复；对生态系统的结构和功能已受到严重的干扰和破坏，自然恢复有困难的区域，采用人工生态设计，实行生态改建或重建；对生态敏感、景观好、有重要生物资源的地区采用保护的方式。

2. 恢复生态学与生态旅游

我国生态系统退化的现实非常严峻，恢复生态学相关原理对优化生态旅游的开发、规划与管理以及恢复受损的生态旅游资源，具有十分重要的价值。众所周知，生态旅游开发与规划的对象即为自然生态系统。随着近年来旅游资源大规模开发、旅游市场极度膨胀，人类活动对自然系统有意或无意的破坏，世界上已很难找到完整的、没有被损坏的生态系统。在此背景下，如果开发者不了解生态系统本身的规律以及生物、非生物因子相互作用的机理过程，生态旅游的开发只能进一步导致生态环境的恶化。国内外很多生态恢复实践均表明，生态恢复如果缺乏正确的指导，其恢复往往是盲目的，并且成功率很低。因此，生态旅游的开发与实践应遵循生态系统恢复的相关规律，尤其是已遭受破坏的区域，依靠科学的、有计划的恢复、重建或保护，最终促使生态旅游不仅成为旅游业可持续发展的支柱，也成为生态环境保护与恢复的重要途径。

1.4.5 生态系统理论

1. 生态系统的内涵

1935 年，英国生态学家阿瑟·乔治·斯坦利爵士(Sir Arthur Ceorge Tansley)受丹麦植物学家叶夫根·尼温(Eugenius Warming)的影响，首次提出生态系统的概念，认为生态系统是一个“系统”整体。这个系统不仅包括有机复合体，而且包括形成环境的整个物理因子复合体，这种系统是地球表面上自然界的基本单位，它们有各种大小和种类(乌兰，2010)。

生态系统是生态学领域的一个主要结构和功能单位，属于生态学研究的最高层次，其范围可大可小，相互交错。最大的生态系统是生物圈，最为复杂的生态系统是热带雨林生态系统，人类主要生活在以城市和农田为主的人工生态系统中。生态系统的构成基本相同，但其表现千差万别，目前尚没有统一的分类原则，其分类方式有多种：

(1)按人类对生态系统的影响大小分为自然生态系统和人工生态系统。前者如未受人为干扰的森林生态系统，后者如城市生态系统等。

(2)按空间环境性质可分为淡水生态系统、海洋生态系统、陆地生态系统。

(3)按利用方式可分为放牧生态系统、农田生态系统、果园生态系统等。

(4)根据生态系统本身与外界环境的联系程度可分为隔离生态系统、封闭生态系统和开放生态系统。隔离生态系统是指与外界之间没有物质和能量交换的系统，这种生态系统实际上并不存在；封闭生态系统指与外界之间有能量的交换，但没有物质交换的生态系统；开放生态系统指与外界环境之间存在能量和物质的交换，一般来说自然生态系统都属于这种生态系统。在世界上，几乎已找不到没有人类影响的自然生态系统，各种生态系统不同程度地受到了人类活动的影响。

2. 生态系统的结构与功能

生态系统的结构是指构成生态系统的要素及其时空分布和物质、能量循环转移的路径。它是可被人类有效控制和建造的生物种群结构。生态系统的生物种类、种群数量、种群的空间分布(水平分布、垂直分布)、种群的时间变化(发育、季相)等构成了生态系统的形态结构。而生态系统各组成部分之间建立起来的营养关系构成了生态系统的营养结构。

生态系统的功能是指生态系统中的能量流动和物质循环以及信息联系。生态系统中全部生命活动所需要的能量均来自太阳，能量在生态系统中的流动是通过食物链营养级逐级向前传递的，最后以做功或散热的形式消耗其过程。

生态系统中的物质循环是指构成生命体的各种物质以及一些非生命体构成的动态过程的物质循环，与能量流动不同，能量流是单向流动的，而物质流则构成一个循环的通道。在循环过程中，每种元素都有各自的路线、范围和周期。

在生态系统的各组成部分之间及各组成部分的内部，存在着各种形式的信息，以此把生态系统联系成为一个统一的整体。生态系统的信息形式主要有营养信息、化学信息、物理信息和引导信息等，它们对生态系统的流动具有重要作用。

同时，生态系统是开放式系统，为了维系自身的稳定，生态系统需要不断输入能量，否则就有崩溃的危险。许多基础物质在生态系统中不断循环，其中碳循环与全球温室效应密切相关。

生态系统的这种循环功能使得保持生命所需的物质不断地循环再生。阳光提供的能量驱动着物质在生态系统中不停地循环流动，既包括环境中的物质循环、生物间的营养传递和生物与环境间的物质交换，也包括生命物质的合成与分解等物质形式的转换。人们在改造自然的过程中需注意到物质循环的规律。一方面，在生产中只能因势利导，合理开发生物资源，而不可只顾一时，竭泽而渔。目前世界上已有大面积农田因肥力减退未得到及时补偿而减产。另一方面，还应控制环境污染。由于大量有毒的工业废物进入环境，超越了生态系统和生物圈的降解和自净能力，因而造成毒物积累，损害了人类与其他生物的生活环境。

3. 生态系统的特征

生态系统的空间、物种、营养结构决定了它具有物质生产、能量流动、物质循环和信息传递的功能，在具有这些功能的条件下，决定了生态系统有不同于机械系统的许多特征，这些特征主要表现在：

1）生态系统是动态功能系统

任何一个生态系统总是处于不断发展、进化和演变之中，这种系统总是处在不断变化的过程中。

2）具有一定的区域特征

生态系统是一个包含一定地区和范围的空间结构，这种空间存在着不同的生态条件，是生命系统与环境系统的相互作用以及生物对环境的长期适应的结果，在结构和功能上都反映了一定的地区特性。

3）生态系统是开放的“自持系统”

生态系统的“新陈代谢”的过程往复循环，不断进行能量和物质的交换、转移。这种代谢机能是通过系统内的生产者、消费者、分解者三个不同营养水平的生物群完成的，它们是生态系统“自维持”的结构基础。

4）具有自动调节的功能

生态系统自动调节功能表现在三个方面，即同种生物种群密度调节、异种生物种群间的数量调节、生物与环境相互适应的调节。

4. 生态系统的演替与相对平衡

生态系统的自我调节能力和反馈能力，依赖于生态系统的结构与功能的相互适应性。生态系统的结构越复杂，功能越稳定，生态系统的自我调节能力就越强，反馈机制就越完善。而生态系统的自我调节能力是有限的，超过一定的界限，反馈能力丧失，自我调节就不起作用，以致系统遭到破坏甚至崩溃，也就是人们常说的生态平衡失调。生态平衡是指生态系统的相对平衡，也称为自然平衡，它是一种动态平衡，因为生态系统的能量流动和物质循环总是不断地进行着更新，环境也在不断地发生着变化。在自然状态下，生态系统总是朝着生物多样化、结构复杂化和功能完善化的方向演替和发展，并且趋向于成熟和自校稳定。

5. 生态系统理论与生态旅游

生态旅游的发展有赖于稳定的生态系统，因此，建立良好的旅游生态系统，维持生态平衡，有助于生态旅游的可持续发展。

1）生态系统理论与生态旅游景观

在生态旅游开发过程中，必然会涉及对原有森林植被进行景观改造，因此要求在改造中，遵循生态系统理论与原则，认清原有生态系统的结构及相互作用机理，对不同植物群落区别对待，哪些植物应加以严格保护，哪些植物可以加以人工改造，使之既符合植物群落演化规律，又美化生态旅游环境。

2) 生态系统理论与生态旅游活动

在生态旅游发展中，旅游活动的开展和旅游设施的建设会影响原有生态因子的相互作用，因此，运用生态系统的基本理论，研究生态旅游规划建设过程中景观结构与功能的相互关系，以及人类活动对原有生态系统及生态过程的影响等至关重要，对生态旅游的良性发展具有重要的现实指导意义。

3) 生态系统理论与生态旅游产业

在生态旅游发展中，以生态经济这个复合系统为研究对象，从中探索人类经济活动和自然生态之间的相互关系，充分考虑和实施清洁生产、循环经济和生态循环，通过对由旅游而产生的产业行为进行优化，在保证资源可更新能力的范围内进行合理、有效利用，构建人地和谐的生态经济系统。

4) 生态系统理论与生态旅游管理

生态旅游开发涉及诸多利益相关者，必须从生态系统理论出发，系统思考，从整体上综合分析旅游流对旅游地生态环境的影响，研究具有关联性影响的生态要素和生态过程，制定相应的管理制度，并进行定时监测，对制定的各种管理制度进行反馈，使之适应旅游地生态系统的实际情况，确保旅游客流、当地民众和自然生态环境之间的和谐。生态旅游管理包括对生态系统的管理，对游客、开发商和当地居民的管理。生态系统管理主要指环境容量控制，对游客、开发者和当地居民的管理，重在对他们行为的管理，如游客生态环保意识的引导，垃圾的无害化处理，居民清洁能源的利用等。

5) 生态系统理论与生态旅游规划

旅游生态系统是指可观赏性的生物群落与其环境构成优美的空间地域综合体，该综合体具有一定的大小和结构，彼此间借助能量流动、物质循环和信息传递而相互联系、相互影响、相互依存，并形成具有自组织结构和自调节功能的有机整体。旅游生态系统有其自身的运行规律，具有时间结构、空间结构和营养结构。时间结构和空间结构可以通过规划进行调控，如通过植物的重新配置使整个生态系统群落景观发生时间季相变化和空间结构变化，以增加大地景观的观赏艺术性，但这种规划调控必须以营养结构为核心，因为营养结构是通过食物链和食物网把系统内各种组成部分联结起来，其中的能量流动和物质循环也正是沿着食物链（网）这条渠道进行的，生态旅游规划所进行的生物组成结构调整应当符合生态学发展规律。

6) 生态系统理论与生态旅游环境伦理观

生态旅游环境伦理观，从生态道德角度负责协调人与自然之间的关系。生态伦理观提倡对自然生态系统、对动植物种的关注，并以人与自然协同进化作为该学科确立的出发点和最终目的，强调把人、动物、植物和自然环境统一纳入道德考虑范畴，提出对自然环境保护应尽的义务和责任。生态伦理观把自然界看作一个整体，人是该整体中的一员，人的活动可以影响自然界，但必须符合自然的生态规律。

1.4.6 生态美理论

传统观点认为美是艺术家的事业，是一种奢侈。但当人的生存受到自然环境恶化的威胁时，自然美就成了人类生存的基础。为了自己的生存，人类应该恢复已经纯化的美感，追求与自己生存休戚相关的生态美(严力蛟，2007)。生态美(ecological beauty)是以生态系统中生命之间、生命与环境之间的相互协同和支持为前提的生命协同之美、生态和谐之美、宇宙大化之美(范永康，2013)。生态美是建立在生态人文观基础上的一种崭新的具生态哲学意义的美学概念，是生态文明社会中人类的一种共同美学追求，具有与自然美本质上差异的美学特征。在生态旅游活动中，无论旅游者，旅游开发者还是旅游管理者均与生态美息息相关。

1. 生态美的概念与内涵

1)从自然美到生态美

生态美是在自然美的基础上，在人类对自然价值重新认识的基础上产生的美学观点。人类中心论者认为人类是自然的主人，自然的一切包括美都是为了人类，如果没有人，自然的一切美将失去意义，失去价值，这便是工业文明时代大众所持的美学观，称为自然美。而生态人文论则认为人与自然是平等的，自然并非只为人而美，自然有自身的美学价值，而且它的美往往与生存紧密联系，可以说，人类对自然的自身美学价值还知之甚少。人类不但没有权力否定自然的自身美价值，而且还可以从中得到新的美学感受，这就是生态美。

2)生态美有别于自然美

自然美与生态美在审美基础和美的形成上均存在差异。从审美基础上看，自然美是基于对自然外部形态、色彩、声音等感官基础上的心灵愉悦，而生态美是基于对生命价值、自然价值的认识基础上的感官和心灵上的愉悦。从美的形成上看，自然美是由自然创造的，而生态美除了自然创造外，还包括人与自然共同创造的人文生态美。

3)自然生态美与人文自然生态美

生态美包括两大类，一类是自然生态美，另一类是人文生态美(余正荣，1996)。自然美中众多的生命与其环境所表现出来的协同关系与和谐形式，称为自然生态美。自然生态美是自然界长期演化创造的美，是大自然的产物。自然生态美有原生态自然美、人化态自然美和共生态自然美三种不同的类型(张子程，2009)。自然生态美不是生态美的全部，生态美还包括人遵循自然规律和美的创造原则，与自然共同创造的人与自然和谐协调的人文生态美，如人类借助生物学的繁殖技术，将全球具有观赏价值的花卉植物集于一园，人类能够修建人与自然和睦相处的生态园林、生态城市，使自然生态美在人的创造后更加完善。总的说来，生态美是充沛的生命与其生存环境和谐所展现出来的美的形式。

2. 生态美的特点

1）活力美

活力指的是生命充满蓬勃旺盛、永恒不息的生命力。生命力的光辉和韵律充满美学特征，植物的生态美体现在永不衰竭地利用太阳能、转化太阳能维持自己的生命，养育所有的动物，维持生态系统的运转，使整个大自然充满生机，显示出生命的活力之美。动物的生态美体现在各自永不停息的生命承续和运动中，新生命的诞生，骏马奔腾、鱼游水中，无一不充满活力之美。微生物将动植物碎屑和残体分解，归还自然再从自然中诞生新的生命，这一生命转换过程，也充满着新陈代谢的承续之美。整个自然生态系统遵循着物质循环、能量流动的规律，使地球上永葆生命之树常青，洋溢着盎然生机。

2）和谐美

生态美的和谐指的是生命与生命之间、生命与环境之间相互支持、互惠共生所展现出来的美学特征。在森林系统中，乔木为下层的灌木和草本提供阴生所需要的散射光条件，灌木和草本为乔木提供涵养水土的条件，这种系统内各组分的和谐共处，充分利用环境提供的生存条件，维持整个系统的协调发展充满着和谐之美。在人类社会中，人类效法自然，与自然共同创造的名山中的寺庇、江河边的栈道、城市中的古典园林，同样有一种生命与自然协调的和谐之美。

3）创造性

生态美是在生命与环境的共向进化中创造出来的。自然生态美是动植物和微生物与环境共同进化中创造出来的，它的出现早于人工生态美。生命的出现，给地球带来生机，生命的演化使生命本身和环境得以繁荣和完善，出现生命的活力美和生命之间、生命与环境之间的和谐美。人文生态美是人与自然共同创造的。人类具有创造力，当人的创造力违背生态规律，这种创造力就变成破坏力，当人类的创造力遵循生态规律、人类的创造力与自然的创造力形成合力时，就能创造出优于自然生态美的人文生态美。面对现在地球的环境创伤，人类应积极寻求人类与自然的创造合力，恢复、重建和繁荣地球的生态美。

4）参与性

生态美具有参与性特征。当人们欣赏热带森林时，人本身就是热带森林系统的一部分，热带森林不仅给人带来众多生物组成的繁荣外貌的美学享受，也给人带来清新空气，同时热带森林所呈现的生物与生物之间、生物与环境之间密不可分的相互依存的和谐之美使人在感悟自然中得到心灵上的美学享受。

3. 生态美理论的生态旅游价值

珍视生命、珍视自然的生态美学观点可以说是生态旅游的灵魂，生态旅游者追求的、生态旅游开发者所努力营造的、生态旅游管理者极力维护的都是生态美。

1) 生态旅游者追求生态美

生态旅游者与传统大众旅游者的旅游追求不同，传统大众旅游者要么追求自然美，要么追求人文美。而生态旅游者将自然美与人文美融为一体，追求生态美，赞美生命及人类的创造力，赞美生命与环境、人与自然的和谐美。

在我们的道德规范中，很注重人与人之间的关系，追求真、善、美。生态旅游者具有追求人与自然关系上的真善美的崇高美德，人与自然关系层次的真善美具有更深层次的含义。这里的“真”表现为自然生态规律的真理性，“善”表现为人类正确的自然观——善待，“美”表现为人与其他生物物种及自然环境的和谐共生。在旅游活动中，从自然生态规律展现出的大自然的奥秘和人与自然和谐美中净化心灵，丰满精神品格，确立健康的生存价值观。生态旅游者不会随意杀生、扔垃圾，而会努力保护自然的生态美，将自己享受的生态美景观留给旁人、留给后人，使生态美得以升华。

2) 生态旅游开发者努力寻找和营造景观生态美

传统大众旅游开发者往往在旅游景区修建大量自己认为美的人工建筑，这种强加于自然的做法常常破坏自然的和谐美。生态旅游开发者努力寻找自然生态美，在自然生态规律和生态美的法则指导下，效法自然，将自然创造力与人的创造力形成合力，共同创造出人文生态美，使自然生态美得到修正和补充。生态旅游开发者应该营造既保持当地原始的自然生态美又与当地传统文化融为一体的人工生态美的旅游产品，只有这种最“原始”、最“土”的旅游产品才有最突出的地方特色，也才具有持续利用的价值。

在景观设计中，必须要融入对生态美表现和形式的研究。景观生态美并不只是单纯地获取大量物种或景象，而是让景观环境来体现生态的价值性。景观生态美欣赏，包括最基本的表象之美、群体和活力之美、能量之美、天人合一之美等层次类型(张胜全，2015)。

3) 生态旅游管理者努力保护生态美

传统大众旅游之所以不能持续发展，就是因为旅游管理中不注意保护，使吸引旅游者的旅游资源特色受损伤甚至丧失，从而导致吸引力降低或消失。生态旅游管理者注重旅游业的可持续发展，而可持续发展的基础就是保护生态旅游对象，保护生态旅游对象中吸引旅游者的生态美。为此，生态旅游管理者应重视生态环境承载力，把旅游者人数控制在承载范围内。同时生态旅游管理者还特别重视培养旅游者的环境意识，加强旅游垃圾的防治管理，重视培养生态旅游导游，这一切都是为了保护生态美，最终实现生态旅游的可持续发展。

1.4.7 人类生态学理论

1. 人类生态学发展及内涵

人类生态学(Human Ecology)是由帕克(Park)和芝加哥学派在 20 世纪 20～30 年代所创立的关于人类组织的理论(沈光明，1988)。人类生态学是指研究不同文化背景下，人类与环境之间的各种关系的一门学科(任文伟，2011)。人类生态学主要研究人与生物圈、人与环境、人与自然的协调发展。1972 年在瑞典首都斯德哥尔摩召开的人类环境会议和发表的第一个人类环境宣言，标志着人类生态学已发展成为与人类息息相关的学科。1985 年成立了人类生态学学会，标志着人类生态学已形成了自己的学科优势，人类生态学已成为 20 世纪 80 年代以来生态旅游理论理论与实践的重要基础(严力蛟，2007)。

环境以其固有的成分及其物质流与能量流来控制人类的活动，而人类的活动又不断地改变着能量的单向流动与物质的循环过程，它们之间互相依存而又互相制约，从而组成一个复杂的以人类为中心的生态系统，即人类生态系统。人类生态学是自然科学与社会科学的一种综合体现(唐以剑，1981)。人类生态学作为一门新兴的学科，以人类生态系统为研究对象，探索不同层次复合生态系统的动力学机制、控制论方法，辨识系统中各种局部与整体、眼前与长远、环境与发展、人与自然的矛盾冲突关系，寻找调和这些矛盾的技术手段、旅游方法和管理工具。

人类生态学的基本假设是：社会具有两种层次的组织——生物组织和社会组织的特殊生物层次上的组织并不是人类社会特有的，而是在所有共享栖息地的生物那儿都可以发现的组织形式。其最重要的特点就是共居者之间相互依赖的封闭式结合模式，在本质上它是公社制的。因为这一层次的组织的所有的生命形式被认为是相同的。人类生态学的基本目的之一就是要运用动物和植物生态学的原理去研究人类共同体。社会秩序称为是人类社会所特有的，它还包括只有人类才能创造和维持的关系。

生物秩序不是有意识的、理性的人类活动的产物，相反，其组织模式是通过众多的个人聚集于某一特定区域(如城市)而自行决定的。形成和改变一个共同体的形态和结构的力量是非人格的和超社会的，是个人无意识的自然本能的产物。生物层次上的关系是共生的(symbiotic)，不同生物和人类的共生单元之间为了生存而互相依赖。同时，生物秩序也是以竞争为表征的，这种竞争也是用与达尔文的自然选择相似的方式对一个地区的人口和制度进行选择和区分的。相反，社会秩序则是由共享文化和传播方式的形式的人际关系的网络所构成的。它具有内在的合意性(consensual)。

在对城市的分析中，人类生态学关注的是城市区域是如何在对土地的激烈竞争过程中被划分的，这种竞争把城市人口划分和隔离成了各种自然区域(邻里)，每一个自然区域都具有内在的社会同质性，并促进了亚文化(subculture)的产生。由此，帕克和伯杰斯(Burgess)提出了他们的都市发展的同心区域假设(concentric zone hypothesis)(沈光明，1988)。

2. 人类生态学的特点

人类生态学与传统自然科学不同，其研究重心是以人为中心的生态系统事理和功能过程，主要特色体现在：

1)综合性

人类生态学是跨自然科学和社会科学的综合学科，由生态学发展而来，与社会科学交叉，强调生态学原理对人类活动的指导作用，从科学、政治、社会等方面来协调和解决人类所面临的生态危机，促进人类与环境的协调发展。

2）应用性

人类生态学从一开始就注重应用性，其理论和方法广泛用于与人类紧密相关全球的资源利用、环境问题、国民经济发展、区域经济、生态体制、生态政策、环境立法等方面。

3）用系统生态学的研究方法

人类生态系统是一个自然-经济-社会的复合生态系统，研究的重要手段和方法是采用系统生态学的研究方法，包括研究人类生态系统中的复杂因果关系、连锁反馈的网状关系、各种生态流及动力学模型等。

4）生态调控和传统继承

人类生态学源于生态学，在生态学基本原理基础上总结了“循环再生、协调共生、持续稳生”的生态调控原则，用于人类生态系统的建设中。同时，传统生态学的研究方法广泛用于人类生态学的研究中，人类生态学具有传承和继往开来的特色。

5）强调人的自然属性和文化属性

人不仅是生物性的人，还是文化的人，这是人与动物的根本区别。人类生态学不仅要重视人的自然属性的研究，更要强调生态文化的诱导作用，将社区作为人类生态系统的基本单元。

1.5 旅游学及相关理论

1.5.1 旅游经济学

1. 旅游经济学的概念及起源

旅游经济学是以旅游经济活动和它的一般发展规律及其与社会经济发展的相互关系为主要研究对象的一门综合性经济学科(华淑华，1985)。作为一门应用学方法研究旅游现象的科学，旅游经济学是一门古老而又年轻的学科。说它古老，是因为从1899年历史上最早对旅游活动进行分析的文章出现算起，旅游经济学已经有一百多年的历史。1899年，意大利学者博迪奥在杂志上发表了名为《在意大利的外国人的移动及其在金钱上的消费》的文章。不久，意大利另一学者马里奥蒂的《旅游经济学讲义》也问世了，这是最初探索旅游经济理论的论著。

2. 旅游经济学研究对象与内容

旅游经济学理论的研究对象是旅游经济活动过程中所反映的各种现象、关系及其内在规律。旅游经济学从分析旅游需求和旅游供给的形成、变化及矛盾运动入手，揭示旅游供求平衡的内在规律性及策略、旅游产业结构和经济效益分析和研究，为旅游经济活动的有效实现提供科学的理论依据。

旅游开发的实质是区域开发，通过开发，要促进该地区旅游的发展，总体上，是为了促进区域的经济发展。因此，旅游开发要遵循区域开发的原则，按照经济规律办事。

旅游经济学研究的主要内容有以下几个方面:

(1)研究旅游经济活动在国民经济中的地位、作用，以及它同国民经济各部门的相互关系，包括阐明旅游经济活动在增加国民收入、积累资金、扩大外汇收入、平衡国际收支、开拓劳动就业、发展交通运输、商业等方面所起的作用。

(2)研究旅游供求规律。包括调查、掌握和预测影响旅游消费的各种因素，如个人收入及其旅游支付能力的变化，业余时间和假期的增加，旅游者的需求心理、程度、种类，以及旅游服务设施的完善和先进程度、服务质量、社会秩序的好坏等。据此调整旅游服务各方面的社会经济条件和自然条件，建立合理的供求平衡关系。

(3)研究旅游资源和服务设施的开发、建设、利用、保护、改造的经济原则。主要是提出和论证在开发和利用旅游资源时所要遵循的一系列经济原则，如投资少、见效快、收益大的经济效益原则，挖潜改造和投资新建相结合的原则，旅游业与其他国民经济各部门协调发展的原则，按生态平衡规律发展旅游经济的原则等，以及提出贯彻这些原则的具体措施。

(4)研究旅游业的经营管理原则和措施。包括旅游资源和设施建设管理中的合理布局原则，旅游价格管理中的“优质优价”“同质同价”及灵活性原则，以及旅游管理方式上的企业化原则等等。

3. 旅游经济学与生态旅游

生态旅游的开发不能忽视旅游经济学的理论，旅游经营者一方面要做到重视市场分析、市场定位和市场预测，遵循市场经济规律，满足旅游者的需求，并做出正确的商业价值判断；另一方面，要不断围绕市场需求来开发新产品，从旅游经济学的角度出发，根据市场的变化和产品生命周期理论，考虑产品的升级换代，用市场营销的观点来开发生态旅游产品。

而生态旅游市场的供求平衡及其利益目标的实现则要依靠旅游经济学相关理论的指导。缺乏旅游经济学理论的指导，生态旅游就会失去市场空间。旅游经济学和景观生态学是支撑生态旅游理论的两大重要基石。

1.5.2 旅游系统与生态旅游系统

1. 旅游系统

从系统论角度来考虑，人类的旅游活动是一个系统。旅游系统论的观点把旅游视为一个相互依赖又相互作用的系统平衡推进、协调发展的综合体，而该综合体又成了对旅游业进行系统论改造的对象，这样旅游系统就自然成了旅游学研究的对象。

系统论认为系统是由相互联系的各个部分和要素组成，具有一定结构和功能的有机整体，这个整体称为系统，构成整体的各个局部称为子系统，子系统下面有更低一级的子系统，最低级的子系统为组成系统的各个要素。系统理论把旅游看成是一个系统，旅游的系统性有两个方面：功能的系统性和结构的系统性。从功能上看，旅游系统包括三个子系统：旅游客体子系统、旅游主体子系统和旅游媒体子系统。三大子系统下面还有更低一级的子系统，如旅游客体系统(或称旅游资源系统)可分为自然旅游资源子系统和人文旅游资源系统。

根据旅游规划的需要，黄羊山(2004)将旅游系统分为旅游经济、旅游社会文化、旅游环境等三个子系统(图 1.1)。

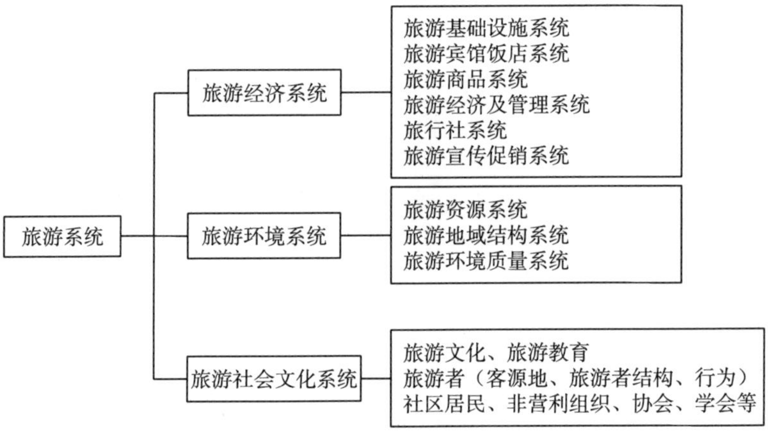

图 1.1 旅游系统

国内外不同学科背景的研究者出于不同的研究目的，从不同角度提出了各自的旅游系统模型。现就目前比较有代表性的几种旅游系统学说介绍如下：

1)六要素说

旅游系统的“六要素说”是旅游学科中较为传统的学说，它是以旅游者为中心，将其旅游行为归纳为“吃、住、行、游、娱、购”六大要素(严力蛟，2007)。旅游业是以满足旅游者旅游行为要求为指南的，往往以这六大要素来规划和发展旅游业。即满足旅游者从常住地到旅游目的地及目的地内的空间位移的“行”的需求，是规划发展旅游交通的依据；满足旅游者基本生活需求的“住”和“吃”，是规划建设旅游宾馆等食宿条件的依据；满足旅游者在旅游目的地观光、游览及度假等“游”的需求，是规划发展旅游景点景区及旅行社的依据；满足旅游者从旅游地带回有纪念意义的物品的“购”的需求，是旅游目的地发掘、设计、生产旅游商品的依据。

“六要素说”对旅游业发展具有指导性和可操作性优点，在各国的政府文件、研究报告、教科书中均能寻找到这一学说的存在。但这一学说也存在明显不足，即“六要素”并不能将旅游者在旅游活动中的全部因素归纳概括进去，如对旅游者在旅游活动中接触到的自然、社会环境就没有反映，而这些环境条件对旅游活动的产生及影响是不可忽视的。

2)三体说

旅游系统的“三体说”也是一种较为传统的学说，在旅游学的教科书中反映最为明显，不少《旅游学概论》均是以此作为全书的理论构架。该学说以旅游活动为中心，将旅游活动得以实现必不可少的因素概括为主体、客体和媒体三大方面。

主体即旅游者，指离开自己常住地到旅游目的地旅游的人，是旅游活动中主要因素，是旅游活动得以实现的主体因素；客体指吸引旅游者进行旅游活动的客观存在物，即旅游资源或旅游吸引物等；媒体是指联系旅游主体和旅游客体之间的媒介物，即旅游业，包括旅游交通线路、宾馆等各个环节。

旅游的三体相互依存，互为制约，三者缺一不可，缺了就难以完成旅游活动。这一学说对旅游学形成体系具有重要的意义，形成了系统二级分支学科，如专门研究旅游主体(旅游者)的形成“旅游心理学”，专门研究旅游客体(旅游资源)的形成“旅游资源学”等，专门研究旅游媒体(旅游业)的形成“旅游经济学”等。但这一学说也存在明显的不足，如未能把旅游活动得以实现的自然、社会和经济环境因素概括进去(严力蛟，2007)。

3)旅游产业说

“旅游产业说”将旅游活动理解为经济现象，从经济学的角度出发，将旅游业作为旅游系统的核心，按照旅游的市场供求关系将旅游系统划分为旅游供给系统和旅游需求系统，这两大子系统又可进一步划分为更小的子系统。该学说偏重对旅游经济关系的理解，而对旅游的社会和环境关系理解不够(严力蛟，2007)。

4)游憩论

吴必虎(1998)提出了游憩论，认为旅游科学和旅游规划的研究对象是游憩系统，从系统的角度出发，游憩活动(旅游活动)被视为一个开放的复杂的系统，包括客源市场系统、出行系统、目的地系统和支持系统。

2. 生态旅游系统

“旅游系统”是旅游学的研究对象，“生态旅游系统”则是生态旅游的研究对象。根据系统论的观点，生态旅游系统是指生态旅游要素按一定的旅游规律组合而成的有机整体，也就是在满足生态旅游基本要求的地域内，由与生态旅游密切关联的各要素按一定的旅游市场运行机制构成的动态有机整体。

1)四体说

目前我国最具代表性的生态旅游系统理论模型是杨桂华等(2000)提出的“四体说”生态旅游系统模式(图1.2)。

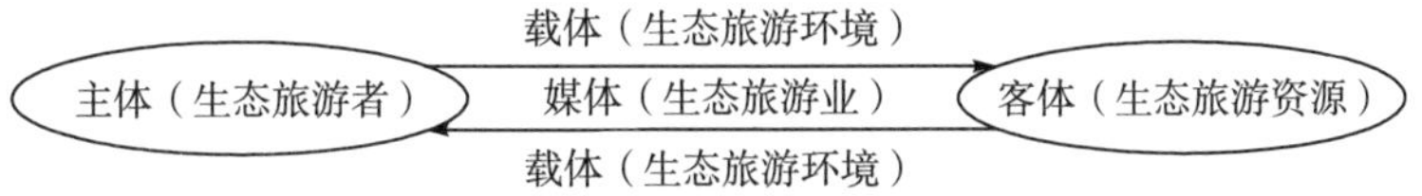

图1.2 生态旅游系统的“四体说”模式

生态旅游系统在旅游系统“三体说”的基础上，补充了第四体，即载体。杨桂华等(2000)认为，生态旅游系统是由主体(生态旅游者)、客体(生态旅游资源)、媒体(生态旅游业)

和载体(生态旅游环境)四大要素组成的。其中前三体与旅游系统“三体说”中的三体是一样的，但却包含着新的内涵。“主体”是旅游活动实现的主要因素，“客体”是生态旅游活动的客观存在物，“媒体”是联系生态旅游的主体与客体的媒介物，包括旅游交通、旅游设施和旅游线路、宾馆饭店等旅游服务。“载体”，即生态旅游环境，它是以生态旅游活动为中心的环境，是生态旅游活动得以生存和发展的一切外部条件的总和，它是生态旅游活动得以实现的必不可少的载体，它不仅保证生态旅游活动的进行，而且还对旅游活动的产生和发展发挥着特殊的功能。生态旅游环境既是生态旅游发展的载体，又是一定意义上的生态旅游资源，具有资源的价值。因此，生态旅游与环境的关系较传统旅游与环境的关系更为密切，生态旅游环境研究主要集中在环境影响、环境容量与环境保护等方面。生态旅游环境包括自然生态环境和人文生态环境和社会生态环境。

生态旅游系统的“四体说”与一般旅游系统的“三体说”之间不是组分数量的差别，而是一种“质”的差别(廖荣华，2003)，这一“质”反映在系统内各组分和整体上，这一“质”就是“保护”。定位于“可持续发展”的生态旅游之核心只有一个，即保护。换句话说，生态旅游与传统大众旅游的最大差别是“保护”的差异。

2) 五体模式

考虑到旅游发展涉及多方利益主体，它们对资源占有状况不一，对旅游发展的价值取向和观点各异，所以要综合考虑各方面的因素，这就需要一个协调各相关利益主体关系的公共代言人，因此，严力蛟(2007)在生态旅游系统四体模式的基础上，增加了生态旅游的调控体——政府，提出了生态旅游系统“五体模式”(图 1.3)。生态旅游系统的五大要素是围绕着生态旅游发展的总体目标，在处理人与地的关系和人与人的关系过程中构成了一个有机体，形成旅游可持续发展理念。

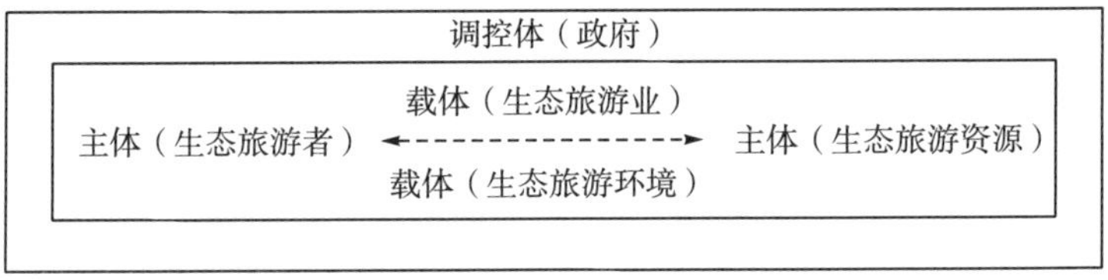

图 1.3　生态旅游系统的“五体”模式

传统大众旅游认为旅游业是“无烟工业”，认为发展旅游不会影响环境。生态旅游则认为旅游作为一种活动，它的开展肯定会对环境产生影响。在环境自我恢复能力范围内的影响不会造成负面影响，一旦超出这一“自我恢复能力”即“环境承载力”，旅游便会对环境造成负面影响，甚至产生不可逆转的破坏，故生态旅游特别强调“保护”。

生态旅游强调保护是基于“可持续发展”这一目标，“保护”作为实现这一目标的战略措施，保护的对象是指旅游可持续发展的基础，即生态旅游资源，生态旅游环境和旅游目的地当地社区的利益不受损害。为实现保护的目的，对生态旅游的一切受益者而言，都应具有保护的意识。无论开发者、决策者、旅游者、管理者，还是当地社区居民，均应将保护放到重要的位置。对生态旅游资源，无论开发还是利用及管理均应保护在前；对于生态旅游业而言，应实施保护性管理。生态旅游环境，就是保护的对象。

1.5.3 旅游景观生态系统

1. 旅游景观生态系统的概念及意义

景观生态系统是指以整体性为特色的地域综合体，是地球表层不同地段自然要素与人文要素的功能统一体，它是由自然、生物和人类组成的复杂三维现象。旅游景观生态系统是景观生态系统概念的衍生，它指旅游者、当地居民与其周围的自然环境，遵循相应的生态、经济与社会规律，相互作用、相互影响所形成的具有旅游功能的地域综合体（蒋依依等，2008）。

旅游景观生态系统的理论是对旅游目的地人地关系恶化态势的直接响应，涵盖旅游地自然环境系统与人类社会系统之间的相互关系，从而有助于拓展景观生态学的理论研究。该理论框架可以从格局、功能与变化等角度，描述和揭示旅游活动、旅游开发与保护措施、自然环境的响应等人地关系的相互作用现象与机理，为优化格局、协调功能、调节状态等现实问题的解决奠定具有针对性与可操作性的基础。

2. 旅游景观生态系统的尺度

旅游业是一个关联性很强的产业，涉及多个利益群体和行业部门，尺度分析是解析系统内部复杂问题的有效手段。旅游景观生态系统的组成要素、要素之间的相互作用关系，均随着尺度的不同而发生变化。因此，要针对不同尺度的特征，对其进行针对性的分析判断，在此基础上进行优化配置和调控，实现系统整体的协调和持续发展。

1）小尺度的旅游景观生态系统

小尺度的旅游景观生态系统主要指具有独特的资源特色，相对独立、面积狭小、要素相对单一的景点。旅游者的活动类型相对较少，停留时间短，在空间上高度聚集，对自然环境的影响作用直接。小尺度的旅游景观生态系统的影响因素较为简单，当地居民对于旅游活动与自然环境的调控便于实际操作，但由于自然环境空间上的狭小性，自身调控能力较弱。

2）中尺度的旅游景观生态系统

中尺度的旅游景观生态系统由数个小尺度的旅游景观生态系统组成，组成的方式主要包括旅游者的空间流动以及旅游功能的相互补充等，所包含的要素更为复杂且相互作用密切。中尺度的旅游景观生态系统作为旅游活动的主要空间，能满足旅游者在停留期间多样化的旅游需求。旅游活动的发生发展通过对生态-经济-社会要素的影响深刻改变着自然环境和当地居民的状态。中尺度的旅游景观生态系统的自然环境自我调节的能力得以提高，当地居民能通过景区建设以及监测管理自然环境等方式协调整个景观生态系统的状态。

3)大尺度的旅游景观生态系统

大尺度的旅游景观生态系统由几个在地域上邻近的中尺度旅游景观生态系统共同组成，组合方式包括旅游经济、行政隶属、文化等方面的联系，或者旅游资源上的相似性等。大尺度旅游景观生态系统比中尺度旅游景观生态系统要松散得多，它包括了旅游目的地与旅游客源地，旅游者与当地居民及相互转换。随着空间尺度的扩大，自然环境所包含的要素也越复杂，系统所受到的影响要在更长的时间才能表现出来。

3. 旅游景观生态系统的格局

旅游景观生态系统同样由斑块、廊道和基质三类空间单元组成(蒋依依等，2008)。斑块是由景点及其周围环境形成的以自然景观或人文景观为主的地域，是旅游者游览和旅游消费的场所；廊道为林带、交通线路及其两侧带状的树木、草地、河流等；基质一般指斑块所在背景生态系统。整体格局空间特征的分析包括各类空间单元的规模、形状、空间分布与组合等空间属性内容。

景观格局是景观流形成的，旅游景观生态系统的景观过程是旅游者的空间流动(简称游客流)，其空间结构是游客流在空间上呈现出的流动规律和分布特征。游客流的空间结构是系统内部各要素相互作用的结果：一方面，当地居民对旅游地的开发建设会改变旅游者的空间集聚程度，而当地居民的态度以及开发建设能力等均可能限制旅游活动的发生发展；另一方面，旅游产品产生的吸引力是旅游活动空间集聚的原动力，但自然环境的地形地貌、气候等因素都可能在一定程度上阻碍旅游活动。同时，景观整体格局的等级特征影响到其间的游客流，使得旅游者在空间的分配过程也具有明显的等级性，从而呈现出一个复杂的立体网络。游客流的空间结构分析内容包括游客流的规模及其时间变化规律、游客流在空间的集聚、扩散与转移等规律。

4. 旅游景观生态系统的功能

旅游景观生态系统的功能产生于系统内部各要素之间的相互作用过程，具体的功能与生态系统的类型、组成结构、尺度规模和发展过程有关(蒋依依等，2008)。旅游景观生态系统的功能划分为生态和旅游功能两种类型，如何量化旅游功能与生态功能，以及两者之间的交互作用机制，实现旅游功能与生态功能的协调，确保系统向着可持续发展的方向不断演进，是旅游景观生态系统功能研究的主要内容与目的。

1)生态功能

生态功能是旅游景观生态系统客观存在的基本功能，是实现旅游功能的前提和保障，是维持人类生存的生态效用，具体可细分为生物生产、净化环境、涵养水分、土壤保持、气体调节等内容。旅游景观生态系统的生态功能对于承载旅游活动，协调旅游开发与自然环境保护之间的关系发挥着至关重要的作用。

2)旅游功能

旅游功能是旅游景观生态系统的主体功能，是区别于其他景观生态系统的标志。旅游功能的完善和健康，为生态功能的实现提供强有力的经济支持，旅游功能包括 3 个层面的内容：满足旅游者“吃、住、行、游、购、娱”等基本旅游需求；愉悦身心，陶冶性情，丰富知识等；旅游经济效益的产生。

5. 旅游景观生态系统的变化

变化指景观生态系统的过去、现状和未来变化趋势，旅游景观生态系统在不同的时空尺度上发生着无时无刻的变化(蒋依依等，2008)。在这个系统中，任何一个要素发生变化都会影响整个系统的平衡，导致系统的发展变化，以达到新的平衡。

旅游景观生态系统的变化取决于各要素的发展速度与方向，例如旅游者出游规模、偏好、时间、消费等方面的转换，当地社会经济条件变化所导致的旅游发展政策转变、旅游设施建设、旅游服务质量转变、旅游景点景区的开发，自然环境承载力、美学价值的变化等。各要素之间的变化是否协调，直接影响到系统是否向着优化方向发展。辨析旅游景观生态系统变化的影响因素，掌握变化规律，预测变化方向，可以制止或逆转系统的不良趋势，制定适宜的优化途径。

6. 旅游景观生态系统的特性及应用

1)格局与功能依存性

旅游景观生态系统的格局决定着内部要素的分布形式与组合，决定着要素之间相互作用的空间秩序，从而造成功能的空间分异。旅游景观生态系统的功能与自身的格局密切相关，这种相互依存性往往左右着系统的整体变化。

当系统格局合理，有助于旅游者在空间上的聚集与分散，并且能够发挥完善的整体功能，满足旅游需求时，系统会向着格局与功能更优的状态发展。

当系统的格局与功能已不能适应旅游需求的不断变化，而又无力改变长期历史发展所形成的设施布局与功能分区，则会导致系统状态的衰落，甚至被新的系统所取代。

2)状态的脆弱性

自然环境的不稳定性和旅游业高度的关联性共同导致了旅游景观生态系统状态的脆弱性。针对状态的脆弱性特征，旅游景观生态管理须实施整合管理，通过平衡自然环境、旅游者与当地居民的各种关系，促进各要素的相互协调，满足环境保护、居民支持、旅游者满意与经济增长等多目标需求，实现旅游景观生态系统的可持续发展。

旅游活动会造成环境的破坏和生态的退化，自然环境所具备的自调节、自组织和自维持能力通常能够使系统在一定时段内保持相对稳定的状态。但当系统变化量累积到一定程度之后，会发生以突变或不连续为特征的变化，造成自然环境失衡，反过来危害旅游业与区域的可持续发展。

旅游业是一个关联性极强的产业，它的发展直接依托于交通、餐饮、园林、农业、环保、商贸等部门和行业，这种依赖性使得旅游业必然对其他经济部门的活动具有敏感性，因此，脆弱性成为旅游业的最显著弱点(蒋依依等，2008)。

1.6 生态旅游其他相关理论

生态旅游综合性、关联性很强，因此生态旅游的理论基础也必然是涉及多学科的多元化理论。

1.6.1 循环经济原理

循环经济是遵循生态学基本原理和实现可持续发展的理想经济模式，也是我国在战略上寻求突破可持续发展瓶颈的最佳选择(张录强和范跃进，2006)。循环经济按照自然生态系统物质循环和能量流动规律重构经济系统，使经济系统和谐地纳入到自然生态系统的物质循环的过程中，建立起一种新形态的经济。循环经济在本质上就是一种生态经济，要求运用生态学规律来指导人类社会的经济活动。它是在可持续发展的思想指导下，按照清洁生产的方式，对能源及其废弃物实行综合利用的生产活动过程。它要求把经济活动组成一个“资源—产品—再生资源”的反馈式流程，其特征是低开采、高利用、低排放(陈玲玲等，2012)。

平衡状态的自然生态系统是一个稳定高效的循环体系，在这个循环体系中没有真正的废弃物，每一种生物的废弃物都可以成为其他生物的食物。通过复杂的“食物链”和“食物网”，循环体系中一切可利用的物质和能量都能得到充分的利用。在亿万年的进化过程中，地球上有限的资源通过循环、再生为生物的繁衍和发展提供了近乎无限的生存资源，孕育并保障了地球生命的生生不息和持续、有序发展(张录强和范跃进，2006)。

目前，解决经济发展与环境保护之间的协调问题，发展循环经济是根本出路。旅游本身就是一种消费行为，传统的“吃、住、行、游、购、娱”旅游六要素均与能源和资源消耗关系密切。因此，生态旅游的发展也必须以循环经济作为指导，改变传统的粗放型增长模式。生态旅游区是一个开放的人工生态系统，需要从外界输入能量、物质和信息，然后在产业内部进行加工，并把生态系统内产生的各种排放物在内部消化掉，构建生态旅游产业的循环系统。

在生态旅游实践中，许多地区都积累了很多较好的做法以尽量减少资源消耗并实现产业循环运行。例如，使用地方材料，推广绿色环保建筑，在建筑物的体量、空间布局、内部结构及其风格与外部装饰上尽量减少物质和能量消耗，并与周围环境相互协调，充分利用太阳能、风能、生物能等可再生能源，限制和禁止使用化石能源；在餐饮方面，以地方特产和绿色食物为主，严禁捕猎被保护动物；收集雨水并循环利用，生产和生活污水循环再利用，等等。

1.6.2 地理学相关理论(地域分异规律)

与生态旅游具有密切关系的地理学理论是“地域分异规律”(Rule of Territorial Differentiation)。对地表各种现象的分异进行记载和描述，是地理学最古老的传统，赫特纳(A.Hentter)强调地理学是一门关于地域分异的科学(韩杰，2004)。地域分异规律也叫空间地理规律，是自然地理学极其重要的基本理论，它揭示了自然地理系统的整体性和差异性及其形成原因与本质，为科学地进行自然区划提供了理论基础(范中桥，2004)。

地域分异规律是指自然地理环境各组成成分及其构成的自然综合体在地表一定方向分异或分布的规律性现象。一般而言，最基本的差异包括纬向地带性差异(也叫地带性差异)和非纬向地带性差异(也叫非地带性差异)，还有由上述两者派生出的垂直地带性差异等。纬度地带性是指因太阳辐射能在地表分布不均而呈东西向带状分布，导致自然综合体沿纬线方向东西延伸而按经线方向有规律地南北循序更替的现象；非纬度地带性是指因地球内能引发的海陆分布、地形、构造等因素影响而形成的分异现象，主要包括因距离海洋远近不同而形成的干湿分异和因山地海拔增加而形成的垂直分异(陈玲玲等，2012)。垂直地带性亦称“垂直带性”，一般指高山地区自然地理现象随高度递变的规律性。高山垂直递变现象的产生与温度向上迅速减低，降水与湿度在一定限度内向上增加有关。

地域分异规律启示人们在进行各类生态环境建设时应道循因地制宜、分类指导的原则，从而实现区域间的合理分工与密切合作。生态旅游开发必须尊重地域分异规律，通过科学、合理的规划与设计，使区域的生态旅游特色与空间地域规律相适应，尽量减少生态旅游开发中的主观随意性；生态旅游开发还要关注某些地方性的分异规律，加上坡向、地面物质组成、地下水深度、小气候等条件的变化，使生态旅游开发真正建立在科学的基础之上。

1.6.3 社区参与相关理论

“社区”是一个几经转译且经历了一系列含义上的变化而逐步形成的专用概念。在其最初使用者滕尼斯那里，“社区”与“地域”之间的关联并不明确。但在其后的嬗变演绎中，“社区”的地域性涵义日益凸显(方俊，2003)。“社区”是“社(会)”和“(地)区”这两者的结合，是聚居在一定的地域内的相互关联的人群形成的生活共同体，即地域性社会共同体，社区就是区域性的社会(韩明谟，1993)。生态旅游强调通过适度开发利用资源环境，实现旅游业和旅游地共同可持续发展，聚居在生态旅游区内或附近的居民，具有某些共同利益，共同依托旅游地的资源环境、共同承受旅游活动所造成的影响。社区参与是近年来国际上在生态环境保护中采用的一种方法，是旅游可持续发展的一个重要内容(严力蛟，2007)。

1. 社区化管理理论

社区管理作为基层公共管理是伴随西方国家声势浩大的政府改革运动应运而生的(方俊，2003)。社区化管理是建立一种和谐、可持续发展的人与资源的关系，提倡资源的社会化开放观念和人文关怀理念，将传统的封闭式消费管理转化为开放式的激励管理，使旅游资源的开发和社区建设的结合更加规范化、制度化。社区化管理将政府的宏观规划、社区资源的自治管理作为一个基本方向。

采用社区化管理模式，可以推动旅游业的整体发展(宋学成和王江华，2004)。社区化管理采取的是政府和社区共同管理的双极模式，即政府指导机构和社区管理机构这两极。

政府指导机构要改变传统的资源管理模式从“全权型”向“服务型”转变，主要是对旅游资源的维护、开发等方面提供指导，进行宏观规划，并进行协调和沟通。社区管理机构承载着资源的管理与维护、开发与动作以及资金筹集、项目开展、产业优化等方面的具体功能，重点是将旅游资源的管理同社区建设结合起来，不断创新社区服务形式，鼓励个体、私营、民营等企业开办景区或景点的环境服务项目，完善社区基础设施，提高综合服务质量，创造良好的旅游环境。在运作中要坚持“谁投资，谁受益”的原则，通过投资入股、合作经营等形式，建立多渠道景点服务设施建设的投入机制，加快景点服务进程，提高竞争力。同时景点要开展周围交际项目，增强与社区居民的凝聚力，树立良好的自身形象。在管理上要突出人文理念，在社区内要帮困济贫，服务弱势，逐步将社区发展为以旅游带动的产业型社区。

2. 人文关怀理论

人文关怀思想的产生经历了很长的历史进程，并在历史形态过渡的跨越中得到了加强和巩固。人文关怀是马克思主义哲学的基本维度之一，人文关怀的文化内涵包括生活、价值、理想三个层面，充分重视人性的需求、体现人的价值，是文明社会进步的产物，也是新时期旅游开发的重要指导思想(索生安，2012)。旅游中的人文关怀指以游客为中心，关注、尊重或满足旅游者的多种需求(唐小辉，2015)。人文关怀思想为社区参与旅游发展提供了思想来源和支持。

1)人文关怀是对人的一种关爱

人文关怀思想是根据以人为本的实质，以人类的一切活动都要以人的生存、安全、自尊、发展、享受等需要为出发点和归宿点，提出要关怀人的个体自我表现和实现自由、人与人之间的平等、社会和谐和进步及人与自然的统一。旅游目的地社区作为生态旅游发展的重要利益相关者，在为生态旅游发展提供支持的同时，理应得到生态旅游其他利益相关者的肯定和关怀，最大程度地满足自身发展的需要。

2)人文关怀是对弱势群体的关注

自然环境的差异和社会发展的不平衡与不公正性造就了相对而言的弱势群体。关注弱势群体是关注其生存状态和处境，为其创造参与到自身发展相关的社会事物的决策中的条件和机会，是对其尊严与符合人性的生活物质的肯定。由于旅游目的地社区对资源的有限占有，在旅游发展过程中处于弱势的一方，在外来强势群体面前，常常失去本应属于自己的各种权利或被隔离在开发之外，这种现象在社区参与生态旅游的人文关怀中特别值得注意。

3. 利益主体理论

利益主体理论(stake holder)的基本思想源于19世纪(严力蛟，2007)。但直到1963年斯坦福研究所才首次使用了“利益主体理论”这个术语。美国经济学家弗里曼(Freeman)认为，利益主体是“那些能够影响公司目标实现，或者能够被公司实现目标的过程影响的任何人或群体”。利益主体理论作为分析经济活动中相关利益主体间冲突的有效工具，20世纪80

年代开始被引入到旅游研究领域，并被认为是实现旅游可持续发展的有效途径(索生安，2012)。不同利益主体之间的合作是区域和城市旅游业可持续发展的保障(张伟和吴必虎，2002)，实现旅游利益主体融合是区域旅游可持续发展的关键所在(吴泓和周章，2006)。

旅游目的地社区应该是旅游业的利益主体之一，参与旅游收益的分配，这一方面是因为当地社区作为旅游吸引物的社区内自然和人文资源有着由来已久的认同感和归属感，也有着对其保护的责任感，另一方面是因为生态旅游开发直接影响到当地社区的生存环境变化(严力蛟，2007)。

传统的旅游开发中，周边社区居民大多是旅游开发、规划和管理的局外人。生态旅游强调把社区作为旅游规划和管理的核心，注重社会性和环境性，满足多方旅游相关者的利益标准，使社区真正成为生态旅游的利益主体之一。目前，在我国生态旅游开发中，越来越多的目的地社区正在成为真正的利益主体。

1.6.4 涵化理论

1. 涵化理论的概念及产生

“涵化”一词最早出现于1880年。“涵化”意指文化传统不同的社群遇到一起时所出现的种种变化(邹统钎等，2008)。当一个社会与另一个在经济文化上都比较强大的社会接触时，这个较弱势的社会常要被迫接受强势社会的许多文化要素，这种因两个社会的强弱关系而产生的文化假借过程，称为涵化(acculturation)(严力蛟，2007)。

在20世纪20年代末，就有人类学学者专门从事涵化研究。最早的三种研究成果都于1932年出版。Herskovits于1938年出版的《涵化——文化接触的研究》是最早的涵化研究(邹统钎等，2008)。涵化理论自提出后，即成为美国传播研究领域的主要学派(蔡骐和杨静，2005)。涵化理论在关于媒介效果的研究中是最常被引用的理论之一，同时它也在与其他理论框架的配合中发挥着重要的作用，涵化效果研究不仅局限于传播学的研究，也广泛应用于其他学科(赵世瑾，2012)。

2. 涵化理论的类型

(1)同化现象。指一个族群进入另一个主流族群中，外来文化适应主流文化，逐渐合并进支配性文化中，不再作为一个分开的文化单元。

(2)整合现象。指保持了原有文化的特征，又吸收异文化因素，把两种文化融为一体。

(3)混合现象。指不同文化接触和交流的过程中的文化混生状态。

(4)分化现象。指拒绝接受文化的传播，保持原有文化要素。

(5)边缘化现象。指既无意保持原有文化，又没有吸收异文化，处于两种文化的缝隙中。

3. 涵化理论与旅游

旅游人类学者使用的涵化概念是指旅游过程中一切由文化接触导致的社会文化变迁，不管这种变迁是否是人们想要的。在旅游活动的这种跨文化沟通中，外来旅游者在目的地一般只做短暂逗留，使得两种不同文化的沟通只能局限于肤浅的表层。

人类学家 Dennison Nash 于 1996 年在其代表作《旅游人类学》(*Anthropology of Tourism*)一书中，从旅游作为发展和涵化对旅游现象做出理论解释，并从文化人类学的角度探讨旅游可持续发展的道路。发达国家的游客是某些强权势力的不明智的代表，是新的“殖民者”或“游牧部落”，他们带来的异样文化导致接待地的文化被严重同化和破坏甚至消失(邹统钎等，2008)。旅游已经成为了一种新的“帝国主义”和“新殖民主义”。旅游接待地的人们把发展旅游当作一种获取经济济利益的方法，按照游客的好恶来进行开发，这是一种非公平的现实。

在旅游活动的跨文化沟通中，形成了一个规模庞大的新的社会群体——旅游者社会或者称作客人社会。它与当地社区通过“借鉴过程”使二者间的差距缩小，导致文化趋同，但这种“借鉴过程”往往不是对等的。在很大程度上要受到接触时处境的性质、接触双方的社会经济状况，以及双方人口数量差异等因素的影响。经济不甚发达地区的旅游目的地社区在进行生态旅游开发时，不可避免地要屈从于外来旅游者的态度和价值观，这种看似自发的行为中实际上隐含着一种压力与无奈。

1.6.5 生态旅游责任性理论

1. 责任性理论的提出

责任性理论和保护性理论是生态旅游的两个基础理论。其中，保护性理论研究较为系统，但仅靠保护理论难以真正实现旅游的可持续发展。

早在 1965 年的生态旅游萌芽时期，Hetzer 就从生态学的系统理论出发，提出了旅游应该对自然生态环境和旅游目的地社区负责，这就是“责任性”理论的雏形，但没有进一步构建其理论体系。杨桂华等于 2004 年在传统大众旅游和初级生态旅游的单向责任模式的基础上，构建了高级生态旅游双向责任模式(严力蛟，2007)。

2. 责任性理论的模式

1)传统大众旅游单向责任模式

传统大众旅游与生态旅游的最大区别就在“责任”二字。传统大众旅游主要强调旅游者的单方面权益，对旅游者负责，忽略了目的地的权益，这种责任关系是对旅游者负责的单向责任模式。

2)初级生态旅游单向责任模式

与传统大众旅游单向责任模式相比，Hetzer 和国际旅游协会提出的生态旅游单向责任模式则只强调对旅游目的地负责任。这其实是绿色思潮和绿色运动在旅游业中的折射。

3)高级生态旅游双向责任模式

在“人与自然协调论”的指导下，将生态旅游者和旅游目的地置于同一协调的系统，这是一种理想的旅游责任模式，是旅游业实现可持续发展的保障，能够使旅游业的发展真正进入良性循环。

4)生态旅游三向责任模式

从三个方面，即生态旅游者、生态旅游目的地及社会环境方面对生态旅游加以讨论(麻红晓和甘联君，2005)。

1.6.6 生态旅游其他理论

除了上述相关理论外，还包括对生态旅游者行为和需求的研究，涉及市场学，心理学、美学等方面的理论；对生态旅游资源的研究会涉及旅游资源学、旅游地理学、生态经济学以及相关的开发规划理论；对生态旅游业的研究则会涉及包括企业管理和发展经济学等方面的内容。

2　生态补偿机制理论

我国的生态补偿实践始于 20 世纪 80 年代(刘敏等，2013)。生态补偿机制作为一种新型的资源环境管理模式，能解决生态环境保护资金的供求。社会经济发展到一定阶段后，建立和完善生态补偿机制是环境管理模式创新的必然选择(孔凡斌，2010)。建立生态补偿机制是促进我国生态保护、协调区域发展的一项重要制度设计(欧阳志云等，2013)。

2.1　生态补偿机制的概念及实质

2.1.1　生态补偿机制的相关概念

在生态补偿机制一词中，有三个关键词：生态、补偿和机制。

“生态补偿”是一个起源于生态学理论的学术概念，生态补偿一词最早来源于生态学中的“自然生态补偿”一词(韩卫平，2016)。

1. 生态与环境

生态补偿在文字结构上由“生态”和“补偿”两词组合而成。从传统词义上讲，“生态”有三种解释，即显露美好的姿态、生动的意态以及生物的生存和发展状态，包括生理特性和生活习性。在当今社会，人们在日常工作和生活中也经常会听到、看到或者用到“生态”这个词语，而其词义范畴也从单纯的生态学拓展到其他领域，用于形容许多健康、美好的事物或状态，如“生态环境”“生态文明”“生态城市”“生态建设”“生态住宅”“生态食品”等。虽然“生态”一词在上述不同语境下有着不同的含义，但人们通常是在模棱两可的情况下运用这些称谓的，并未仔细地加以推敲甄别。

“生态补偿”中的“生态”，是指“生态环境”，或称“自然环境”，其范围不同于传统意义上的“环境”。

“环境”一般是指与某一中心事物有关的周围的一切事物。在环境科学中，中心事物就是人类，如有的环境科学家将之概括为“作用在‘人’这一中心客体上的一切外界事物和力量的总和”(李文华和王如松，2002)；我们所说的环境从本质上说是一个客体，是以“人”为中心以及与其有联系的周围的一切环境。与此相反，“生态”不是一个客体，它是指与生物有关的各种相互关系的总和，包括一切生物的生存状态，以及它们之间和它与自然环境之间环环相扣的关系。

生态环境是随着一系列生态问题的出现而提出的新概念，是环境的上位概念。生态环境是与各种生命有机体有关的环境，既包括与人类生存和发展息息相关的环境，也包括不一定与人类有关但会影响其他生命有机体的环境以及其他相关环境因素。在利用自然环境和自然资源的时候，人们往往忘记了人类和自然是属于同一生态系统的，忘记了人类也是大的生态系统的一部分，而人类无节制、无规律地改造环境迟早会成为地球上的“孤家寡人”。

生态学的研究表明，人类和所有的生物体属于同一“生态系统”，人类只不过是生态系统中重要的组成部分。如果人类正视自己是生态系统的组成部分这一事实，那么人类保护的就不仅仅是自己的环境，而是所有生物共同体的环境。我们对待生态环境的态度，就应该是适应、协调、维护和尊重。只有立足于“生态环境”，而不是以人类为中心的“环境”，才会有公平、正义和人道的制度安排，才能够更好地保护自然环境和维持生态系统的平衡，实现与自然共同向更高阶段的演化和发展。

2. 生态效应、生态服务功能

生态学中的“生态”反映的是生态系统存在的状态（结构和功能）及其规律。这里的“生态”涉及生态系统的生态效应、生态服务功能和生态效益。

谈到生态补偿，首先应该弄清楚什么叫生态效应。根据《环境科学大辞典》的定义，生态效应是指生态系统中某个生态因子对其他生态因子、各生态因子对整个生态系统，以及某个生态系统对其他生态系统产生的某种影响或作用（《环境科学大辞典》编委会，1991）。生态效应可能是正面的，正面的生态效应即生态系统服务功能，如森林调节气候、保持水土等；生态效应也可能是负面的，如温室效应等。

生态服务功能是指人类从生态系统中获得的惠益，包括生活必需品服务功能，如食物、木材、水、纤维等；调节服务功能，如调节气候、洪水、疾病、废物和水质等；文化服务功能，如休闲、审美、精神享受等；支持性服务功能，如土壤构成、光合作用、营养循环等。生态服务功能是国际上近年通用的说法，很多时候简称为生态服务。生态服务与通常所说的生态效益比较接近，生态效益有时更多用于表达生态服务的具体价值。

比较而言，生态效应更侧重于对生态系统自然属性的描述，而生态服务功能则更多体现了生态系统的经济和社会属性与价值。

3. 补偿

“补偿”，通常是指主体在某一方面有所亏失，而在另一方面要有所获得；与此相关的“赔偿”是指因主体的行动使他人或集体受到损失而给予补偿（汉语大词典编委会，1995）。“补偿”意味着“抵消（损失、消耗）；补足（缺欠、差额）”，而“赔偿”意味着“因自己的行动使他人或集体受到损失而给予补偿”（中国社会科学院语言研究所词典编辑室，2005）。所以，从所涉及的利益本质上来看，二者是一致的，都是对损失的一种弥补，最终达到一种平衡。习惯上，“补偿”往往强调的是受益者的支付行动，而“赔偿”侧重于强调破坏者的支付行动。这就意味着，生态补偿机制的建立，必然要有相应的赔偿机制，这是一个问题的两个方面。从法理学的角度而言，生态补偿是具有社会正当性的一种行为，不同于赔偿（刘国涛，2010）。

传统意义上的“补偿”，有两层含义：一是意指弥补缺陷，抵消损失，即在某一方面有所亏失，而在另一方面有所获得；二是有赔偿之意，指对损失、损坏或伤害的补偿，即因自己的行动而使他人或集体受到损失而给予补偿。“补偿”应用至今，其涵义日益趋向于前者，如在法学界的行政法学领域，“行政补偿”与“行政赔偿”有着明确的区分。但是，“生态补偿”中的“补偿”一词兼具这两种释义，而且从本质上看，“补偿”和“赔偿”两者是一致的，都是通过对损失或损害的弥补进而达到最终的平衡。事实上，生态补偿实践历经了“抑损性”补偿和“增益性”补偿两个发展阶段，在20世纪90年代之前主要是对生态环境的破坏者收取补偿费，即为“抑损性”补偿；在90年代之后，注重对恢复调节性生态功能贡献者和权益受损者进行相应的补偿，即为“增益性”补偿。“生态补偿”中的“补偿”，只有兼具狭义的补偿和赔偿两个含义，才能体现其补偿的全面性和完整性，更好地实现生态环境保护和建设的任务。

4. 生态补偿

对中国期刊文献进行检索可以发现，生态补偿一词最早是由福建林业学者张诚谦于1987 年在研究有偿利用可更新资源所采用的方式时提出的(汪劲，2014)。所谓生态补偿“就是从利用资源所得到的经济收益中提取一部分资金并以物质或能量的方式归还生态系统，以维持生态系统的物质、能量、输入、输出的动态平衡”(张诚谦，1987)。

将生态效应与“补偿”“赔偿”结合起来，就有了关于生态补偿的最初解释。《环境科学大辞典》(1991)解释为“生态负荷的还原能力” 。这是“生态补偿”的自然主义解释。自然生态补偿(natural ecological compensation)的内涵被界定为生物有机体、种群、群落或生态系统受到干扰时所表现出来的缓和干扰、调节自身状态使生存得以维持的能力，或者可以看作是生态负荷的还原能力(环境科学大辞典编委会，1991)。

从不同的学科角度出发，国内学者对生态补偿的概念做了大量探讨。尽管对生态补偿的概念可以从多角度进行理解，但是涉及生态补偿的最基本问题应该是谁补偿谁的问题，即补偿的主体和对象的问题。从生态补偿概念的由来可以看出，生态补偿是对生态环境本身的补偿，由于其自净能力已不能进行修复与补偿，须借助中间变量，人既是补偿主体也是补偿对象(于航，2008)。

因此，生态补偿是调节生态系统服务生产者与消费者利益关系的有意识的行为的总和。首先，经济激励手段与传统的命令控制型手段相比，具有“成本-效益”优势和更强的“激励-抑制”作用，因而在环境保护方面受到关注和青睐(毛显强等，2002)。其次，随着对自然生态补偿中人的影响认识的不断深入，更重要的是人与土地调控之间的关系。

生态补偿即是指在综合考虑生态保护成本、发展机会成本和生态服务价值的基础上，采用行政、市场等方式，由生态保护受益者或生态损害加害者通过向生态保护者或因生态损害而受损者以支付金钱、物质或提供其他非物质利益等方式，弥补其成本支出以及其他相关损失的行为(汪劲，2014)。

5. 生态补偿机制

“机制”一词最早源于希腊文，原指机器的构造和动作原理，后被引入经济学的研究，表示一定经济机体内各构成要素之间相互联系和作用的关系及其功能。机制的建立主要靠体制和制度的设计。体制主要是指组织职能和岗位责权的调整与配置；制度广义上讲包括国家和地方的法律、法规以及任何组织内部的规章制度。从制度学的角度看，“机制”是为了实现某一目标的一种制度安排。

当将“生态服务功能(生态效益)”“补偿”和“机制”结合起来时，就变成了“生态补偿”的社会经济意义上的解释，即为了调整相关主体利益关系而赋予的制度学概念——生态补偿机制，其最终目的是保护、恢复和维护生态服务功能，实现“自然生态补偿”。

伴随国际上生态系统服务价值观念的兴起以及我国生态保护形势的日益严峻，中国政府开始在政策层面关注生态补偿制度的构建。生态补偿开始提升到 “机制”的高度，成为一个典型的社会环境政策用语。生态补偿机制的表述形式也从“生态建设和环境保护补偿机制”“生态环境恢复补偿机制”“生态环境补偿机制”等不同形态逐渐统一为生态补偿机制的用法(汪劲，2014)。

《环境科学大辞典(修订版)》将生态补偿机制界定为：为维护、恢复或改善生态系统服务功能，调整相关利益者的环境利益及其经济利益分配关系，以内化相关活动产生的外部成本为原则的一种具有经济激励特征的制度(李文华和刘某承，2010)。

目前为止，国内学者很少将生态补偿与生态补偿机制加以区分。生态补偿更多的是强调一种方式和手段，而生态补偿机制的概念则更多的是从系统的角度出发，站在制度设计的层面解决生态系统的平衡的问题。

生态补偿机制是“为了促进生态系统的平衡与生态服务的永续利用，通过一系列的制度安排协调利益相关者之间的关系，并确保在外部条件发生不确定变化时社会系统与生态自动地、迅速地做出反应，实现可持续发展”(赵建林，2006)。生态补偿机制在实际管理工作中可以理解为是调整相关主体的环境及其经济利益的分配关系，内化相关活动的外部成本，恢复、维护和改善生态系统功能的一种制度安排。

2.1.2 多学科视角下的生态补偿

生态补偿是当今国内学界研究的热点之一，对其实践也越来越广泛，但是迄今为止，对于生态补偿的定义却是仁者见仁，智者见智，不同学科的学者出于本学科的需要，对生态补偿从各学科的角度提出了不同的理解和定义。此外，不同学者在“生态补偿”的称谓上也有所不同，如“资源补偿”“生态环境补偿”“环境服务补偿”“生态效益补偿”“自然生态补偿”等。

生态补偿概念的界定经历了一个历时性的发展和演变过程，有其自然演进的趋势。生态补偿源于生态学，后进入社会经济领域，成为经济学、法学上的概念(曹昌伟，2014)。总的来说，生态补偿源于环境科学或生态学领域，最初只是一个生态学意义的概念，专指自然生态补偿的范畴。随着环境保护的需要和人们环保意识的不断提高，人们保护和改善环境的手段逐渐多样化，开始充分地利用经济手段和法律手段来保护、恢复和改善生态环境，因而生态补偿的概念进而向经济学和法学方向发展。

1. 生态补偿的生态学概念

生态学意义上的生态补偿，又称自然生态补偿，指自然生态系统的自我净化能力和自我恢复能力。目前，完全从自然生态系统的角度提出的、具有代表性的生态学意义上的生态补偿概念是《环境科学大辞典》中的定义。生态学意义上的生态补偿认为，自然生态系统是一个稳定、完整的系统，具有一定的自我恢复能力和还原能力，但这个恢复、还原的过程是缓慢的。

从系统论的观点看，人类社会和自然环境之间在漫长的自然演变中达成某种动态的稳定的平衡，在自然环境-社会系统中，自然环境存在承载人类活动负荷的一个阈值或极限，人类活动对自然环境的影响一旦超过这个阈值，系统的局部甚至全局的平衡就被打破，被破坏的自然环境反过来会危及人类社会的发展甚至生存。我国目前自然资源环境利用的现实情况是经济潜力的增长速度远远超过了生态潜力的增长速度，已经导致局部甚至全局性的自然环境-社会系统的失衡。恢复和维护已经受到破坏的自然资源环境及其生态潜力是中国当前的迫切需要。而生态补偿就是最终补偿生态损失，维系生态潜力的一种有效的制度和途径。

生态学意义上的“生态补偿”，是对人类生产和生活活动造成的环境污染、生态破坏进行恢复、弥补或是替换的过程或活动，其目的在于维持生态系统的平衡和保护好生态环境，并为人类的生存和发展提供良好的生态环境和物质基础，促进人与自然的和谐发展。

生态建设、保护或破坏行为是对生态系统的重新构建，由此改变了生态系统的组成、结构、过程，最终改变了生态系统提供给人们的服务。这种服务的变化实际影响到人们的福利，使福利增多或减少，从而应该得到补偿。在生态学上，把这种服务称为生态系统服务(ecosystem services)，它是生态补偿的生态学主体。从生态学的角度，确定生态补偿到底补偿的是什么的受益或损失，也就是生态建设、保护或破坏行为的指向，这是生态补偿机制概念的核心。

2. 生态补偿的经济学概念

经济学视域下，生态补偿已成为促进生态环境保护、维持生态系统平衡的一种经济手段，生态补偿机制被看作是调动生态保护与建设的激励机制和协调机制。相对于生态学上的自然生态补偿而言，经济学上的生态补偿在继承自然生态补偿概念的同时，又具有鲜明的拓展性(曹昌伟，2014)。

生态系统提供的生态服务应被视为一种生态资源、一种基本的生产要素，而这种生态服务或者说生态价值的载体，就是我们所说的生态资本。随着生态资源稀缺性问题的日益突出，人们意识到不能只向生态系统索取，而要投资于自然生态系统。但是，如果随着生态资本的增值，而生态服务投资者不能得到相应的利益回报，那么谁又愿意从事这种“公益事业”呢?鉴于此，经济学意义上的生态补偿应运而生。

将环境问题的外部不经济性内在化是经济学意义上生态补偿的核心内容。通过运用经济学的成本和收益方法，可以分析环境资源的现有收益和未来效益。经济学上的生态补偿从“成本-效益”的角度揭示了生态补偿的障碍根源和应当解决好的问题，其为实现生态经济的可持续发展，矫正或消除环境外部性，通过设计一种新的机制来对生态产品的边际私人成本或边际私人收益进行调整，使之与边际社会成本和边际社会收益相一致，从而实现外部效益的内在化(郭升选，2006)。经济学意义上的“生态补偿”，体现了对自然生态系统的人文关怀，其最终目的是追求生产发展、生活富裕、生态良好的文明发展之路，实现生态系统服务的最优供给，达到帕累托最优。

3. 生态补偿的法学概念

界定环境资源产权就是对占有和利用资源的权力进行初始分配，只有分配初始权力，才可以确定谁应该负有补偿的责任，谁应该具有被补偿的权利。但实际上，环境资源产权界定或者说权利初始分配的不同造成了事实上的发展权利的不平等，实际上造成了部分人发展权利的部分或完全丧失，因此需要一种补偿来弥补这种权利的失衡。在具体的政策实践中，生态功能区划就是一种环境资源产权的界定或权利的初始分配，根据这种区划，就可以确定不同类型下补偿和被补偿的义务和权利。

生态补偿在实践中面临许多困难，如补偿主体、补偿对象、补偿标准和补偿方式的界定和选择等会因补偿类型、区域发展水平的不同而各有所异。但是，通过法律制度能够赋予生态补偿以确定的法律意义，实现生态补偿的规范化、体系化。法律通过调整人们的权利和义务来调整相应的社会关系。因此，法学的生态补偿主要是从追求社会公平和正义、调整相关主体之间权利和义务的角度来对主体在行为时可能对环境产生破坏的行为以及有利于环境保护的行为进行法律上的控制、处置或鼓励，以达到合理调整人与自然关系的目的。

生态补偿可以被认为是国家或社会主体之间的一项约定，并通过此项约定实施的补偿性措施，运用一定的法律手段来惩罚生态环境破坏者，通过对环境破坏者收取一定的费用给予保护生态环境者一定的补偿，从而体现生态责任和生态利益的公平分配，实现生态正义，并达到维护生态系统平衡和稳定性的目的。

法学上的补偿有其特定含义，是基于某种受法律保护的正当利益受损，而在不同主体之间产生的以利益填补为目的的法律行为(史玉成，2016)。实际上，法学界有关生态补偿的定义主要还是来源于环境科学的研究成果。归纳中国国内法学者对生态补偿概念的界定，主要有四种代表性观点。

第一种观点从资源开发利用行为入手。在分析了开发利用资源的主体与因开发利用资源而受到损害的主体、保护资源的主体之间的关系后，认为生态补偿即指国家或社会主体之间约定对损害资源环境的行为向资源环境开发利用主体进行收费或向保护资源环境的主体提供利益补偿性措施，并将所征收的费用或补偿性措施的惠益通过约定的某种形式转达到因资源环境开发利用或保护资源环境而自身利益受到损害的主体，以达到保护资源的目的的过程(杜群，2005)。

第二种观点从人与自然之间、人与人之间的关系来解析生态补偿所体现的利益关系。认为生态补偿在法律层面，至少包括以下几个方面：

(1)从事对生态环境有影响的行为时对生态环境自身的补偿。如修建大坝时，环境评价报告中要求必须修建的巡鱼通道。这体现了人与自然的关系。

(2)开发利用环境资源时对受损的人们的补偿。

(3)开发利用所带来的生态风险(包括对环境的风险和对人的风险)的补偿。这种补偿针对的是环境风险的不确定性。如设立的生态风险基金。这既体现了人与自然的关系又体现了人与人的关系。

(4)对保护治理生态环境的补偿，包括对因保护环境所带来的机会丧失的补偿。如退耕还林还草的补偿金。这体现了人与人的关系(王清军和蔡守秋，2006)。

第三种观点以更宏观的视角从生态补偿活动的具体表现来定义生态补偿。认为生态补偿从狭义角度理解就是指对由人类的社会经济活动给生态系统和自然资源造成的破坏及对环境造成的污染的补偿、恢复、综合治理等一系列活动的总称；广义的生态补偿则还应包括对因环境保护丧失发展机会的区域内的居民进行资金、技术、实物上的补偿，政策上的优惠，以及为增进环境保护意识，提高环境保护水平而进行的科研、教育费用的支出(吕忠梅，2003)。

第四种观点围绕着国家的行为来定义生态补偿。认为生态补偿理应包括以下两层涵义：一是指在环境利用和自然资源开发过程中，国家通过对开发利用环境资源的行为进行收费以实现所有者的权益，或对保护环境资源的主体进行经济补偿，以达到促进保护环境和资源的目的；二是国家通过对环境污染者或自然资源利用者征收一定数量的费用，用于生态环境的恢复或者用于开发新技术以寻找替代性自然资源，从而实现对自然资源因开采而耗竭的补偿。

上述四种代表性观点为我们理解生态补偿提供了一定的参考。法学视角下的生态补偿定义应当关注对不同主体之间发生的、以生态保护为内容的社会关系、利益关系或法律关系的调整。因而，相对具体的主体特征、主体间的权利义务关系内容才是生态补偿法学定义的核心要素。从法学意义上考察，它们的共同之处在于：第一，都强调生态补偿的功能，即保护生态服务价值；第二，都强调生态补偿是一种经济手段；第三，都强调生态补偿是一种制度安排。

法学意义上的“生态补偿”，是指为保护生态环境，激励生态环境建设和保护行为，协调公众生态利益，由中央政府、生态受益地区地方政府、其他生态受益组织和个人向为生态保护做出贡献的组织和个人，以财政转移支付、协商谈判、市场交易等形式进行合理补偿的法律制度(史玉成，2016)。也就是由相关受益主体对特定生态环境建设者和保护者付出的成本或做出的牺牲予以补偿的法律行为(韩卫平，2016)。法学上的生态补偿可以界定为，为实现生态服务的持续供给和社会公平，国家、自然资源开发利用者对因自然原因、合法行为造成的生态服务受损者以及生态服务受益者对生态服务提供者所进行的经济或者非经济形式的补偿(曹昌伟，2014)。

2.1.3 生态系统服务付费-国际通用生态补偿

由于中国语境下的“生态补偿”的概念是在国际社会通用的“生态系统服务付费”概念的基础上结合中国实践提出的(汪劲，2014)，我们有必要了解生态系统服务付费的概念。

西方一些国家在 20 世纪初就开始了对生态补偿机制的探索，与我国的生态补偿概念相近，在国际上通常称为生态系统服务付费或环境服务付费(payments for ecosystem services，PES)。生态系统服务付费作为一种将具有外部性和弱市场性的环境价值转化为当地参与者提供生态服务的财政激励机制而备受世界各国关注，目前已成为环境经济学、环境法学研究的前沿领域与热点问题之一。

Pagiol 和 Platais(2004)将 PES 定义为环境服务消费者提供付费、环境服务供应者得到付费的经济行为。联合国开发计划署干旱地区发展中心则将 PES 定义为一种激励人们实行可持续生态管理，以不断改善并提供环境服务的机制(代明等，2009)。Wunder(2005)对 PES 做了比较系统的阐释，他认为 PES 主要包括自愿交易、明确界定环境服务、购买环境服务、供给者保证提供环境服务等内容，其核心是环境服务受益者对相应的提供者进行直接的、契约性的和有条件的付费，使后者得以“再”采取保护和恢复生态系统的行动(郝奇华，2015)。

生态系统服务这种称谓上的区别，既有文化习惯上的原因，更有市场经济体制作用下的思维方式的缘由。生态服务付费，顾名思义，就是因享有和使用了生态服务这一产品，所以要支付费用，简单明了，切中要害。其内涵与我国的生态补偿机制概念没有本质区别，生态服务功能是核心和目标，付费是手段，调整的也是保护者与受益者的环境及其经济利益关系。然而，从调整相关利益关系的手段看，我国的生态补偿机制的概念要更为宽泛些，除了付费方式外，还包括经济援助等间接方式。近年来，国际上还有一种相关的概念，即生物多样性补(抵)偿(biodiversity offset)(赵春光，2009)。该概念是指对生物物种及其生境破坏后的恢复性补偿行为，强调可以通过异地保护和恢复的办法来补偿破坏。将这一含义纳入我国的生态补偿的范畴之中，对资源开发中的生态环境保护问题，有一定的借鉴意义。

2.1.4 生态补偿的内涵

生态补偿是调节生态系统服务生产者与消费者利益关系的有意识的行为的总和。不同的学者有关其内涵的一些表述往往只是涵盖了某一个或某几个要素，甚至是某一个要素的某些方面(表 2.1)。归纳目前已有的代表性观点，较为规范的和较符合政策性要求的生态补偿(机制)内涵可以表述为:

(1)生态补偿概念的一般性表述。是以恢复、维护和改善生态系统服务功能为目的，以调整相关利益者(保护者、破坏者和受益者)因保护或破坏生态环境活动产生的环境利益及其经济利益分配关系为对象的，以内化相关活动产生的外部成本为原则的，具经济激励作用的一种制度安排。

(2)生态补偿的原则和依据。生态补偿机制的建立以内化外部成本为原则，对保护行为的外部经济性的补偿依据是保护者为改善生态服务功能所付出的额外的保护与相关建设成本和为此而牺牲的发展机会成本；对破坏行为的外部不经济性的补偿依据是恢复生态服务功能的成本和因破坏行为造成的被补偿者发展机会成本的损失。

(3)生态补偿的政策途径。实现生态补偿机制的政策途径有公共政策和市场手段两大类。经济激励手段与传统的命令控制型手段相比，具有“成本-效益”优势和更强的“激励-抑制”作用，因而在环境保护方面受到关注和青睐(毛显强等，2002)。

(4)生态补偿的作用和意义。生态补偿是一种有效保护生态环境的环境经济手段，有利于促进社会公平与和谐发展，具有重要的战略地位。

(5)生态补偿的目的。生态补偿的目的是实现外部成本内部化，通过外部的经济调节，促使环境破坏或保护者控制自身的环境目标，达到可持续发展的目标。

(6)生态补偿的内容。生态补偿不仅仅是自然生态系统的调节，更重要的是对人地关系的调节。生态补偿不仅包括对生态系统保护或破坏成本进行补偿，还包括对环境的投入或丧失发展机会的损失进行补偿，以及对有生态价值的区域或对象进行保护性投入。

表 2.1 生态补偿机制内涵一览表

作者及时间	生态补偿内涵表述
章铮，1995	是一种生态环境补偿费，即为控制生态破坏而征收的费用
庄国泰等，1995	是对自然资源的生态环境价值所进行的补偿，通过收费的行为提供一种减少对生态环境损害的经济刺激手段
叶文虎等，1998	是自然生态系统对由于社会、经济活动造成的生态环境破坏所起的缓冲和补偿作用
洪尚群等，2001	是一种资源环境保护的经济手段，是促进环境保护的利益驱动机制、激励机制和协调机制
杜万平，2001	生态补偿被理解为一种资源环境保护的经济手段，或者将生态补偿看成调动生态建设积极性，促进环境保护的利益驱动机制、激励机制和协调机制
毛显强等，2002	是通过对损害(或保护)资源环境的行为进行收费(或补偿)，提高该行为的成本和收益，从而激励损害(或保护)行为的主体减少(或增加)因其行为带来的外部不经济性(或外部经济性)，达到保护资源的目的
毛显强等，2002；Scherr and White，2002	征收生态环境补偿核心在于为损害生态环境而承担费用的一种责任，作用在于它提供一种减少对生态环境损害的经济刺激手段
原国家环保总局环境规划院，2005	生态补偿至少具有四个层面的含义，包括对生态环境本身的补偿、生态环境补偿费、对个人或区域保护生态环境或放弃发展机会的行为予以补偿、对具有重大生态价值的区域或对象进行保护性投入等
原国家环保总局环境与经济政策研究中心，2006	生态补偿是以为改善、维护和恢复生态系统服务功能，调整相关利益者因保护或破坏生态环境活动产生的环境利益及其经济利益分配关系，以内化相关活动产生的外部成本为原则

2.2 生态补偿的理论基础

生态补偿机制就是要通过制度设计解决好生态产品这一特殊公共产品消费中的“搭便车”现象，激励公共产品的足额提供。同时，通过制度创新解决好生态投资者的合理回报，激励人们从事生态保护投资并使生态资本增值。

生态补偿的理论基础是环境经济学、资源经济学和生态经济学，涉及诸多环境学、经济学及其交叉学科的理论、原理。诸如环境危机论、可持续发展论等是其思想基础，具有直接指导意义的是公共产品理论、外部性理论、环境价值论和福利经济学理论(曾广权，2006)。分析生态补偿机制的主要理论基础有两个目的，一是佐证对其内涵的基本要素界定的科学性；二是对确定实现生态补偿机制的政策工具提供方向性的指导(任勇等，2008)。

2.2.1 公共物品理论

1. 公共物品的概念

按照微观经济学理论，社会产品可以分为公共产品(public goods)和私人产品(private goods)两大类(曾广权等，2006)。狭义的公共物品是指纯公共物品，即那些既具有非排他性又具有非竞争性的物品。广义的公共物品是指那些具有非排他性或非竞争性的物品，一般包括俱乐部物品或自然垄断物品、公共池塘资源或共有资源以及狭义的公共物品三类(沈满洪和谢慧明，2009)。

根据萨缪尔森的定义(1954)，纯粹的公共物品(pure public goods)是指每个人消费这种物品不会导致别人对该物品的消费的减少。

2. 公共物品的特征

与私人产品相比，公共物品具有两个本质特征：非排他性(non-exclusiveness)和消费上的非竞争性(non-rivalrousness)。这两大特征意味着公共物品在消费上是不可分割的，它的需要或消费是公共的或集合的，公共物品在使用过程中容易产生两个问题："搭便车"和"公地的悲剧"问题。

1)非排他性"搭便车"问题

非排他性是指在技术上不易于排斥众多的受益者，或者排他不经济，即不可能阻止不付费者对公共物品的消费，使所有人都无法被排除在消费之外，它能够在不直接付钱的情况下被享用。

由于消费中的非排他性，每个消费者都不会自愿掏钱去购买，而是等着他人去购买而自己顺便享用它所带来的利益，这就是"搭便车"问题。"搭便车"问题最早由休谟在1740年提出，他认为如果有公共物品的存在，所有社会成员都意图免费搭车，那么就会导致公共资源的过度使用，最终结果是没人能够享受到公共物品，全体成员的利益都会受损。如果所有人都参与"搭便车"，那就不会产生集体利益，如果有些人提供集体物品，而另一些人"搭便车"，就会导致集体物品的供给达不到最优水平(沈满洪和谢慧明，2009)。

2)非竞争性与"公地悲剧"

消费上的非竞争性是指一个人对公共物品的消费不会影响其他人从对该公共物品消费中获得的效用，即增加额外一个人消费该公共物品不会引起产品任何成本的增加，也可以说，公共物品的边际生产成本为零。非竞争性使每个人都能够得到，而不影响任何个人消费的可能性。

由于消费中的非竞争性，使人们只顾眼前利益，往往导致"公地悲剧"——过度使用，最终使大家利益受损。"公地悲剧"是界定不清的模糊产权引起的最严重的激励问题。哈丁最早提出公地悲剧问题，公地悲剧常被形式化为囚徒困境的博弈。在囚徒困境的博弈中，每一个参与者都有一个占优策略，博弈双方的占优策略构成了博弈的均衡结局，然而博弈均衡结果并不一定是帕累托最优结局。相反，个人理性的博弈过程与战略选择却导致了集体行动的悖论，奥斯特罗姆认为，公地悲剧、囚徒困境和合成谬误是公共事物治理所面临的三大难题，而且这些问题都是"搭便车"问题(沈满洪和谢慧明，2009)。

3. 公共物品理论与生态补偿

自然资源环境及其所提供的生态服务具有公共物品属性。公共物品理论阐释环境为什么会遭到破坏、资源为什么会被过度使用、政府为什么要出面保护生态环境。因此，生态环境资源的保护和恢复，必须立足公共物品理论，建立有效激励措施，让生态产品的受益者付费，让生态产品供给者获得回报。政府管制和政府买单是有效解决公共产品的机制之一，但不是唯一的机制。如果通过制度创新让受益者付费，让公共产品的供给者得到合理经济回报，那么，生态保护者同样能够像生产私人物品一样得到有效激励。

作为公共物品的环境资源，具有公共物品的这两个基本特征。这种属性决定了其面临供给不足、拥挤和过度使用等问题，生态补偿就是通过相关制度安排，调整相关生产关系来激励生态服务的供给、限制共同资源的过度使用和解决拥挤问题，从而促进生态环境的保护，促进自然和社会生产力的发展。因此，保护和恢复生态资源，必须基于公共物品理论，建立有效的激励机制，让受益者支付生态产品，让生态产品的供给者得到回报。

生态补偿问题的公共物品属性可以帮助我们确定在不同生态补偿问题类型下补偿的主体是谁，其权利、责任和义务是什么，从而确定相应的政策途径(任勇等，2008)。公共物品问题是导致市场失灵的根源之一(沈满洪和谢慧明，2009)。根据西方经济理论，由于“市场失灵”，从而使市场机制难以在一切领域达到“帕累托最优”，特别是在公共产品方面。与生态环境密切相关的森林、河流等自然资源都具有公共产品中的一个甚至是全部特征，所以不可能由市场机制解决公共产品供需之间的不平衡问题。为了促进资源配置效率的最大化和社会福利的最大化以及社会的持续发展，就必须通过一定的政府干预进行调节，在公共产品的生产与保护方面做出应有的贡献。而生态补偿机制是考虑生态产品的公共产品属性，通过一系列的制度设计，改善公共产品的供需失衡状况，促进社会的持续发展(何承耕，2007)。

4. 准公共物品

公共物品并不等同于公共所有的资源。在现实世界中，存在大量的介于公共物品和私人物品之间的一种物品，称作准公共物品或混合物品(quasi- public goods)(任勇等，2008)。准公共物品可以分为两类，一类是消费上具有非竞争性，但是可以较容易地做到排他，如公共桥梁、公共游泳池和公共电影院等，称为俱乐部产品(club goods)；另一类与俱乐部产品相反，即在消费上具有竞争性，但是却无法有效地排他，如公共渔场、牧场等，这类物品通常被称为共同资源(common resources)。俱乐部产品容易产生“拥挤”问题，而共同资源容易产生“公地悲剧”问题。

2.2.2 外部性理论

外部性理论揭示了经济活动中一些低效率资源配置问题的根源，是环境经济学的理论基础(曾广权等，2006)。外部性理论经过马歇尔(A.Marshall)(1890)和庇古(A.C.Pigou)等经济学家的贡献，已发展成一个较完善的体系。外部性理论在提出不到一百年的时间里，因其广泛存在于社会经济运行过程中，而受到众多学者的关注(张朴甜，2017)。

外部性理论认为人类的任何活动都有外部性，其将导致市场失灵，社会资源配置达不到帕累托最优。解决外部性是生态补偿的中心思想，即将人类活动的正负外部性，利用外力进行内部化，使得市场出清资源配置得到优化(徐旭，2016)。

外部性理论发展经历了马歇尔的“外部经济”、庇古的“庇古税”和科斯的“科斯定理”三个阶段，这三个阶段被称为外部性理论发展进程中的三块里程碑。

1. 马歇尔的“外部经济”

外部性概念源于马歇尔 1890 年发表的《经济学原理》中提出的“外部经济”概念(沈满洪和何灵巧，2002)。经济外部性(externality)又称外在性、外部效应、外在因素等。庇古于 1920 年指出：“经济外部性的存在，是因为当 A 对 B 提供劳务时，往往使其他人获得利益或受到损害，可是 A 并未从受益人那里取得报酬，也不必向受损者支付任何补偿。”简单地说，是指经济当事人的经济活动对非交易方所产生的非市场性的影响。

根据外部性影响的结果，外部性可以分为外部经济(externality economics)和外部不经济性(externality diseconomics)。在外部性中，对受影响者有利的外部影响被称为外部经济，或称为正外部性；对受影响者不利的外部影响称为外部不经济性，或称为负外部性。正外部性意指某一经济主体的生产或消费使其他经济主体受益而又没有得到后者补偿，如自然保护区和流域上游的生态环境保护所产生的生态服务功能(效益)问题；负外部性意指某一经济主体的生产或消费使其他经济主体受损但是没有补偿后者，如企业的环境污染和自然资源开发中造成的生态环境破坏问题。

1890 年，马歇尔在其巨著《经济学原理》中将外部经济定义为：“某些类型的产业发展和扩张是由于外部经济降低了产业内的厂商的成本曲线”。这种现象对于厂商而言是一种正外部性。马歇尔对外部经济概念的发现和阐述，被证明是为公共经济领域中新的理论原理发展奠定了基础。

新古典经济学认为，在完全竞争的市场条件下，社会边际成本与私人边际成本相等，社会边际收益与私人边际收益相等，从而可以实现资源配置的帕累托最优。但是在现实中，由于外部性等因素的存在往往使上述情况很难出现。这时，市场机制无法发挥作用，即出现市场失灵。就必须依靠外部力量，即政府干预加以解决，政府可以通过税收与补贴等经济干预手段使边际税率(边际补贴)等于外部边际成本(边际外部收益)，使外部性“内部化”，实现私人最优与社会最优的一致。

外部效应理论在生态保护领域已经得到广泛的应用，例如排污收费制度、生态公益林补助等就分别是征税手段和补贴手段的应用。相对而言，对负外部性的征收手段用得多一些，而对正外部性的补贴用得少一些。但是，在协调生态环境建设工程利益关系时，为了激励人们从事具有正外部性的生态保护行为，补偿机制就是必不可少的选择。生态补偿应该仅限于体现正外部补偿的单向补偿(增益性补偿)而不包括负外部性补偿(抑损性补偿)(韩卫平，2016)。

针对外部性不经济的种种弊端，经济学界出现了“庇古税”和“科斯定理”两种解决外部性的路径。

2. “庇古税”路径

庇古认为，在完全竞争的条件下，社会资源能得到最优配置和使用，消费者得到了最大效用和满足，此时没有一种方法能在不使其他任何人境况变坏的同时使任何人的境况变得更好，即实现了帕累托最优状态。他认为，这种状态只有在完全竞争中社会效益与私人效益、社会成本与私人成本相一致时才能实现。基于这一思想，庇古提出了外部性内部化的设想，在《福利经济学》一书中指出，应当根据污染所造成的损失对排污者课以赋税，以促使其减少生产，消除边际社会成本与边际私人成本的差距，使两者相等，这种税赋就是“庇古税”(Pigouian Taxes)，应用“庇古税”实现了负外部性内部化。如果是正外部性，则由政府给正效益提供者以补贴，以鼓励其发展，实现边际社会效益与边际私人收益相等。

“庇古税”理论认为政府的经济政策(主要为税收政策)才是消除边际私人收益(成本)与边际社会收益(成本)相背离的主要方式，依靠市场的自由竞争不能实现资源配置的最优效率和社会福利的最大化。因此，需要政府采取适当的经济政策，消除这种背离。政府进行干预的原则应当是对边际私人成本小于边际社会成本的部门实行征税，对边际私人收益小于边际社会效益的部门实行补贴，从而把私人收益(成本)与社会收益(成本)背离所引起的外部性影响进行内部化。

庇古税理论对生态补偿产生的原因给予了很好的解释，并为生态补偿的实施提供了很好的思路。在环境资源的生产和消费过程中，由于产权界定不清晰和制度环境的不完善，通常会导致生态环境的保护者的个人边际效益低于社会边际效益，而生态环境的破坏者和使用者在消费环境的过程中则没有将生态环境纳入到生产成本中，使生产边际成本低于社会边际生产成本，导致生态环境供需失衡，无法达到环境保护领域的帕累托最优。为了解决这一问题，在建立生态补偿机制的过程中可以借鉴庇古税理论。

3. 产权路径与“科斯定理”

在庇古税理论中，外部性通常被认为是单向的，而且可以通过政府干预得到消除。以科斯(R. Coase)为代表的新制度经济学家则认为在选择外部性内部化手段的过程中要考虑的关键问题是交易费用是否为零、产权是否清晰。自1960年美国经济学家科斯发表《社会成本问题》后，提出解决经济外部性问题的方案是产权安排，这一办法被称为科斯定理。

科斯对外部性认识的扩展以及对庇古税理论的批判主要集中在三个方面：

(1)外部性往往不是一方损害另一方的单向问题，而是具有相互性。例如，按照“庇古税”理论，如果甲的经济活动对乙产生负的外部性，那么就应该由甲对乙进行补偿。但是，科斯认为，避免乙的利益受到损失的同时也会对甲的利益造成损害。因此，真正的问题在于判断究竟是允许甲损害乙，还是允许乙损害甲？解决问题的关键在于如何从社会总体成本与福利的角度避免较严重的损失。

(2)在交易成本为零的情况下，无论是允许甲损害乙还是允许乙损害甲，都可以实现社会成本的最小化与社会福利的最大化，因为甲和乙可以通过自愿协商实现资源配置的帕累托最优(Pareto optimality)。即如果交易成本为零，产权是明晰的，那么交易双方就可以通过自愿协商实现外部性的内部化，而不需要政府的干预和调节。在这样一种情况下，“庇古税”就没有存在的必要了。

(3)在交易成本不为零的情况下，外部性的内部化需要对不同的政策手段如政府干预和市场调节的“成本-收益”加以分析权衡才能确定，也就是说，“庇古税”方案既可能是有效的制度安排，也可能是无效的制度安排，而问题的关键则在于产权是否明晰。

简单地说，如果交易成本为零，无论权利如何界定，都可以通过市场交易和自愿协商达到资源的最优配置。如果交易成本不为零，资源的最优配置就需要通过一定的制度安排与选择来实现。这就是所谓的“科斯定理”（Coase theorem）。科斯定理说明，政府干预不是治理市场失灵的唯一办法。在一定条件下，解决外部性问题可以用市场交易或自愿协商的方式来代替庇古税手段，政府的责任是界定和保护产权。

科斯理论为生态补偿机制的建立提供了另一种思路，通过产权的界定和交易费用的最小化也可以使市场主体成为生态补偿的一种方式。研究者将科斯定理引入生态补偿的分析，认为赋予各生态产品明晰的产权从而使生态产品可以完全实现市场化，通过市场力量进行调节，社会资源配置实现最优化。大多数学者认为科斯理论是迄今为止最核心的生态补偿理论，其在理论上完美地解决了生态补偿问题。但其对产权的苛刻限定也降低了其对生态补偿项目的实际指导价值(徐旭，2016)。

与庇古税理论相比，科斯的交易成本理论强调用市场手段来解决外部性，但是它也存在一些局限性。

(1)在市场化程度不高的发展中国家以及转轨或过渡经济国家，利用市场手段解决外部性可能缺乏效率。

(2)市场交易或自愿协商需要考虑交易成本，其前提是交易成本要低于社会净效益。但是在市场机制不完善以及规范不健全的情况下，自愿协商的交易成本往往要高于社会净收益，因此自愿协商的空间受到限制。

(3)市场交易或自愿协商的前提是产权明晰，但是很多公共物品的产权难以界定或者界定成本很高，从而失去了自愿协商的前提。

4. 外部性理论与生态补偿政策

庇古税理论和科斯交易成本理论对于生态补偿具有很强的政策含义，外部性理论被广泛和深入地应用到环境保护领域。在实际的生态补偿政策路径选择中，不同的政策途径具有不同的适用条件和范围，要根据生态补偿问题所涉及的公共物品的具体属性以及产权的明晰程度来进行细分。如果通过政府调节的边际交易费用低于自愿协商的边际交易费用，宜采用庇古税途径，例如通过向生态功能的受益者和破坏者征收生态税(费)，解决补偿问题；反之，则采取市场交易和自愿协商的方法较为合适；如果二者相等，则两种途径具有等价性。

外部性理论是制定生态环境经济政策的重要依据。在环境资源的生产和消费过程中，外部性主要体现为外部成本(资源开发所造成生态环境破坏形成的)和外部效益(生态环境保护所产生的)。因为这些成本、效益没有在生产、经营中得到体现，破坏生态环境没有受到应得的惩罚，生态效益被他人无偿享用，生态环境保护难以达到“帕累托最优”。

外部性理论是制定生态环境经济政策的重要依据。外部性在环境资源的生产和消费过程中，主要表现在于资源开发所造成的环境破坏形成的外部成本，以及因生态环境保护所产生的外部效益。因为这些成本、效益没有在生产、经营中得到体现，生态环境保护难以达到“帕累托最优(是指资源分配的一种理想状态)”。

2.2.3 生态环境价值论

随着生态环境问题逐渐成为人类生存和发展的重要约束和可持续发展实践的不断深入，环境价值得到了主流经济学界的肯定。若生态服务是有价值的，人类应对其进行效用最大化配置。并且有必要通过外部调节手段保持与扩大自然环境对生态产品的产能(徐旭，2016)。

生态价值是生态环境学科学术用语，是指哲学上“价值一般”的特殊体现，是指人类理念的特别表现，包括对生态环境的目标，以满足人们的需求和对经济的判断，处理主体与客体的道德判断，人与生态关系的发展历程，自然生态系统作为独立的人类系统功能的判断。按传统理论，环境质量和自然资源不具有价值，使用无需付费。目前环境污染和资源短缺严重，就需要提出生态价值及补偿问题(赵翠薇和王世杰，2010)。实行自然资源有偿使用政策，对保护环境和自然资源是有用的。对生态系统服务功能价值进行核算以及对旅游生态服务产品的消费者进行收费正是以生态价值论为基础的(杨一容，2009)。

1. 生态环境价值的理论基础

传统经济学的价值观认为自然资源和环境自身没有价值。随着现代经济社会的发展，对环境有价值这一点基本达成了共识。对自然资源环境的价值可以从自然资源的稀缺性、效用价值论、劳动价值论、生态补偿论、哲学价值论、级差地租以及自然资本等不同的角度进行阐述(张小蒂，1993；沈满洪和陆菁，2004)。无论哪种价值理论，对自然资源或生态要素所产生的生态服务功能价值的评估都是实现环境资源价值的基础。

(1)自然资源的稀缺性。现代的观点普遍承认，包括作为生产资料的自然资源、自然环境条件和环境容量等自然环境资源是一种生产要素，而且随着经济发展，其稀缺程度不断提高。稀缺性是自然资源环境的价值基础和市场形成的基本条件。

(2)效用价值论。这是从物品满足人的欲望的能力或人对物品效用的主观心理评价角度来解释价值及其形成过程的经济理论。价值来源于效用和物品本身的稀缺，环境能满足人类的某种需要同时又具有稀缺性，也就决定了环境也具有相应价值。自然资源环境价值来源于其效用，又以其稀缺性为条件，衡量价值的尺度是其边际效用。

(3)劳动价值论。马克思的劳动价值论认为，价值是商品交换中体现的人与人之间的关系。商品价值取决于物化在商品中的社会必要劳动，包括劳动者在创造产品时劳动力的消耗和消耗在劳动对象和劳动资料上的社会必要劳动时间，即活劳动和物化劳动。自然资源环境的价值是凝结在自然资源环境中的人类抽象劳动，具体表现为人们对自然资源环境的发现、保护、开发以及促进生态潜力增长等过程中投入的大量的物化劳动和活劳动。

(4)生态补偿论。基于生态补偿论，经济产品按机会成本定价时，除了通常考虑的边际生产成本外，还要加上资源耗竭成本和环境损害成本。这种新加入的环境成本或资源耗竭成本和环境损害成本，就是环境有价值的具体体现。

(5)哲学价值论。哲学价值论中价值是指客体的属性和功能能够满足主体需要的一种功能或效用，即客体对主体生存或发展的意义。在人类对环境的关系中，人类是主体，环境是客体，环境能够提供满足人类生存、发展和享受所需要的物质性产品和舒适性服务，因此，对人类来说环境是有价值的。而且，由于人类的需要大体上是按生存需要、发展需要和享受需要的顺序逐步发展的，所以，环境的价值也就会越来越大。

(6)级差地租。从地租理论的观点看，绝对地租是土地所有者凭借土地所有权获得的收入。这里的“土地”实际上可以泛指一切自然资源，自然资源环境的不同价值就体现在这种资源租金中。资源级差地租是由于自然资源环境的优劣程度不同，造成等量资本投入到等量的资源体上，产生的个别生产价格和社会生产价格的差额，即较优等的自然资源投资的收益，与劣等的自然资源投资收益的差额。级差地租可分为两种形态：一种形态是由于资源的自然丰度和地理位置的差别而形成的级差地租；另一种形态是由于在同一资源体上连续追加投资引起的资源生产而不同而形成的级差地租。

(7)自然资本论。自然资源环境作为一种生产要素，其价值的载体可称为自然资本。自然资本的概念由保罗•霍肯(Hawken Paul)、埃默里•洛文斯(Amory Lovins)和亨特•洛文斯(Hunter Lovins)于1999年首次提出。他们认为，除了传统的人造资本、金融资本、人力资本以外，还存在第四种形式的资本，即自然资本，它是由自然资源、生命系统和生态构成的。在世界银行界定的自然资本要素中，主要包括土地、水、森林、石油、煤、金属与非金属矿产等。但这些仅仅是自然生态系统为人类提供服务的一部分，中国科学院扩展了世界银行对自然资本内涵的界定，认为自然资本是给予人类或者可为人类利用的自然物质和能量以及它所提供的生态服务的总称。自然资本存量随着时间的推移而保持基本恒定是人类可持续发展的前提和基础(杨光宇，2007)。

2. 生态环境价值的构成

生态环境总价值包括使用价值和非使用价值。

(1)环境资源的使用价值。使用价值是指某物品被使用或消费的时候，满足人们某种需要或爱好的作用或功能。它是指环境直接满足人们生产和消费需要的价值，也就是现在或未来环境资源通过商品和服务的形式为人类提供的福利。使用价值又包括直接使用价值、间接使用价值、选择价值。直接使用价值指环境资产可直接用于生产过程和消费的经济价值；间接使用价值指不直接作为生产过程或消费、不直接在市场交换，间接反映的经济价值；选择价值又称期权价值，任何一种环境资源都具有选择价值，是指人们为使环境资源将来能有各种用途的选择而愿意支付的数额。

(2)环境资源的非使用价值。非使用价值是指环境资源的一种内在属性，它与人们是否使用它没有关系。非使用价值包括存在价值、遗赠价值。虽然人们对非使用价值的定义和内涵仍然有争议，但普遍认为存在价值是它最主要的表现形式。存在价值从某种意义上说，是人们对环境资源价值的一种道德上的评判，包括人类对其他物种的同情和关注。就是说，人类不是出于任何功利的考虑，只是因为环境资源的存在而表现出的支付意愿，就是该环境资源的存在价值。因此，环境经济学家认为，人们对环境资源存在的支付意愿，就是其存在价值的基础。随着人们环境意识的不断提高，这种存在价值不仅会成为总环境价值的重要组成部分，而且会越来越大。

3. 生态环境价值的内容

生态环境的价值内容主要包括以下四个方面：

(1)能直接进入当前社会生产与再生产过程的自然资源，即自然资源总量(可更新的和不可更新的)和环境消纳并转化废物的能力(环境的自净能力)；

(2)自然资源(及环境)的质量变化和再生量变化，即生态潜力；

(3)生态环境质量，这里是指生态系统的水环境质量和大气等各种生态因子为人类生命和社会生产消费所必需的环境资源；

(4)整个生态系统，就是通过各环境要素对人类社会生存及发展的效用，综合体现它的整体价值。

2.2.4 环境公平与生态正义理论

1. 环境公平与生态正义理论的概念及产生

环境公平(environmental justice)亦称生态正义(ecology justice)或绿色正义(green justice)，这一概念产生于美国(李倩和申海龙，2008)。1982 年 9 月 15 日，美国的北卡罗莱纳州沃华县的居民举行游行、示威，抗议在阿夫顿社区附近建造多氯联苯废物填埋场，523 名黑人示威者遭到逮捕，由此拉开了环境正义运动的序幕，也推动了环境公平的研究(陈祖海，2008)。1991 年 10 月，在基督联合教会种族正义委员会的资助下，美国首届有色人种环境领袖会议在华盛顿召开，通过了《环境正义原则》的声明。环境正义运动及其所蕴涵的环境公平思想的特有价值是它提出了一种新的理论维度，将种族、阶层、性别等方面意识注入到环境研究、分析、救济和资源分配的活动之中，从而为环境保护运动提供了一种新的理论范式(马晶，2005)。

环境公平问题已经不仅是一个特有的阶级和种族问题，更是一个全世界和所有民族关注的问题(李倩和申海龙，2008)。所有的人都对清洁的水、空气和土地拥有权利，所有的人只要会受到环境决策潜在影响，则不论种族、民族、收入等，都对决策过程具有发言权。

生态正义是关于自然生态的正义理论，意指全体人类正当合理地开发利用生态环境和生态资源，在对待生态环境的问题上，不同国家地区或群体之间拥有平等的权利，承担相同的义务(李永华，2012)。或者说，人们在利用和保护自然生态和自然环境的过程中，期求享有相同的权利，承担相应的义务。生态正义要求遵循公平正义自律等原则分配生态资源，一方面，人们有权公平分享有限的生态资源带来的多种利益；另一方面，人们有义务维护和管理生态环境，使其可以持续地供给生态资源和生态服务。生态正义意味着权利的平等、分配的合理、机会的均等和司法的公正。

2. 环境公平与生态正义理论与生态补偿

环境公平与生态正义理论殊途同归，支持着生态补偿制度的建立。体现了法的正义价值，正义强调的是社会生活中主体的平等和公正。法学是正义之学，正义是法的基本标准，维护和追求正义是法学的基本理念、基本价值取向(蔡守秋，2005)。

生态补偿制度是一种平衡生态利益的享有权利与生态系统维护义务的手段，环境公平理论为生态补偿法律制度提供重要法学理论支撑（刘冰冰和贾爱玲，2014）。生态补偿制度对公平原则的理解的独特视角主要表现在对区域环境利益的分配和对后代人环境利益的保护。生态补偿制度所要解决的主要问题是环境保护义务与资源利益享受之间的不公平问题，不仅要求解决代内公平，还贯彻了代际公平原则，恢复、维护、保护前代人或当代人已经破坏的生态环境，尽力偿还所欠后代人的生态债，实现维护生态系统平衡，保持生态系统服务持续供给能力的目标。

随着生态补偿理论的发展，对人类的要求会不断提高，甚至可能会需要人们破除以人为中心的价值市场，进而将一种自然界整体性的内在规则秩序理解为未来世界发展的真正核心力量（刘冰冰和贾爱玲，2014）。

环境公平与生态正义的理论不仅意味着人们资源利用和环境保护的方式转变，而且表明人们认识自然和改造自然的态度转变。这标志着人类新型自然价值观的建立，是人类的一次伟大觉醒（李永华，2012）。

3. 环境公平生态正义的种际维度

当正义发展为处理人与自然关系的道德原则及处理整个大自然所有物种之间的相互关系的伦理追求时，其种际维度就形成了。

1）人与自然之间的公平与正义

（1）人类具有享用自然的权利。人类的生存与发展都离不开自然环境，人的自然性与生物性决定了人必须从自然界中获取物质生产和生活资料，人类与自然形成了一个有机体，人类需要在自然中栖息，利用自然来维持自身的存在。所以，人类拥有享用自然的权利。

（2）人类应当承担呵护自然的义务。人类是自然环境的最大受益者，人类对自然的享用往往是以牺牲自然为代价的，尤其是人类对自然资源的过分开采和肆意掠夺，常常会导致生态的失衡乃至物种的消亡。权利和义务是统一的，人类具有享用自然的权利的同时，应该承担呵护自然的义务，呵护自然也就是呵护人类自己，有助于人类更好地实现享用自然的权利。正如Passmore（1979）所言，人类不仅是自然的改造者，也是自然的管理者。

（3）人类要尊重自然的道德权利。自然一方面具有外在价值（能够帮助人类满足衣、食、住、行、用的基本需求），另一方面也具有内在价值（其自身和人类一样拥有道德权利）。道德权利并不是人类专有的权利，所有动物、植物、森林、土地、水流，以及自然界的所有实体，都拥有相应的道德权利。尊重自然的道德权利，既是自然内在价值的基本体现，也是人类权利得以实现的基础。尊重自然的道德权利，正是生态正义的应有之义。人类只有尊重所有生命和生态系统的平衡与稳定，才能实现人与自然之间的生态正义。我们对自然的改造应该是对地球生态系统的美丽、完整和稳定的一种补充（罗尔斯顿，2000）。

2）物种与物种之间的公平与正义

世界上每一个物种都有其存在的理由，所有物种都是平等的，人并不是宇宙的中心，人与自然应当平等以待，人类为了更好地实现自身利益，应当尊重其他生物物种的基本权利，实现人与自然的和谐相处。

种际同一性是环境公平与生态正义的理论基础。人类与其他生物都是宇宙世界的物种之一，人类要尊重生态系统中的其他所有物种，与其平等相处，共同生存发展。物种之间的公平与正义源于生命的同一性，由于人与其他生物同样具有生命，由此产生了物种与物种之间的正义，所有物种都要得到平等对待。

4. 环境公平与生态正义的时间维度

环境公平与生态正义作为一种价值理念，它的时间维度不是以年为单位，而是以代为标准，由此产生了代际正义和代内正义，也就是代际公平和代内公平(李倩和申海龙，2008)。代内正义是与代际正义相对而言的，意指不论民族与国籍、家庭出生、宗教信仰、文化程度、个人财富和能力水平具有多大差别，同一代人都享有平等的机会利用自然资源满足自身利益，拥有均等的权利谋求生存与发展。作为一种系统性的公平观，代内公平是代际公平实现的现实基础，而代际公平又是代内公平实现的价值目标。

在生态正义的时间维度中，最能区分 “此代”与“彼代”之正义特性的尺度，乃是社会环境(主要是社会关系)与社会生态正义需要之间的关系。这是因为，在不同时期，社会环境必然发生变化，人们的生态正义需要也会发生变化，社会环境与人们生态正义需要之间的关系(即生态正义价值关系)自然会随之变化，从而使生态正义关系在代际间表现出不同的内容和特点(廖小平，2002)。

1)代内公平与代内正义

代内公平指的是同代的人类和其他生命形式对享受清洁和健康的环境有同样的权利。地球是人类共同的家园，保护地球环境是每个人的责任，这就要求我们突破个人、区域的视野局限，从对整个地球生态系统的人文关怀的角度思考和定义代内公平(刘冰冰和贾爱玲，2014)。

代内正义是代际正义的基础。代内非正义意味着各代内阶层享受的权益和承担的责任不均衡。由于代与代之间具有继承关系，现世代的不公平也会传承到现世人的近期后代和远期后代。因此，要实现代际正义，也就必然会涉及代内的公平(陈昌曙，2000)。不仅如此，与现世代的“在场”相对而言，“后代人”是“缺场”的，其利益诉求无法 “亲自”表达，而只能委托现世代的人来“代理”表达。作为现世代的我们，必须义不容辞地承担这个“代理”义务，在满足当代人利益的同时，兼顾后代人的基本利益。也就是说，现世代是社会正义的实践者，具有现实性和紧迫感。只有坚持代内正义，才能实现人类社会的永续发展，追求人类社会的永恒正义。

2)代际公平与代际正义

(1)代际公平与代际正义的产生及内涵。代际公平指当代人和后代人在利用自然资源、享受清洁环境、谋求生存与发展上权利均等，其实质是自然资源利益上的代际分配问题。美国学者佩基是“代际公平”概念的最早倡导者，他认为，代际公平问题可以简述为“假定当前决策的后果将影响到好几代人的利益，那么，应该在各代人之间就上述后果进行公平的分配”(林志刚，2010)。大卫·皮尔斯(1996)认为 “在广义的可持续发展的定义里，包括给下一代提供一定数量和质量的财富遗产，它至少应等于这一代所继承的。”美国哈佛大学的罗尔斯(John Rawls)教授提出代际的正义储存原则，他强调为实现代际间的互惠，需要确定合理的储存率，为其实现提供了量化依据(李倩和申海龙，2008)。廖小平(2002)则指出，代际公平最初的本义是指“当代人与后代人在资源分配上的公平和当代人在环境保护上对后代人所应尽的义务”。尽管国内外学者对于代际公平有着各不相同的定义，但相同的是都强调了对后代负责的态度。

可持续发展是既满足当代人的需要，又不对后代人满足其需要的能力构成危害的发展(世界环境与发展委员会，1997)。这一定义正式明确了代际公平在“可持续发展”观中的核心地位。

如果说代内正义是同代人之间的横向公平，是空间上的公平，那么代际正义则是世代人之间的纵向公平，是时间上的公平。如果进一步研究，我们发现代际正义在范围时域上可以分为两种情况，一是“在场各代之间的公平”，这种公平与代内正义处于同一时域；二是“在场各代与后代之间的公平”，这是当代人与后代人之间的公平(廖小平和成海鹰，2004)。在一般情况下，我们所说的代际正义专指第二种情况。

一般认为，代际公平表现为资本公平、财富与福利公平、权利与机会公平、资源与环境公平四大类。人类各代对于共同生存的星球上的资源、空间，拥有均等的享用权和发展机会，权利与机会公平是代际公平的归宿，它们决定着代际公平的其他方面，代际的财富与福利公平是人类社会均衡与平等发展的基础，为了实现代际的财富均衡，当代人必须建立主动的财富转移政策和专项基金制度(舒基元，1997)，代际的资本公平是要求总的资本存量至少保证在一定的水平。

生态补偿制度的建立以代际公平为基础，要以可持续发展的眼光看待当代的发展，建立科学合理的生态补偿制度，以实现生态环境及自然资源的可持续发展。作为一种关怀性的理论诉求，代际正义要求当代人在谋求自身利益的同时，应当努力关照并合理安排后代人的基本权益。在对待自然生态问题上，代际正义提醒我们，人类既不能为了满足当代人的自身利益而肆无忌惮地利用自然，以致提前超额消耗后代人的资源，破坏后代人的生存基础；也不能为了子孙后代的需要，索性放弃合理地开发和利用自然资源，结果使当代人生活在贫困中。

(2)实施代际公平与代际正义的原因：

①生态危机的滞后性。人类开发利用资源环境能够获得收益，同时也要承担一定的成本。然而，生态危机具有滞后效应，上一代人享受开发利用资源带来的收益，下一代人甚至下几代人才承担生态危机的后果。因此，当代人在享有环境时，必须承担保护环境之义务。

②自然资源的有限性。自然资源往往是不可再生的，上代人开采的越多，留给后代人的就越少。因此，代际正义强调资源配置和环境享有在时间上的永续性，不仅要满足当代人发展的要求，而且要保证后代人的延续要求。

③地球承载能力的有限性。地球所能给人提供的生存条件是有限的，前人多取一点，留给后人的就少一点。现实中庞大的人口基数和较高的人口净增长率，将会导致全球人口

快速增长，对生态环境造成巨大压力，使后代人的生存空间越来越小。人类要想长期生存，就要珍惜地球上有限的自然资源，弘扬生态代际正义。

(3)代际公平与代际正义的基本原则：

①选择多样原则。各世代要努力保护现有各物种尤其是濒危物种，要维护自然资源、生态环境和文化遗产的多样性，让后世代的人同样拥有多样化的选择。

②自我牺牲原则。为了维护地球的质量，保障人类子孙万代的生存质量，现世代要有适当牺牲的精神，努力节约自然资源，适当节制现有的消费欲望，甚至牺牲现有的既得利益，以便后世代享有与以前世代一样的资源环境。

③公平分配原则。为了实现各世代之间的公平正义，各世代成员都有权公正平等地从前代继承自然遗产，在涉及自然资源和生态环境的利益分配时，要坚持公平正义的原则，照顾现在社会的最少受益者。

(4)代际公平与代际正义的特性：

①时间性和空间性。代际公平最主要的特征之一便是时间性，一般情况下考察一种社会状态，可以从同一时空的“共时态”与“横断面”两种角度来进行。然而代际公平却是从“历时态”与“纵截面”进行考虑的。代际公平在空间上理解可以划分为“在场各代之间的公平”和“在场各代与后代之间的公平”。代际公平的时间性和空间性决定了各代之间信息的不对称性，这也是代际矛盾存在的根源。

②继承性与规范性。尽管受时空限制，后代人不能出场，却并不意味着后代人没有能力与现代人谈判，时空的代际继承正是维系代际公平的桥梁。传统的继承性使得代际公平有了付诸实践的可能。同时，代际公平也成了一个公共政策的制定过程中的重要的价值导向，成为一种新的伦理规范、经济规范和政策规范。代际公平保留了“经济人”假定和“帕累托最优”等传统经济学的积极价值，在社会与人文领域显示出了建构新规范的强大感召力(廖小平，2002)。

③理论性与实践性。代际公平是可持续发展的重要理论支撑，经过近半个世纪的发展后已经成为一种新的理论规范；其理论意义在于“它以‘应然’来反对现实的‘已然’，要求人们通过努力实践改变现实的‘已然’，以趋于‘应然’”(陈振明，1999)。代际公平的实践面向包括环境、能源、资源、技术、资金、文明等多种人类的实践活动，而环境与资源方面的代际关系是最能体现代际公平实践性的。在许多国家，代际公平早已内化为社会经济政策，体现着代际公平的理论性与实践性的统一。

5. 环境公平与生态正义的空间维度

如果说时间维度是对生态正义的纵向考察，那么空间维度则是对生态正义的横向观照。一般说来，环境公平与生态正义的空间维度主要包括以下两个方面。

1)国内公平与国内正义

所谓国内公平与正义，是指在一个国家内部，在资源利用和环境保护问题上，不同区域或不同人群之间要实现公平正义。国内生态正义包括生态地域正义、城乡正义、阶层正义等。

一国不同地区之间的环境不公平现象，归根结底还是由于经济发展不平衡导致的优势群体对弱势群体的环境权利的侵害。根据目前我国实际，国内环境不公的现象存在于多个层面，突出地表现为城乡之间在经济发展水平、居民权利意识等方面存在较大差距，如东部地区和西部地区在经济发展水平与模式、资源消耗和保护的差距。从我国的情况来看，实现国内生态正义，需要实现对等的生态权益、合理的生态补偿。

对于一个国家或地区而言，生态国内正义是社会正义的基本内容，也是生态正义的应有之义。要实现国内生态正义，必须加强法制建设，制定完善的法律法规；必须构建公平的经济运行体系和生态保护体系，在国内各阶层、各群体享有平等的生态权利，承担相应的生态义务。

从某种意义上来说，环境公平可以看作是人权价值理念在环境利害权责分担上的原则设定(赵春光，2009)。生态补偿制度的建立要以代内公平理论为基础，要求致使生态功能减损的损害环境资源的行为或环境资源开发利用主体对造成的环境问题负责，并以其所得环境利益向环境资源生态功能的提供主体或特别牺牲主体提供利益补偿，从而维持各种利益的平衡，实现社会的可持续发展。对于一些环境污染等负的外部性市场机制无法解决的问题，需要政府实施生态补偿机制，政府可以实行环境收费、生态补偿、排污权交易和生态保险等政策，把经济外部问题内部化，以维护国内各地域间和各阶层间的生态正义(董燕燕，2010)。

2)国际公平与国际正义

生态国际公平与国际正义是指不同国家和地区，在自然资源使用和生态环境保护问题上，都享有平等的权利，承担应有的义务。自然环境问题是人类迄今为止所遭遇的全球性危机，关涉整个人类共同的生存利益，所以对于自然环境的保护也就不应当存在国界与政治主权的分别。地球上每个主权国家都是地球的主人，每个国家都应当主动承担起地球环境系统维护的责任，与此同时，每个国家也应自觉认识到不同国家都公平地享有环境利益，要尊重他国和人民的环境权益，在尊重与包容的环境下达成最广泛的国际共识，把保护共同的地球家园作为最高目标展开合作。

不同国家的发展模式、发展水平、发展现状等均存在不同程度的差异，在国际环境义务的形成和承担上，产生了较大的分歧。发达国家更多地强调环境问题的全球性和即时性、普遍性和共性，要求发展中国家履行与发达国家相等的国际环境义务；而发展中国家则大多强调环境问题的区域性和历史性、特殊性和个性，认为发展经济应是优先于保护环境的首要课题。发展中国家在承担国际环境义务问题上面临着越来越大的压力(潘晓东，2004)。国家之间的环境公平理论，就是要求任何国家或地区都不能以损害其他国家和地区的发展为代价来发展自己，和谐发展观要求尊重各国发展中的特殊性和个性。世界各国在处理环境问题上必须坚持三大生态世界正义原则。

(1)生存优先原则。和平与发展是当今世界的两大主题。对于一些有大量人群生活在贫困线以下的国家或地区，必须弘扬生态国际正义，坚持生存优先原则。国际社会在处理生态环境利益时应该向发展中国家倾斜，提供相应的资金、技术以帮助发展中国家消除贫困，决不能以保护环境为理由扼杀发展中国家的生存发展权。

(2)公平差别原则。环境保护是世界各国和人类社会的共同责任，但是根据责任和利益对等、责任与能力相互适应的原则，发达国家应当比发展中国家承担更多的责任，履行更多的义务，这样才能给发展中国家更大的发展空间，更好地体现生态国际正义。

(3)利他主义原则。地球上所有国家和民族都是一个共同体，在资源分配和环境责任问题上，各个国家和地区要发扬“地球全体主义”和利他主义精神。发达国家应该对发展中国家提供无私的援助，必要的时候可以实现经济的零增长或负增长，以减轻整个地球的资源压力和环境压力。发展中国家也应当发扬自我牺牲精神，一旦生存压力减小，就要减少资源消耗，承担相应的环境责任。

2.2.5 博弈论

1944 年，冯・诺伊曼和奥斯卡・摩根斯顿的《经济行为与博弈论》一书的出版，标志着博弈理论构架基本形成。20 世纪 60 年代，纳什提出了博弈论中最重要的概念——纳什均衡，70 年代博弈论走向成熟。1994 年，莱因哈德・泽尔腾先生因在“非合作博弈理论中开创性的均衡分析”方面的杰出贡献而荣获诺贝尔经济学奖，成为博弈论作为一种新的方法论被学术界认可的标志。长期以来，我国采用计划经济模式，经济主体不存在竞争和对抗，博弈论无用武之地。直到 20 世纪 90 年代，一些博弈论的著作和教材才陆续出版，博弈论也进入了部分高校的课堂，其间，张维迎、王则柯、谢识予等学者对博弈论的传播起了很大的作用(陈月娜，2010)。

博弈论又称“决策论”，是研究理性决策主体行为在发生直接相互作用时，如何进行决策及决策均衡问题。该理论指出在单次博弈中，博弈方可能只考虑眼前利益，但是在重复博弈中，博弈方则可能获得更加完备的信息，并更多地考虑长远利益，从而采取合作的态度，最终达到纳什均衡和帕累托最优结果。博弈论在生态补偿的过程中得到了很好的体现，并为生态补偿机制的建立提供了强有力的理论支撑。在合作之前，各地区在环境保护方面进行的是非合作博弈，他们均按照各自最优决策行事，以达到个体利益的最大化。

我国目前的生态补偿政策，在国家的法律法规中并没有明确的体现，导致在流域中的上下游地方政府在补偿与保护政策上就会出现各种矛盾。上下游地方政府在各自利益的驱使下，就会形成典型的博弈特征(王军生等，2015)。

资源所在地区会选择收益更快的采伐业等为经济发展的主要领域，但是这样势必破坏当地的生态环境，导致水土破坏；而下游地区的居民从个人利益最大化角度出发则会选择免费消费公共产品，不会对上游居民的生态环保行为进行补偿。而这样的博弈结果将导致上游地区可采伐的森林资源越来越少，而下游地区则可能由于上游水土流失导致的洪涝灾害造成更大的经济损失。但是经过多次博弈，博弈双方能够更加清晰地认识到双方合作的重要性，这样，下游居民会为上游居民的生态环保行为支付一定的补偿金，而上游居民则会选择可持续发展的经济行业(如生态旅游)，从而最终使博弈双方由“个体理性”逐渐契合到“集体理性”选择(王女杰等，2010)。

在流域生态系统中，短期来看，由于外部性的存在，上游和下游地区出于各自的经济利益分别有过度开发和“免费搭车”的偏好。但是，这种偏好对整个流域系统的最优状态而言是一种偏离，由此导致流域生态环境建设陷入所谓的“囚徒困境”，流域生态环境的恶化其实质是流域中各利益主体短期博弈行为的结果。因此，我们从博弈论(决策论)的角度来探求如何建立选择性刺激机制，引导(约束)局中人的行为从而达到集体理性。在流域生态系统内，各决策主体进行决策时相互影响、相互制约，各方不仅要考虑自己对环境保护的支付，同时也要考虑对其他方的支付(梁丽娟等，2006)。

生态补偿之所以需要“博弈论”，正是由于它对各相关决策主体行为研究的现实指导意义。通过博弈分析，可以对生态补偿中各利益相关者的行为进行研究，应用“博弈论”中的“囚徒困境”“智猪博弈”“斗鸡博弈”研究生态系统中的博弈现象，使生态补偿中利益各方再次回到均衡状态。

2.2.6 福利经济学理论

福利经济学是微观经济学的一个分支或延伸，主要从社会经济福利的观点对经济体系的运行进行评价。福利经济学最早出现于20世纪初期的英国，1920年，庇古的《福利经济学》(*The Economics of Welfare*)一书的出版是福利经济学产生的标志(胡勇军和胡声军，2005)。

20世纪30年代以后，意大利经济学家帕累托在对庇古的福利经济学批判的基础上加以补充修改，创立了新福利经济学，其主要研究内容包括：①私人经济活动同社会福利之间的关系；②实现社会经济福利最大化的必要条件；③研究克服市场经济机制的缺点，谋求社会经济福利最大化所必须采取的政策措施等。

福利经济学家认为帕累托最优的标准在现实生活中很难达到。一项经济政策的制定很可能导致某些人的处境改善一些，而同时使另外一些人的处境变坏一些。正如卡尔多-希克斯改进是一种既有人受益，又有人受损的改进，按照卡尔多-希克斯意义上的效率标准，在社会资源配置过程中，如果那些从资源重新配置过程中获得利益的人，只要其所增加的利益足以补偿在同一资源重新配置过程中受到损失的人的利益，那么通过受益人对受损者的补偿，可以达到双方均满意的结果，这种资源配置就是有效率的。但是这种判断社会福利的标准应该从长期来观察，经过较长时间后，所有人的境况都会由于社会生产率的提高而自然而然地获得补偿(梁丽娟和葛颜祥，2006)。

新福利经济学的基本前提：经济活动的目的是增加社会中的个人福利，并且每个人都能够绝对正确地判断自己的福利状况，而且可以通过观察每个人对不同物品或服务组合的选择来推断其福利状况。每个人的福利不仅取决于其所消费的私人物品以及政府提供的物品和服务，而且还取决于其从资源-环境系统所得到的非市场性物品和服务的数量与质量，如健康、视觉享受、户外娱乐的机会等。

对环境影响的经济价值进行计量的理论依据在于它们对人类福利的影响。如果一个社会想让它的所有资源都发挥最大的效用，它就必须在环境变化和资源使用所带来的效益与将这些资源和要素输入用作他用所带来的成本之间进行权衡。然后，根据权衡的结果，社会必须对环境和资源的配置进行适当调整，以便使个人经济福利得到增加。既然这种效益和成本是通过它们对个人福利的影响来衡量的，那么“经济价值”和“福利变化”这两个词在使用上就是可以互相替代的。因此，所谓环境影响所导致的损害，实际上就是指个人福利的减少，而环境影响所导致的效益，则是指个人福利的增加。

可替代性理论是福利经济学价值概念的核心，它在人们所需的各种物品之间建立了相应的替代率。人们在选择过程中，减少对某种物品的需求而增加购买其替代物，其实这种权衡本身就反映了人们对这些物品的评价。这种以可替代性为基础的经济评价可以用“支付意愿”和“接受补偿意愿”来表示，支付意愿和接受补偿意愿可以根据人们愿意用来替换被评价物品的其他任何物品进行确定。

2.2.7 可持续发展理论

可持续发展是指既能满足当代人的需要，而又不损害后代人满足其需要的能力的发展。生态环境保护好了，后代人才有持续使用的能力(杨桂华等，2000)。依据可持续发展理论的公平、公正原则和“谁污染谁赔偿，谁受益谁补偿”的原则，生态补偿一般分为代际补偿与代内补偿，国家和地区之间的补偿以及区域之间的补偿三个层次。代内补偿则包括国家和地区之间的补偿以及不同区域之间的补偿。国家和地区之间的生态补偿，是一种国际补偿。区域之间的生态补偿，由于区域间的差异性和社会经济发展的不平衡，对生态资源的利用程度也有很大差异，受益地区应向保护地区做出补偿。这也是目前国内外学术界展开探讨的一个重要领域。

2.3 生态补偿的目的

生态补偿机制主要是解决外部经济性的问题，即解决“谁保护，谁受益”的问题，生态保护者应该得到补偿，是一种奖励性收益(王青云，2008)。明确生态补偿的目的，对生态补偿机制的顺利实施具有重要的意义。目前，学者对于生态补偿目的的描述呈现多元化，通过总结，对生态补偿的目的归结为以下几种。

2.3.1 遏制生态破坏和资源衰竭，保护人类赖以生存的环境资源

对生态环境产生破坏或不良影响的生产者、开发者、经营者应对环境污染、生态破坏进行补偿，对环境资源由于现在的使用而放弃的未来价值进行补偿。有的学者认为，生态补偿是“达到保护资源的目的”(毛显强等，2002)。还有的学者认为，生态补偿是“国家或社会主体之间约定对损害资源环境的行为向资源环境开发利用主体进行收费或向保护资源环境的主体提供利益补偿性措施，并将所征收的费用或补偿性措施的惠益通过约定的某种形式转达到因资源环境开发利用或保护资源环境而自身利益受到损害的主体以达到保护资源目的的过程”(国务院环境保护委员会秘书，中国人民大学人口与环境与发展研究室，1996)。

2.3.2 维护生态平衡，实现整体生态利益

杜万平(2001)从生态学的角度，把生态补偿作为整体系统的研究，认为生态补偿机制的建立是在“协调和理顺系统内各要素的关系，改善系统的物质能量流动，促进生态系统的良性循环”。有学者以“生态利益”为中心，指出生态补偿是“为保护生态环境，维持生态平衡，实现生态价值，达到社会效益、经济效益和生态效益相一致的目的，对损害生态环境的行为予以矫正的生态化活动。”有的学者从外延上把生态补偿作了广义和狭义的划分，认为“广义的生态补偿包括污染环境的补偿和生态功能的补偿，即对保护环境的行为者予以补偿也予以破坏环境的行为者以收费，达到保护环境的目的。狭义的生态补偿是指生态功能的补偿，即通过设计新的制度来实现生态外部性内部化，让享受生态保护成果的受益者支付相应的费用；通过设计新制度来解决好生态产品这一公共产品消费中的‘搭便车’现象，鼓励人们以更好地投资生态建设，维持好生态系统的平衡”(王丰年，2006)。

2.3.3 保护环境资源和维护整体生态平衡

曹明德教授认为，生态补偿理应包括以下两层涵义：一是在开发利用环境的过程中，国家对保护环境的主体给予相应的补偿，对破坏环境开发利用资源的主体予以收费，以达到保护生态环境的目的；二是国家通过对环境污染者或自然资源利用者征收一定数量的费用，用于生态环境的恢复或者用于开发新技术以寻找替代性自然资源，从而实现对自然资源因开采而耗竭的补偿。

总之，生态补偿的目的具有两重性，既要对生态环境补偿，实现生态正义，又要关注人类社会成员之间的补偿，实现生态利益的分配正义和生态责任的公平承担。这两个目的在本质上是一致的、相互依存的。人类是生态系统中最重要、最活跃的组成要素，人类只能在维持生态平衡的前提下在生态系统内活动，因而维护生态系统平衡就是维护人类自己生存和发展的基础。这是生态正义的要求，也是人类自身发展的要求。生态补偿的终极目的包括了人类社会的可持续发展和自然生态系统的可持续发展，是更高层次的“经济-社会-自然生态复合系统”整体的可持续生存和发展。只有整个人类社会通过相互合作实现人类在生态系统承载力阈值限度内的公平的生态责任承担和生态利益分配，才能为更广、更深范围的生态系统整体平衡和良性发展提供前提条件。

2.4 生态补偿的原则

生态补偿是以调整相关利益主体间的环境及其经济利益的分配关系为核心，以内化相关生态环境保护或破坏行为的外部成本为基本要求，以经济激励为目的，坚持“破坏者付费、使用者付费、受益者付费、保护者得到补偿”的原则(李文华和刘某承，2010)。根据我国生态环境问题的特征和国家生态安全的需要，建立适合我国国情生态补偿的机制应遵循以下原则。

2.4.1 协调生态与经济间的矛盾原则

生态与经济的矛盾是当今社会发展过程中存在的一个普遍问题，并且随着人口增长、工业等的发展，有愈来愈尖锐的趋势。矛盾的实质是经济发展导致生态破坏，生态建设或保护又在某种程度上阻碍了经济发展，从而使得生态与经济不能实现“双赢”(曾广权等，2006)。

生态补偿是生态与经济之间矛盾的一种协调机制，目标是实现区域生态与经济的可持续发展。因此，生态与经济矛盾突出是建立生态补偿机制的前提条件和必要条件。生态与经济矛盾是否突出，主要看生态与经济的行为与其后果之间是否关联紧密，以及行为后果达到何种程度。行为后果的程度是指行为使原有状态改变的程度。

生态与经济矛盾突出意味着生态行为、经济行为及其后果之间有直接和必然的联系，并且行为导致原有的经济和生态状况发生较大变化。具体来说有两种情况：其一，经济开发行为取得了明显的经济效益，但直接导致了严重的生态破坏；其二，生态建设和保护行为显著改善了生态质量，但经济由此受到较大损失或经济发展明显受到抑制。

2.4.2 生态系统服务的供应需求原则

生态系统服务是指人类直接或间接从生态系统得到的各种利益，生态补偿就是保护生态系统，实现生态系统服务可持续提供的目标，因此生态系统提供的服务功能是生态补偿制度设计的重要科学基础(欧阳志云等，2013)。

对于一种商品或服务，只有既存在供应，又存在需求，交易市场才可能建立。生态补偿实际是为生态系统服务找一个市场，因此必须首先明确生态系统服务的供应和需求特点，从而得到针对生态补偿的原则。生态系统服务的供应、需求有以下特点：

(1) 生态系统的类型、大小、稳定度等决定着生态系统服务的供应能力。不同的类型提供不同种类的生态系统服务，越大、越稳定的生态系统，所提供的生态系统服务的质量越好，数量越多。

(2) 同一生态系统所提供的生态系统服务满足不同区位相关人群的需求，不同人群的需求也不尽相同。因此，当供应一方有所改变，将涉及其他相关人群的利益。

(3) 生态系统服务供应的底线是相关人群的最基本需求，即生态安全的底线，超过这一限度可能引发生态灾难，造成的后果就可能无法估计，也无法补偿。

(4) 由于人们对生态系统服务的需求没有上限，不论是质量和数量都追求更好，因此对生态系统服务的供应以追求最优供给为目标。

生态补偿市场的确立，主要是确立何种生态系统服务作为商品，以及确立供、需双方。基于生态系统服务供应和需求的特点，商品的确定要看供应和需求的能力。对正外部性的补偿市场，要明确哪种生态系统服务的供应能力较强，即供应质量好、数量大，其次是对何种生态系统服务的需求最大；对负外部性，则要看生态系统服务的供应能力是否明显减小、变差，是否明显致使相关人群的相应需求得不到满足、受到较大损失。

对于生态补偿，供、需双方的确定，也就是补偿者与补偿对象的确定，有两种情况：

导致供应能力下降的是补偿者，对应的需求方是补偿对象；导致供应能力变强的是补偿对象，对应的需求方是补偿者。由于需求方往往涉及多个群体，这就需要抓住核心的供需矛盾，并在一定程度上兼顾公平原则，确定补偿主体。

2.4.3 价值转移原则

价值转移是生态补偿成立的重要条件，它的前提是生态系统服务具有经济价值，而存在“转移”本身也反证了生态系统服务的有价性，从而使经济学原则和手段的运用成为可能(曾广权等，2006)。

生态系统服务的经济价值包括直接利用价值、间接利用价值、选择价值。鉴于实际应用，在此暂不考虑选择价值。生态补偿的价值链条的 3 个环节是经济资本、直接利用价值、间接利用价值，核心环节是间接利用价值。价值转移主要有 4 层含义：一是经济资本与生态系统服务经济价值之间的转移；二是直接利用价值与间接利用价值之间发生转移；三是由于间接利用价值的外部性特征，某一主体间接利用价值的增加意味着另一主体同等量的价值发生转移，而某一主体间接利用价值的减少意味着此部分价值转移给另一主体；四是价值在不同利益群体之间发生转移，利益群体是生态建设、保护或破坏行为的主要实施者(供应方)和行为后果的主要承担者(需求方)。第 4 条是“转移”的核心，也是前 3 条的基础和前提条件。

对于负外部性，实施者直接利用价值的增加导致经济资本的增加，但导致承担者间接利用价值的下降，即可认为承担者的间接利用价值转移为实施者的直接利用价值，相当于实施者拿走了承担者的一部分价值，实施者受益，承担者受损；对于正外部性，转移有两部分，一是实施者的资本投入和一部分直接利用价值转移为承担者的间接利用价值，二是承担者间接利用价值的增加意味着实施者的等量价值转移给了承担者，价值的转移相当于承担者拿走了实施者的一部分价值，承担者受益，实施者受损。拿走的那部分价值，就是需要补偿的。

在价值链条的每一个环节，转移价值都具有不对等性，不是有多少资本投入就产生多少间接利用价值，或有多少间接利用价值就转移为多少直接利用价值。通常间接利用价值的付出或得到总是高于经济资本和直接利用价值的得到或付出。这一点对于确定补偿依据很重要。

2.4.4 公平原则

由于生态与经济之间的矛盾，进行生态建设、保护的地区，即生态系统服务的供应方，往往是一些经济落后、人民生活贫困的地区。对生态系统服务的付费，在保护和提高生态环境质量的同时，另一个重要的目的就是增加当地人民的经济收入，提高生活水平，摆脱贫困，从而真正实现生态与经济的可持续发展。因此，生态补偿从另一层意义上是将资金从经济实力雄厚的地区、单位或群体向贫困落后地区转移的一种手段，带有扶贫的性质，是社会公平的一种体现(曾广权等，2006)。而对正外部性的受益者，也就是需求方，可能涉及多个群体，经济发展水平参差不齐，这就需要选择经济较发达或有经济实力者，作为生态补偿的主体。通常情况下，经济状况越好的对生态系统服务的需求越大、越迫切，经济差距使得生态补偿机制的建立成为可能。另外，把富裕者的一部分经济效益通过生态补偿转移给贫困者，体现社会公平，应该成为生态补偿首要的着眼点。

2.4.5 保护者受益原则

生态保护者受益的原则也可称为“谁保护、谁受益”，由于生态保护是一种具有很强的外部性经济的活动，保护者不能直接从保护中得到经济收益。解决办法是对产生外部经济效应生态系统服务功能的提供者，给予相应的直接经济补偿，使生态保护不再是政府的强制性行为和社会的公益事业，而成为投资和收益相对称的经济行为，能将生态保护成果转化为经济效益，鼓励人们更好地保护生态环境(欧阳志云等，2013)。

2.4.6 政府主导、全社会参与原则

由于生态系统服务是公共物品，受益者可以是全人类、特定国家和区域的居民、企业、社会团体和个人等。生态保护的成果受益者通常是一定地域范围的大多数居民，因此，政府有责任代表全民建立和实施生态补偿制度，作为生态系统保护成果的受益人、企业和团体也应积极参与。

2.4.7 权利与责任对等原则

生态补偿的目的是实现生态系统保护，从而提供持续的生态系统服务功能，生态保护的效果是衡量生态补偿政策实施效果最重要的方面(欧阳志云等，2013)。因此，在受偿者得到生态补偿之后，必须明确生态保护的责任、范围、面积，将权利与义务统一起来，使生态补偿切实发挥作用，最终达到生态保护的目的。

2.5 生态补偿的方式

生态补偿的方式是制定和运用政策、法规的方法体系，是补偿得以实现的形式。生态利益的公共利益属性，决定了政府补偿应当是生态补偿的主要方式。除政府补偿之外，还应考虑市场补偿、社会补偿(特别是非政府组织补偿模式)、社区补偿。一般情况下，各国都要经历一个由政府主导发展成为市场主导的发展历程(王清军和蔡守秋，2006)。借鉴国外经验，应积极探索建立不同社会主体之间的市场贸易、一对一交易等补偿方式(史玉成，2016)。国外生态补偿的主体主要有慈善购买者、公共部门购买者、私营公司组织或社团、私人购买者、生态认证产品消费者等。

虽然补偿方式应该更多地谋求市场的解决手段，弥补价值的损失，但是由于生态效益市场化需要解决的问题还很多，当前的补偿方式还应该以政府手段为主导，建立多种多样、灵活机动的补偿方式体系，增强补偿的针对性和有效性。同时，在建立补偿方式时要考虑当前的政策和法律环境以及政策法规的同步建设。

2.5.1 政府补偿

在生态补偿机制中，政府既是生态补偿工作的管理者和组织者，也是生态补偿的主体和最大负责人。政府补偿，是指以政府为主体，主要采取管制、补贴、税收利率优惠、转移交付等手段进行的补偿活动，是一种命令、控制式的生态补偿，也是生态补偿实施的最主要方式(闫伟，2008)。

政府补偿的方式，包括纵向转移支付即中央对地方的转移支付，也包括横向财政转移支付即区域之间、流域上下游之间地方政府的财政转移支付(史玉成，2016)，还有政策补偿、生态补偿基金等方式。由政府负责的生态补偿能减少讨价还价和“搭便车”行为，可以有效克服生态效益评论难、市场交易成本高等诸多问题，是运用政策手段提高生态补偿效益的手段。

政府补偿具有强制性、间接性等特点。政府补偿交易成本低，但制度运行成本高，存在资金来源单一、环境资源定价低以及权责利脱节等弊端，我国生态补偿实施过程中存在大量低效率行为。突出表现在:

(1)部门分割，项目管理多头，资金使用分散。生态保护涉及林业、农业、水利、国土、环保等部门，这些部门负责生态保护政策的制定和执行，政府主导的生态补偿实际上成为部门主导的生态补偿。由于部门之间利益不相一致，项目资金被分散使用，项目监督上则相互推诿。

(2)由于政府缺乏足够的人力和物力对生态补偿项目进行监督和评估，结果生态补偿项目成为个人或小集体谋取利益的手段。以退耕还林为例，部分地方政府操纵退耕还林政策，以各种方式套取财政资金等等。

(3)为节省讨价还价成本，政府补偿项目的补偿标准常采用“一刀切”的方式。如在退耕还林项目中，全国仅分南方和北方两个补偿标准，补偿只重视数量，而对林相、森林覆盖度、森林结构等重要生态指标未加考虑。这样的补偿方式导致一部分地区补偿过多、另一部分地区补偿太低或者没有补偿的不公平现象。

2.5.2 市场补偿

为了弥补政府补偿的低效率行为，有必要在生态补偿中引入市场交易。市场是实现资源优化合理配置的有效手段，在落实生态补偿上也不例外。运用市场机制进行生态补偿是国际先进经验的总结和借鉴，也是我国生态补偿未来的发展趋势。生态补偿中的市场交易是指，通过市场调节促使生态服务的外部性内部化，市场交易主体在政府制定的各类生态环境标准、法律法规的范围内，利用经济手段，通过市场行为改善生态环境的活动的总称。

通过市场机制，将生态环境成本纳入各级分析和决策过程，使开发、利用生态环境资源的生产者、消费者承担相应的经济代价的前提是生态资源的合理定价(吕忠梅，2003)。市场补偿可以发挥其补偿成本最小化、补偿行使的市场激励性以及适用范围更广泛等优势。市场补偿方式是未来发展的主要方向，包括自发组织的私人交易补偿、开放的市场贸易以及生态标记等。

目前，在生态环境保护方面，市场手段主要包括税收、一对一的市场交易、可配额的市场交易、生态标志和协商谈判机制等五种。通过税收杠杆保护资源、维护生态直到最近才提上议事日程。

市场补偿是流域生态服务受益者对保护者的直接补偿，具有直接性、激励性等特点，但存在补偿难度大、短期行为严重等缺陷。市场补偿交易成本高，但制度运行成本低。所以，规模较大、补偿主体分散、产权界定模糊的流域适宜于政府补偿，规模较小、补偿主体集中、产权界定清晰的流域适宜于市场补偿(葛颜祥等，2007)。市场主导的生态补偿是环境法中“受益者补偿”原则的具体体现，在市场经济下，政府、地区、单位甚至个人作为受益人都应当“埋单”。

2.5.3 社会补偿

社会补偿又称民间补偿，是指对生态保护有觉悟的非利益相关者通过某种形式的捐助和资金募集，包括国际、国内各种组织和个人通过物质性的捐赠和捐助，与生态保护义务群体之间建立的惠益关系(杜群和张萌，2006)。

社会补偿介于政府补偿和市场补偿之间，可在一定程度上弥补“政府失灵”和“市场失灵”现象。民间组织，特别是民间环保组织是生态补偿体系中一支正在成长的力量，在社会补偿中扮演非常重要的角色。

2.5.4 社区补偿

生态系统服务可能局限在某一特定范围，由社区内部成员共享，如公共池塘、水库、草地、森林等。这些提供服务的生态资源由于对每一个社区成员都重要而没有私有化，成为共有产权资源。在共有产权中，使用者的资格由社区身份确定。于是，成员内部可就资源使用权进行交易，以提高生态服务的利用效率。在流动性弱、成员资格相对稳定的社区，与生态服务交易的可能是其他方面的物质利益或共有资源跨年度的使用权(谭秋成，2009)。

2.6 生态补偿的途径

生态补偿的途径可以是对补偿者的直接补偿和可持续性能力补偿。生态补偿应该采取两种补偿相结合的方式，并且逐渐由直接补偿转向以可持续性能力补偿为主，也就是说，由“输血型”补偿转向“造血型”补偿，转变生态补偿地区生产生活方式，提高可持续发展能力，伴随可持续能力提高，又反过来促进生态环境的改善。

2.6.1 直接补偿

直接补偿的形式主要是资金补偿、实物补偿，这类补偿是对生态建设的农户所付出的代价予以直接补偿。直接补偿只关注农户的损失是否得到补偿，而没有关注这种补偿对农户可持续发展能力的影响。因此，效果比较单一，对农户脱贫致富的提升作用十分有限，容易产生反弹。

1. 资金补偿

资金补偿是最常见的，也是最直接、最迫切、最急需的补偿方式。资金补偿包括补偿金、赠款、减免税收、退税、信用担保的贷款、补贴财政转移支付、贴息、加速折旧等。中国的生态补偿主要是政府通过加大财政转移支付，提供补偿资金，从而提高生态效益。

2. 实物补偿

实物补偿，即补偿者运用物质、劳力和土地等进行补偿，解决受补偿者部分的生产要素和生活要素，改善受补偿者的生活状况，增强生产能力。实物补偿有利于提高物质使用效率，如退耕还林(草)的补偿方式就是物质补偿，运用大量剩余的粮食进行补偿。

2.6.2 可持续性能力补偿

可持续性能力补偿，是不向生态服务提供者(农户)直接提供资金、实物补偿，而是以提高区域可持续发展能力为目标，通过对增加生态服务、提高可持续发展能力的生存条件、基础设施、社会条件、智力因素等进行补偿，以提高生态补偿的整体效果。可持续性能力补偿政策有：政策补偿、智力补偿、项目补偿(生态移民、异地开发、后续产业扶持)、社区参与、社会保障补助等。

1. 政策补偿

政策补偿，指中央政府对省级政府、省级政府对下级地方政府的权力和机会补偿。受补偿者在授权的权限内，利用制定政策的优先权和优惠待遇，制定一系列创新性的政策，促进发展并筹集资金。利用制度资源和政策资源进行补偿十分重要，尤其是在资金十分贫乏，经济十分薄弱的情形中更为重要，“给政策，就是一种补偿”。实施政策倾斜和差别待遇，支持生态项目建设、基础设施建设、清洁能源开发、高新技术产业发展等，激发生态建设和环境保护的积极性。

2. 智力补偿

智力补偿也是生态补偿的一种方式，补偿者开展智力服务，提供无偿技术咨询和指导，培养(训)受补偿地区和群体的技术人才和管理人才。主要从两方面展开：一是提供技术支持，实行对口支援，向受补偿地区提供各类专业人才，提高受补偿者的生产技能、技术含量和管理组织水平；二是加强农户的职业技术培训，使农民获得应有的专业技能，使剩余劳动力能够成功转移出去。如果剩余劳动力能够成功地转移到其他行业，不仅有利于退耕农户到非农产业就业，而且有利于减轻人口对耕地的压力，政府就不必担心他们退回到以前的农业生产方式。

3. 生态移民补偿

生态移民是指为了保护某个地区特殊的生态或让某个地区的生态得到修复而进行的移民，也指因自然环境恶劣，不具备就地扶贫的条件而将当地人民整体迁出的移民。我国从 2000 年开始实施生态移民，计划将西部的 700 万农民通过移民来促其脱贫。生态移民包括生态脆弱区移民和重要生态区移民两种。

按照主体功能区规划，国家级自然保护区、国家森林公园、国家地质公园以及重点风景名胜区应规划为禁止开发区，为保护核心功能区的生态资源和生态功能，必须杜绝一切开发活动，对于核心区以外的区域应化为限制开发区，在环境容量许可的情况下，进行适度开发。在此情况之下，面临过度的人口压力，必须实行生态移民。

4. “异地开发”补偿

异地开发主要是针对主体生态功能保护区为保护区域环境而限制某些产业(高耗水、高污染)的发展，而在非生态功能保护区外划出一块土地，安排保护区不能建设的污染项目。“异地开发”模式在国内已取得了很好的经验，是解决区域分工之间的生态补偿问题的有效方式，目前在流域的上下游水源地保护之间已成功开展。

按照主体功能区规划，各地区具有不同的功能定位。在主体生态功能区实施过程时，其当地居民难以实现充分发展，从而牺牲一些发展机会。那么，为促进区域之间协调发展和共同发展，经济优先发展区必须给主体生态功能保护区以一定方式经济补偿，促进发展成果共享和共荣式发展，“异地开发”正是一种有效的生态补偿形式。

异地开发可以借鉴两种模式：一种是区域之间的异地开发模式；另一种是区域内部的异地开发模式，建立双向式的异地开发模式，除了下游为上游提供发展空间外，上游地区同样也可以为下游地区提供同等的发展项目和机会。如下游地区可以把技术含量高、污染小、附加值高，对于环境质量要求高的产业转移到上游地区发展，从而带动水源地上游地区的产业发展，缩小上下游经济发展差距。

5. 社区参与式生态补偿

由于生态环境是一种公共产品，涉及的人群广泛，只依靠单纯的强制手段来管理变得十分闲难，因此，需要广大群众的共同参与。人们开始探讨“社区参与”的生态补偿模式。在我国生态文明建设的时期，我国政府提出建设“资源节约型、环境友好型”社会，社区参与模式正是构建“两型”社会的具体体现。

社区参与的基本思路是：根据当地自然环境的实际情况以及当地群众生存发展的需要，通过制订参与利益共享计划，改变居民生产和生活方式来换取居民对生态建设和环境保护的合作，使周边群众和社区从生态环境的破坏者变成共同管理者，把孤立的自然生态系统变成开放的生态经济系统，从而达到长期有效、持续利用的目的。社区参与就是一种参与性管理、协作管理和伙伴管理，可以缓解生态保护与经济发展的矛盾，提高生态建设的有效性。

6. 产权交易和排污权交易

1)水权交易

水权是水资源产权的简称，水资源产权由所有权、占有权、收益权和使用权等组成。我国《水法》规定“水资源属于国家所有”。因此，水权交易政策中所要讨论的水权是指水资源的使用权利、收益权。在传统经济模式下，河流是没有界线和产权关系的，但在资源短缺的现代社会，为了促进水资源的有效利用和生态保护，需要对水资源的使用权、污染控制等进行权利义务界定。

国外水资源管理的成功经验表明，以流域为单元进行水资源综合管理是实现资源、环境与经济社会协调发展的重要途径。随着环境问题日益严重，水资源日益短缺，流域水资源管理从“供给管理”转变为“需求管理”，同时流域环境管理成为关注的热点。也就是说，传统的以水量和经济效益为目标的管理模式不能适应时代的要求，人们开始注重水质、水环境容量的约束，以及关注水资源的可持续利用问题。

2）排污权交易

实行排污权交易制度比较早的国家是美国，其后，德国、英国、澳大利亚、智利等国纷纷开展排污权交易制度。排污权交易应用不仅在国内，而且扩张到国与国之间。这种变化主要源于《联合国气候变化框架公约》通过的《京都议定书》。《京都议定书》的问世，带来了温室气体排放权的交易，各国之间可以相互购买排放指标，也可以用森林面积的增加按一定方法抵消排放量。为了实现这一承诺，欧盟采取了一系列措施，其中“欧洲废气排放权交易体系”尤为引人注目。这种交易体系是将污染物排放权视作普通的商品，可在不同的排污者之间形成买卖交易。

7. 社会保障补助

长期以来，我国农村的社会保障都是建立在土地之上。土地是农民生活最基本的保障，是农村稳定的基础。随着经济的发展，我国农村的耕地面积也日益减少。随着退耕面积的扩大，这种保障机制正在失去效用，但对纯农户来说，失去土地便意味着生活保障的丧失。

农村的社会保障体系的建立将优化广大农村的投资结构，激发农业投资主体的经营热情。因此，从退耕还林补偿费中抽出一部分，建立起对退耕还林农户的社会保障，将会解除后顾之忧。在建立对退耕还林农户的社会保障时，可以着眼于对其子女的教育保险金、青壮年职业教育保障金、丧失劳动能力的老人设立养老金等。

8. 后续产业扶持

对于从退耕还林工程中转移出来的劳动力，若能进行产业化生产的引导或替代产业的建设，增加退耕农户新的收入增长点，使得其他经营所得的比较效益高时，农户才能最终断绝对土地的依赖。

以产业为依托的生态补偿途径在不同行业、不同生态要素开发主体之间，可以进行利益的再调配，生态受益行业要对生态供给行业进行补偿，即“直接受益者付费”补偿。可以在相关产业的税费中提取适当比例作为产业间生态补偿基金，政府再以此基金对林业部门进行直接或间接的补偿(梁丽娟和葛颜祥，2006)。

产业扶持应重点发展生态旅游产业、生态修复产业、生态工业园。

1) 生态旅游产业

我国许多地区地理独特、民族众多、旅游资源丰富。通过发展生态旅游产业，既能促进区域经济发展，又能促进当地脆弱生态环境改善，形成良性循环。

2) 生态修复产业

生态修复产业是指专门从事生态资源的保护、治理、恢复、再生、更新、增值和积累的产业部门，其生产活动主要包括土壤改良、耕地的恢复、采种育林、飞播育苗、濒临野生动物的保护与饲养、水产鱼苗、水利事业、废水废气净化、各种资源的保护等。应积极组建生态环保公司，从事生态修复产业，带动相关旅游产业的发展。生态修复产业应是循环经济发展的重中之重，各级政府要根据自身资源优势，积极引导，迅速调整、加快发展。

3) 生态工业园

生态工业园是依据循环经济理论和工业生态学原理设计的一种新型工业组织形态，是生态工业的聚集场所，生态工业园区通过模仿自然生态系统的物质循环形式，建立工业系统“生产者—消费者—分解者”的循环途径和食物链网络，采取资源共享和副产品交换等手段，使上游产品生产过程中的废物成为下游产品的生产原料，最大限度地提高资源利用效率，减少废弃物排放，实现物质的闭路循环和多级利用，从而形成一个相互依存、和谐共生的工业生态系统。生态工业园不仅体现产业集聚，又能实现经济发展与环境保护的“双赢”。

2.6.3 其他补偿

1. 针对全体公民的生态补偿税

税收是政府为达到向社会成员提供公共品的目的，凭借行政权力，运用法律手段，按预定标准，向社会成员进行强制征收所得到的收入。由于生态环境具有公共物品的属性，生态环境的整体优化有利于社会成员及其子孙后代的生存与发展。因此，作为公民有向政府交纳生态补偿税的义务，政府利用生态补偿税形成生态补偿基金，这是生态补偿资金的一个重要和稳定的来源(梁丽娟和葛颜祥，2006)。

2. 押金退款制度

在开发利用土地、矿产、森林、草原、水、野生动植物等自然资源和自然景观时，损害生态功能甚至导致生态价值丧失的行为时常发生。为了避免资源开发利用过程中对生态功能的破坏，我国应当借鉴西方国家的一些成熟做法，设立押金退款制度。如在矿产资源的开发利用中，对企业或个人实行复垦抵押金制度，即按照开垦矿产数量缴纳一定数量土地复垦金。对于未能完成复垦计划的单位或个人将其押金扣押，用于资助第三方进行复垦(梁丽娟和葛颜祥，2006)。

2.7 我国生态补偿的类型

目前，国内学术界对生态补偿的类型划分还没有统一的体系。从地理尺度和问题性质看，生态补偿问题首先可分为两大类：国际生态补偿问题和国内(中国)生态补偿问题。我国生态补偿依据地理尺度和行政管理区划，可以划分为流域上游与下游之间的补偿、区域生态补偿、主体生态功能区生态补偿、资源开发生态补偿等；按照补偿对象可以划分为森林生态补偿、水资源生态补偿、矿产资源生态补偿、草原生态补偿、湿地生态补偿等；依据主体可以划分为政府生态补偿、市场生态补偿等。

2007 年 9 月，原国家环保总局印发了《关于开展生态补偿试点工作的指导意见》，在四个领域开展了生态补偿试点，包括自然保护区的生态补偿、重点生态功能区的生态补偿、矿产资源开发的生态补偿、流域水环境保护的生态补偿(《环境科学大辞典》编委会，2008)，我国生态补偿类型主要体现在以下方面。

2.7.1 流域生态补偿

流域生态补偿是指任流域上下游地区之间，基于流域生态环境保护和水资源开发利用所引起的权利义务分配的不公平，而由中下游地区对中上游地区因保护生态环境而做出的贡献给予一定补偿。以流域为依托的生态补偿主要是生态位势低的下游地区对生态位势高的上游生态保护区的补偿(梁丽娟和葛颜祥，2006)。一些学者对流域生态区补偿的主导模式与运行机制进行了研究(李建建等，2006)。另一些学者对我国流域生态补偿机制进行了设计(张惠远和刘桂环，2006)。

流域上游的生态保护直接影响到下游地区的生态质量，通过生态保护补偿机制，由经济比较发达的下游地区“反哺”上游地区，如从下游地区利用水、森林、矿产等资源的相关产业的税费中提取比例作为上游地区生态补偿资金的来源，对上游地区的生态保护努力和机会成本给予相应的补偿。流域上下游之间的补偿可以是跨省的，也可以是省内跨市(县)的补偿。

流域生态补偿是我国生态补偿制度的重要组成部分，它的提出为生态环境保护从被动向主动转变、从单向向双向转变、从利益冲突向互利合作转变提供了切实可行的途径。通过实施流域生态补偿机制，不仅可以理顺流域上下游之间的生态关系和利益关系，明确流域上下游地区在生态环境保护和建设方面的权利、义务和责任，还可以减轻流域源区面临的环境保护和经济发展的双重责任和压力，对上游地区实现经济发展和环境保护的“双赢”，并在整体上实现整个流域的互惠互利和可持续发展。

我国在流域生态补偿方面的实践经验比较丰富，具体范围涉及：对长江、黄河、淮河等大江大河流域的生态补偿；对太湖、鄱阳湖、滇池等重要湖泊的生态补偿；对海洋和近水渔业资源和海洋生态保护的生态补偿；对跨省界的中型流域，如针对东江流域的东江源生态补偿实践、浙江和安徽两省进行的新安江流域生态补偿实践；地方行政辖区内的小流域生态补偿，如宁夏回族自治区彭阳县小流域生态补偿实践；城市饮用水源区的生态补偿实践，如厦门市汀溪水库的生态补偿案例。

我国现行的流域生态补偿实践，总体上符合流域整体可持续发展的要求，但也存在一些问题。比如，由于环境资源的产权界定不清，引发了流域内利益分配的非对称性；流域上游地区保护环境积极性高，但很多下游地区却对补偿采取回避态度；流域生态补偿范围过于狭窄，资金来源过于单一，缺乏具体的流域生态管理和补偿立法加以规制。

流域生态补偿可以本着“自愿参与、平等开放、优势互补、互利共赢”的合作原则，建立流域生态环境利益共享机制，把保护流域生态环境的责任和利益进行分割，形成在生态环境保护区、污染防治、环境管理、环境科技与环保产业等领域的生态合作组织。

流域生态补偿的另一条途径是横向转移支付体系。所谓“横向转移”，就是由富裕的下游地区直接向上游的贫困地区进行转移支付。换句话，就是通过横向转移改变地区间既得利益格局来实现地区间公共服务水平的均衡。

由于我国流域生态补偿中央政府缺位，因此通过国家财政转移支付进行流域生态补偿还有一个过程。为此，可考虑建立流域上游与下游的生态补偿“谈判”制度。由上游地区根据其“管理费用+适当收益”的原则，向下游提出补偿要求，下游生态受益地区根据当地的经济发展水平以及当地流域生态的直接和间接效益与上游进行协商谈判，最终确定补偿标准和补偿方式(梁丽娟和葛颜祥，2006)。

2.7.2 区域生态补偿

我国的区域补偿问题是由两个方面的原因形成的：一是某些地区是全国生态环境安全的重要屏障，如西部地区；二是由于过去计划经济体制造成某些资源开发地区曾向其他地区输送了大量廉价的资源，却承受着开发遗留下的生态环境破坏的危害，经济发展也未能切实受益，如西部地区和东北地区等。区域生态补偿研究，主要集中在对西部经济欠发达地区的生态补偿机制研究(杜万平，2001；钟大能，2006；孔凡斌，2007)。

我国的区域生态补偿起步较晚，早期区域生态补偿政策多表现出可有可无、可多可少、随意性大的特点。随着区域生态补偿理论研究的深入，我国政府开始逐渐重视区域生态环境建设，各项区域生态补偿政策和措施正在党中央和国务院的高度关切下有条不紊地进行，这必将有利于促进区域之间的协调发展，缓解不同地区之间由于环境资源问题导致的发展不平衡问题，促进各地区共同富裕，实现地区间自然、社会、经济的和谐发展。

区域间环境关系是基于环境资源有限性、环境利益局部性、环境系统整体性和环境利益分配公正性而缔结的一种相互依存而又相互制约的矛盾关系(吴晓青等，2003)。区域生态补偿是指在区域社会经济活动中，不同行政区划的政府之间进行的横向财政转移支付，以及在辖区内对某一地区进行生态环境保护和建设的行为给予财政补贴或奖励或对破坏生态环境和自然系统的行为予以赔偿，从而调动生态建设积极性，促进环境资源保护的一种经济手段。构建和实施区域生态补偿可以从根本上解决区域环境问题，保障区域生态安全。

目前，我国区域生态补偿的实践主要分为两种类型：一是大跨度区域之间的生态补偿实践，如东中西部之间的生态补偿，主要是对中西部地区的生态环境保护和建设行为或环境资源输出进行补偿；二是行政区划内部的生态补偿实践，如浙江省异地开发的生态补偿模式、青海省为支持“三江源”生态保护和建设进行的生态补偿等。

我国区域生态补偿实践，有效地缓解了区域间生态环境恶化的现状，对促进东中西部各区域间经济社会的协调发展具有重要意义。目前，我国区域生态补偿总体上以纵向补偿为主，横行转移交付不足，因此欠缺长效型的“造血型”生态补偿机制；在补偿标准方面，大多采取“一刀切”的政策，缺乏针对性和灵活性，实践中可操作性差。另外，顺利贯彻区域生态补偿需要成熟的环保招商引资、土地规划与发展等环境政策，良好的信用环境，具体完善的生态保护法律法规等软环境，而我国在这方面还有所欠缺。

2.7.3 主体功能区生态补偿

我国有 1458 个对保障国家生态安全具有重要作用的生态功能区，包括水源涵养区、土壤保持区、防风固沙区、生物多样性保护区和洪水调蓄区等，约占国土面积的 22%，占人口的 11%。生态功能区补偿研究，主要包括：水源涵养区生态补偿(葛颜祥和梁丽娟，2006)；自然保护区生态补偿(闵庆文和甄霖等，2006，2007)。

根据 2007 年 10 月发布的《国家重点生态功能保护区规划纲要》的规定，生态功能保护区是指在涵养水源、保持水土、调蓄洪水、防风固沙、维系生物多样性等方面具有重要作用的重要生态功能区，有选择地划定一定面积予以重点保护和限制开发建设的区域。我国的生态功能区主要包括水源涵养区、土壤保持区、防风固沙区、生物多样性保护区、洪水调蓄区等。

由于区位特点与生态功能定位等多种因素的影响，生态功能区是对生态环境保护具有重要意义的地理单元，生态环境保护的标准在该区域范围内往往高于非功能区或有特殊要求。例如，在三江源自然保护区，为保护“三江”河水免受污染，防止源头水土流失和保护野生动植物，这里几乎停止了一切开发和利用自然资源的活动，而在西南林区，为保护这里的资源，原为林区主要产业的森林加工业的发展受到严格限制，而且原有企业多数被强行要求“关”或“转”。总体来看，重要生态功能区是国家实施“三区”推进生态环境保护战略的抢救性保护区，即对具有良好生态环境的地区实施积极保护、对重要的资源开发区实施强制性保护、对生态功能区实施抢救性保护(姜加虎等，2006)。

“十一五”规划纲要和党的十七大都提出在我国建立主体功能区布局的战略构想，将国土空间划分为优化开发、重点开发、限制开发和禁止开发四类。在重要生态功能区实施生态补偿，主要是进行重要的生态建设工程，如“三北”防护林体系建设、天然林保护工程、防沙治沙工程，以及建立自然保护区，如生态系统类型保护区、生物物种保护区和自然遗迹保护区。我国现有的主体功能区生态补偿实践已取得一定的成果，但也存在着一些亟待解决的问题，比如以主体功能区划分不当、管理混乱，政府的垂直补偿和货币补偿为主，工程资金投入缺乏长期性和持续性，生态工程及其后续问题未能妥善解决等。为了切实落实限制开发区和禁止开发区的政策，真正达到生态修复和生态保护的目的，建立和完善主体功能区生态补偿势在必行。通过实施主体功能区生态补偿，对该区域范围内的地方政府和居民给予相应的资金、优惠政策、技术等补偿，通过对他们丧失的发展机会给予弥补，以实现环境公平和社会正义。

2.7.4 资源开发生态补偿

资源开发生态补偿是按照生态系统或生态系统的组成要素建立生态补偿机制的一类，如森林保护、草地保护、矿产资源开发、水资源开发和土地资源开发等。

我国是一个资源丰富的国家，同时也是一个资源消耗大国。随着社会经济的发展和人们生活水平的提高，人类受经济利益的驱动过度开采有限的资源，加速了资源的耗竭，透支了属于未来世代人所享用的资源份额，也造成了严重的生态破坏和环境污染。资源开发的生态补偿，是从社会本位出发，平衡资源受益者和资源保护者及受损者之间的利益，资源开发利用者、资源保护的受益者基于其所受利益及对环境资源的破坏和污染以及资源所在地发展机会的限制，向资源的保护者和受损者支付代价以保护环境和治理污染，及对资源所在地主体进行补偿的生态责任。

资源开发的生态补偿，应具备生态补偿所理应包含的两层含义：一是指在环境利用和自然资源开发过程中，国家通过对开发利用环境资源的行为进行收费以实现所有者的权益，或对保护环境资源的主体进行经济补偿，以达到保护环境和促进资源有效利用的目的；二是国家对环境污染者或自然资源利用者征收一定数量的费用并用于生态环境的恢复或者用于开发新技术以寻找替代性资源，从而实现对自然资源因开采而耗竭的补偿(曹明德，2007)。在我国，关于资源开发生态补偿的研究更多地集中在水(周大杰等，2005；庾莉萍，2008)、土地(李传健，2006；曹明德和黄东东，2007)、矿产(胡振琪和程琳琳，2006；黄锡生，2006)、森林(孔凡斌，2003；李文华等，2006)等领域。

2.7.5 不同物品属性的生态补偿

有两个因素决定着生态补偿问题的政策途径：一是利益主体关系的清晰程度，或者说是利益主体的数量；二是保护主体提供或受益者分享的生态服务功能的性质，即公共物品属性。实质上二者是相通的，所以有必要按照公共物品属性对上述问题再进行分类分析，以便识别出建立生态补偿机制的政策途径。

根据消费的竞争性和排他性特点，经济学将物品分为两大类：公共物品和私人物品。在两者之间还可以划分出准公共物品和准私人物品。

1. 属于纯粹公共物品的生态补偿类型

该补偿类型包括部分国际补偿问题、区域补偿问题和国家重要生态功能区补偿问题。纯粹公共物品同时具有消费的非排他性和非竞争性两个特征。国家级重要生态功能区，其生态服务功能和地位是保障和维系整个国家的生态安全。从非排他性看，无法排除他人获得或享受这些地区生态保护所产生的生态服务；从消费的非竞争性看，在全局上，增加一个人不会影响其他人对这些生态服务的消费。因此，国家重要生态功能区的生态服务是典型的纯粹公共物品。根据公共物品理论，对这种生态服务应该是全体受益者购买，或者说是其代表——政府购买，政府购买的资金应该来自公共收入，既可以由公共财政支付，也可以通过庇古税方式——用征收生态税的收入来支付。部分国际补偿问题，如全球森林和生物多样性保护问题和中国的区域补偿问题也具有纯粹公共物品的特性。

对于全球森林和生物多样性保护所产生的生态服务，应该是所有受益国共同购买，通常可以通过多边协定实现；对于某种可以定量并标准化的生态服务，如森林吸收二氧化碳功能，可以采用开放市场贸易的方式进行补偿，如《京都议定书》下的清洁发展机制和排放贸易机制。

2. 属于准公共物品的流域生态补偿类型

在现实世界中，存在大量准公共物品或混合物品，包括俱乐部产品和共同资源两类。流域上游保护所产生的生态服务，主要体现在提供足量优质的水资源。从消费特征看，具有竞争性，从流域的地理边界看，也可以做到一定的消费排他，但从流域内部看，又无法做到排他。所以，流域的生态补偿问题属于准公共物品，兼具共同资源和俱乐部产品的特点。如果考虑到流域利益主体的数量和利益关系界定的难易程度等特点，可以认为，大江大河更具共同资源的特性，跨省界的小型河流、城市饮用水源地、地方行政辖区的小流域更多具有俱乐部产品的性质。对于这类型的生态补偿，公共购买政策和市场交易是同等重要的，具体政策途径的选择取决于具体实施条件的完备程度和利益主体的意愿。但是不管选择哪种政策，上级政府的协调作用是至关重要的，特别是为利益主体沿着科斯路径达成补偿协议而搭建工作平台的作用。

3. 属于准私人物品的生态补偿类型

除森林保护问题外，许多生态系统或要素的补偿问题，例如矿产资源等开发的生态补偿问题具有准私人产品的性质。矿产资源开发过程及其产品具有私人产品性质，产生的生态环境问题大部分属于点源污染，责任主体明确。但是它又具有一定的公共物品性质，因为矿产资源产权属于国家所有，资源开发所产生的生态问题的影响部分地具有公共物品的性质。总体上，在矿产资源开发中，损害方和受损方的关系较为明确，主要是生态环境的代理人和责任人——政府、开发者和当地居民的利益关系。对这类问题的生态补偿，经典的税费制度是很好的政策选择。

2.8 生态补偿的主体、客体及对象

补偿主体指的是补偿者，客体及对象是指补偿对象。补偿主体的确定有两个关键点：一是确定何者是补偿者，何者是补偿对象；二是确定补偿者和补偿对象的范围（曾广权等，2006）。

根据价值转移原则，拿走价值的是补偿者（受益方），被拿走价值的是补偿对象（受损方）；根据生态系统服务的供应、需求原则，导致供应能力变强（减弱）的是补偿对象（补偿者），对应的需求方是补偿者（补偿对象）；根据公平原则，贫困方是补偿对象，富裕方是补偿者。上述三个原则，从不同角度定义了补偿主体，并且相互补充。

2.8.1 生态补偿的主体

生态补偿机制的运行首先必须解决补偿主体的问题，因为只有在主体范围确定的前提下才能进行各种利益之间的协调和合作(张锋，2010)。

由于生态功能的外部效益具有公益性，以及生态服务消费中的非竞争性和非排他性，任何个人、单位或者国家都有可能成为生态产品或服务的产出和消耗者(包括受益者和破坏者)，但他们并非都是生态补偿的主体。

生态补偿主体的确定主要涉及三个问题：一是确定谁是补偿者，谁是补偿对象，也就是区分“给付主体”和“接受主体”；二是确定补偿者和补偿对象的范围；三是确定生态补偿的具体实施主体。

1. 生态补偿的给付主体

生态补偿的给付主体因具体补偿类型的不同而有所差异。由于环境问题的社会性和环境保护的公益性，国家或政府作为生态补偿的主要给付主体已形成共识。但是，过分强调国家或政府的补偿给付主体地位容易形成一个封闭的和单一的生态补偿主体，不利于形成开放的生态补偿主体体系。除国家外，企业组织也是生态补偿的重要给付主体，因为企业从事生产经营活动不可避免地要从自然生态系统中获取物质生产资料，而且企业往往是导致环境问题的主要“肇事者”。公民作为生态环境的占用者和自然资源的享用者，其个人生活、家庭生活和从事个体经营活动也会产生外部不经济性行为，也应承担相应的生态补偿义务。另外，对于当前的全球生态危机，发达国家应当担当起主要的生态保护义务，不仅要解决好国内生态环境问题，还应向那些生态环境已经或最易受到损害的发展中国家提供与其经济能力相适应的资金技术援助，因此外国政府在一定条件下也会成为生态补偿的给付主体。

1)政府

在生态补偿法律关系中，依据 “谁受益、谁补偿”原则，一切在生态保护和建设活动中受益的单位和个人都应当成为补偿主体，补偿的对象(即对应的受偿主体)是从事生态保护、恢复、治理活动而增进公共生态利益的单位和个人。但是，正是由于生态利益的公共利益属性，受益的主体往往体现为不特定的多数人甚至是全社会，实现受益者和受偿者一一对应的直接补偿实际上并不具备可操作性。而政府作为公共利益的代表，理所当然就成了补偿主体。此时，政府实际上是替代补偿主体(范俊荣，2011)。政府通过向生态受益地区征收补偿费等方式，通过财政转移支付等形式向生态保护建设地区进行补偿。

2)特定的生态受益者

某些情况下，生态受利益者可以做出清晰的界定，如因流域上下游之间、特定的区域之间。如果生态受益的单位和个人与因其受益而做出生态贡献的单位和个人之间存在对应关系，就产生了协商谈判而直接补偿的可能，无需政府的介入。

3)环境资源开发利用者

因开发利用活动导致生态系统服务功能下降，对一定区域范围内的公众利益造成损害，政府应当向环境资源开发利用的主体征收一定的费用，以财政转移支付等形式补偿利益受损的主体。同样，如果从事环境资源开发利用的单位和个人与因其行为而导致的利益受损的单位和个人之间有明确的对应关系，也可以通过一对一谈判、市场贸易等方式进行直接补偿(史玉成，2016)。

2. 生态补偿的接受主体

生态补偿的接受主体指因向社会提供生态服务、提供生态产品、从事生态环境建设等，使正常的生活工作条件或者财产利用、经济发展受到不利影响，应当得到物质、技术、资金补偿或税收优惠等的社会组织、地区和个人，如生态环境建设者、生态功能区内的地方政府和居民、资源开采区内的单位和居民等。

1)特定生态功能区

生态功能区是指国家为了保护生态系统和自然环境，促进国民经济的持续发展，在一定面积的陆地和水体范围内，制定特殊的保护政策，并经各级人民政府批准而进行特殊保护和管理的区域。一般而言，生态功能区的生态保护对区域或整个生态系统的良性发展、对国家的生态安全都具有全局性意义，因此，国家对生态功能区实行限制开发或禁止开发的保护措施。生态功能区的公众由此被剥夺或限制了发展的机会，政府或生态受益者理应对其承担补偿责任。生态功能区的地方政府可以代表该区域的公众接受补偿，再按照公平原则合理地分配给具体的受偿主体。

2008 年，国家环境保护部、中国科学院联合发布 《全国生态功能区划》，将全国生态功能区划分为生态调节功能区、产品提供功能区和人居保障功能区 3 类生态功能一级区、9 类 67 个生态功能二级区、216 个生态功能三级区。根据各生态功能区对保障国家生态安全的重要性，以水源涵养、土壤保护、防风固沙、生物多样性保护、洪水调蓄 5 类主导生态调节功能为基础，初步确定了 50 个重要生态功能服务区，并针对其存在的生态环境问题，提出了生态保护的具体措施。2011 年，国家发展和改革委员会发布《全国主体功能区规划》，国家层面的主体功能区战略提出优化开发、重点开发、限制开发和禁止开发四类的开发模式。其中，限制开发区域是关系全国较大范围生态安全的区域，要逐步成为全国的重要生态功能区；而禁止开发区域是指依法设立的各类自然保护区，原本就是重要的生态功能区，更要实行强制性保护，控制人为因素对自然生态的干扰，强化其生态服务功能。上述政策文件对重要生态功能区的划定，为确定生态补偿的受偿主体提供了依据(史玉成，2016)。

2)为保护和改善生态环境而做出贡献的组织和个人

除特定的生态功能区外，生态建设过程中，其他为提高生态服务功能做出贡献，创造或增进了公众生态利益而自身利益减损的社会主体，也应该由政府或生态受益者对其进行补偿。

3）环境资源开发利用过程中的利益受损者

环境资源开发利用者在开发活动中造成污染和破坏，对应的利益受损单位和个人也是补偿的接受主体。

3. 生态补偿的实施主体

生态补偿作为一项公益性事业，无论从利益相关者的规模上，还是从应用的普遍程度上，都可视为一项社会性的大工程。由于生态补偿自身的特殊性，直接由生态补偿给付主体对生态补偿接受主体进行补偿存在一定难度。特别是在市场经济欠发达的我国，生态补偿接受主体往往无法直接通过市场交易的办法获得补偿。即使生态补偿给付主体愿意对生态补偿接受主体进行补偿，也会因参与交易的利益主体众多且生态受益和生态受损的不易定量化所造成的高昂交易成本而望而却步。在此情况下，需要确立生态补偿的具体实施主体，作为生态补偿给付主体和接受主体的中间人，为生态补偿的顺利进行提供交易平台。

生态补偿的实施主体既可以由政府及相关行政部门等公共管理机构担任，也可以由非政府环保组织等第三部门代理，还可以成立专门的代表公共利益的机构具体负责生态补偿的相关事宜，而谁是最佳的实施主体则依据补偿类型、补偿范围的不同以及补偿主体的多寡具体确定。

2.8.2 生态补偿的客体及对象

目前学界在生态补偿客体的界定上存在较大的争议：有的认为是生态服务效益的提供者，其本质的含义即“补偿客体就是补偿对象”；有的认为是自然生态系统的生态资源；有的认为是生态效益本身。生态补偿的客体和对象是不同的，生态补偿的对象是具体的事物，但补偿客体是一种抽象的指征。

生态补偿的客体是生态补偿所协调和平衡的环境公众利益以及隐含在其背后的经济利益，表现为生态补偿产生的生态效益或个人经济收益。生态效益是指人类从生态系统获得的效益，生态系统除了为人类提供直接的物质产品以外，所提供的其他各种效益，包括供给功能、调节功能、文化功能以及支持功能等可能更为巨大。生态补偿的对象是生态补偿主体利益关系的具体指向对象，表现为具体的生态资源或生态因子，如水土资源、野生动物、湿地、自然景观及动植物资源多样性等。生态补偿是为保护或增强生态效益或生态系统服务功能而对具体生态资源的购买，或者是对具体生态资源维护的支付。

2.9 生态补偿的标准及方法

生态补偿标准的确定，应综合考虑公平目标、经济发展水平、可操作性等因素，坚持合理补偿原则（史玉成，2016）。补偿依据主要是如何对生态系统服务进行货币化评估的方法体系。

2.9.1 生态补偿的标准及依据

1. 补偿标准

补偿标准的确定是生态补偿从理论走向实践的关键，是保障生态补偿机制得以实施的一个重要前提和最为核心的内容。生态补偿的标准是指在一定社会经济条件和社会公平观念下，对生态补偿进行支付的规范性准则。生态补偿标准的确定因其灵活性和不确定性，实践中会遇到很多困难和阻碍。如果补偿的标准过低，会影响人们主动保护生态环境的积极性；如果补偿标准太高，不仅会打击补偿支付者的积极性，而且也在一定程度上加重了国家财政负担，进而影响整个经济社会的发展。补偿标准关系到补偿的效果和补偿者的承受能力，只有对生态资源做出科学、合理的评估，制定一套科学、合理的标准体系，才能顺利构建生态补偿机制。

对于生态补偿标准的确定有两种思路：一是生态效益补偿，即按照生态受益者获得的环境收益大小进行生态补偿；二是生态成本分担，即按照生态治理成本在相关利益主体之间进行分担，而这种治理成本既包括为保护生态环境而进行的直接投入，也包括一个地区出于保护生态环境的需要所丧失或减损的发展权。总的来说，生态补偿标准的确定应以生态建设者的投入成本为基础，按照生态受益者的获益大小、环境支付意愿和经济总体实力等综合因素，确定合理的分摊率，在相关行政区之间进行成本分摊。

目前，大都依据生态保护者的投入和机会成本的损失、生态受益者的获利、生态破坏的恢复成本、生态系统服务的价值四个方面来确定生态补偿的标准。生态补偿成本大体上可划分为直接成本、机会成本和发展成本。全面、准确地计算损失者的直接成本、机会成本和发展成本比生态服务价值评估远为重要(谭秋成，2009)。

近年来，我国科学工作者进行了大量有关生态系统服务价值化的评估研究，包括了森林、草地、湿地、河流、湖泊、海洋、城市等各种自然的或人工的生态系统类型，并涵盖了国家、流域、省、市以及自然保护区等各种不同尺度，这些研究为生态补偿标准的制定和实施提供了理论和数据支持。但由于技术水平、法律条件还不完全具备，生态受益、生态受损的程度以及生态系统服务价值目前还难以真正实现量化，而一般按照生态服务功能计算出的补偿标准只能作为补偿的参考和理论上限值。

对于生态补偿标准的确定，还具体应坚持以下原则：一是坚持“谁污染，谁付费”原则，补偿标准应具有惩罚性；二是坚持“高于环境治理成本”的原则，资源环境破坏后恢复的成本远高于治理成本：三是坚持“环境敏感性”原则，将具体生态补偿类型的环境敏感程度作为确定生态补偿标准的考虑因素，比如流域水环境和水生态对污染就比较敏感。

2. 补偿依据

补偿是受益者对受损者损失的弥补，补偿依据也就是需要补偿多少，即补偿数额、补偿金额、补偿额度(曾广权等，2006)。按照价值转移原则，生态补偿数额的基础是转移价值，对于补偿对象是被拿走的价值，补偿数额的计量实际是计量被拿走的那部分间接利用价值和直接利用价值。

对于正外部性，拿走的价值(补偿对象的损失)由 3 部分构成：一是对生态建设、保护的投入；二是生态系统服务改变导致的补偿对象直接利用价值的减少；三是补偿者增加的间接利用价值。对于负外部性，补偿数额等于补偿对象减少的间接利用价值。因此，确定补偿依据的核心是对生态系统服务价值改变量的估算，核心方法是对它进行货币化评估，主要是对物质量和价值量评估。在实际估算中有两种方式：一是直接估算增加或减少的生态系统服务的物质量，再计算其价值量；二是估算行为前后的生态系统服务的物质量进而得到价值量，再用后者减去前者。

生态系统的尺度(时间尺度与空间尺度)及稳定性、生态系统服务的受益对象及对应的受益内容、生态系统服务价值类型决定着评估方法及参数的选择。

因保护所带来的生态服务功能的价值增加，或因破坏所造成的生态服务功能的价值损失是确定生态补偿依据和标准时最有说服力的理论基准，但由于计量方法的不成熟，该基准很难运用于实践，只能作为理论参考。一个比较好的替代方法就是机会成本估算法，可以作为确定生态补偿标准的政策依据。当然，在实践中，具体的标准往往是在生态服务功能价值评估的理论依据、特别机会成本估算的政策依据的基础上，由补偿相关方协商确定(任勇等，2008)。

对于重要生态功能区和流域等生态保护活动产生外部经济的补偿类型，生态补偿的依据应包括生态环境保护的额外成本和发展机会成本的损失。生态保护的额外成本可以根据被补偿者的生态环境保护规划及投入来测算；保护者损失的发展机会成本的确定可以参照国家或地区的平均发展水平、保护者的生活水平与受益者生活水平差距等指标。这两部分补偿依据的具体标准数值，可以依据受益者的经济承受能力和实际支付意愿、保护者的需求，通过协商确定。

对于矿产资源等开发造成的外部不经济性的补偿类型，相关政策的补偿依据也有两个含义：一是恢复和治理那些开发者无法治理和恢复的成本，或者是恢复和治理历史上形成的大规模生态景观破坏及其生态功能损失的成本；二是矿产资源开发对当地居民生活和发展造成的损失。在实施补偿的同时，不免除开发者治理和恢复在开发活动范围内(如矿区)正在造成的点源污染和点源生态破坏的责任。

2.9.2 生态补偿的方法体系

生态补偿的方法体系的核心是对表现为影子价格的生态系统服务价值的评估，理论基础是资源经济学、环境经济学和生态经济学，具体方法有直接市场法、替代市场法和假想市场法(曾广权等，2006)。对于直接利用价值，因为服务或产品可以直接在市场上交换，可采用直接市场法。对于间接利用价值，如果是可度量的，则采用直接市场法，只是价格参数要选取替代物的市场价格；如果不可度量，则采用替代市场法，选择一个与评估的服务有一定程度关联的、有市场价格的对象来代替。对于选择利用价值和存在价值，目前只能运用假想市场法，通过调查人们的支付意愿来评估。

1. 直接市场法

直接市场法是直接运用货币价格，对可以观察和度量的生态效益进行测算。评估有物质量评估和价值量评估两个内容，方法主要有市场价值法、恢复费用法或重置成本法、影子工程法、机会成本法等。

1)市场价值法

市场价值法是针对直接在市场交换的产品，用物质量乘以产品价格得到产品的价值。市场价值法适用于生态系统的物质产品，如森林生态系统的林木、林副产品；湖泊生态系统的水产品等。

2)恢复费用法或重置成本法

恢复费用是将受到损害的环境质量恢复到受损害以前状况所需要的费用。恢复费用又被称为重置成本，这是因为随着物价和其他因素的变动，上述恢复费用往往远远高于原来的产出品或生产要素价格。恢复费用法适用于评估土壤保肥价值、森林生态系统的恢复费用、矿山恢复费用等。

3)影子工程法

影子工程法是恢复费用法的一种特殊形式。它是用人工建造一个工程来代替生态系统发挥某种功能，用建造这一工程的费用来估计此项生态功能的价值。影子工程法适用于生态系统的防洪蓄洪、涵养水源、减少泥沙淤积等功能。

4)机会成本法

机会成本法是指在无市场价格的情况下，资源使用的成本可以用所牺牲的替代用途的收入来估算。某种资源一旦用于某种商品的生产，就不能同时用于另一种商品的生产，选择了一种机会就意味着放弃了另一种机会。使用一种资源的机会成本是指把该资源投入某一特定用途后所放弃的在其他用途中所能够获得的最大利益。机会成本法适用于保护地的水资源、森林资源等有限资源的价值评估。

5)人力资本法

人力资本法也称工资损失法，是指用收入的损失去估价由于污染引起的过早死亡的成本。人力资本法将环境污染引起人体健康的经济损失分为直接经济损失和间接经济损失。直接经济损失有预防和医疗费用、死亡丧葬费。间接经济损失有病人和非医务人员护理、陪住影响的劳动工时造成的损失。人力资本法适用于生态破坏评估，如矿山开发造成的人身健康损害。

2. 替代市场法

替代市场法就是找到某种有市场价格的替代物来间接衡量没有市场价格的环境物品的价值一种方法，主要有后果阻止法和资产价值法、旅行费用法和工资差额法。替代市场法所评估的对象通常没有直接的市场价格，并且环境因素只是替代市场的其中一个决定因素。它通过考察人们与市场相关的行为，特别是在与环境联系紧密的市场中所支付的价格或他们获得的利益，间接推断出人们对环境的偏好，以此来估算环境质量变化的经济价值。

替代市场法适用于自然保护区、国家公园、用于娱乐的森林等资源的旅游、美学、心理等价值的评估。

3. 假想市场法

假想市场法又称意愿调查评估法，是在环境状态的变化甚至间接地观察市场行为都不能估价时，通过调查，推导出人们对环境状态变化的支付意愿或赔付愿望的一种方法，包括投标搏奔法、比较波依法、无费用选择法、优先评价法和专家调查法(Delphi 法)。假想市场法适用于生物多样性维持价值、选择价值和存在价值的评估。

2.10 生态补偿机制的构建

生态补偿机制是调整生态环境保护和建设相关各方之间利益关系的一种制度安排。当前，国家和地方建立和实施生态补偿政策的政治愿望和需求日益迫切，提出适合我国国情的生态补偿长效机制，已经成为一个迫切的任务摆在人们面前。生态补偿的运行机制，包括市场经济机制、政府引导机制、政府与市场并行的混合机制，以及法律保障机制等问题(李小云等，2007)。

一些学者从法律的角度探讨了生态补偿机制，他们认为生态补偿行为实质上是一种行政法律行为。它必须通过法律法规和规章进行调整，从而产生生态补偿法律关系(刘旭芳和李爱年，2007)。也有学者认为生态补偿机制是一种动态的利益协调机制(孔凡斌和魏华，2004)。从政府管制机制来看，政府生态行政补偿的类型主要有：①基于支出增加或收入减少的政府生态行政补偿；②基于财产权受限的政府生态行政补偿；③基于公用征收的政府生态行政补偿；④基于发展权受限的政府生态行政补偿(张建伟，2007)。此外，有的学者对生态补偿机制的财政政策做了研究(靳乐山等，2007；钟大能，2006)，还有的学者对生态环境税收补偿机制做了研究(肖坚，2007；陈祖海，2007)。我国较早开始的排污收费制度的研究以及传统的环境价值研究，可以看成是生态补偿机制研究的一部分，但它们还不是明确意义上的生态补偿研究(王金南等，2006)。

2.10.1 建立和完善我国生态补偿机制应考虑的问题

系统评价现存生态补偿相关政策法律制度的实施效果，诊断现行相关政策的有效性和可行性，寻找制约我国生态补偿机制建立和实施的自然、社会和经济因素，并以区域、流域和重要生态功能区为研究对象，就若干重要问题进行深入系统分析，是完善我国生态补偿机制问题研究的重要内容和创新方向(孔凡斌，2007)。当前，需要就以下重大理论和现实问题开展深入研究。

1. 生态补偿机制的跨系统问题

我国有关生态补偿的制度零散分布在各部门政策和法律之中，不成体系，制度间的协调性不够，带有比较强烈的部门色彩，跨系统问题主要体现在以下方面：

(1)生态补偿政策制定和实施过程中缺少部门间、区域间、利益相关方之间的有效协调和互动；

(2)生态建设和保护缺少长期有效的生态补偿政策；

(3)在政策制定过程中缺乏利益相关方的充分参与；

(4)补偿标准不够科学，补偿重点不突出，补偿主体不明确，补偿对象认定依据模糊不清；

(5)生态补偿市场融资需要的配套政策不健全；

(6)在资金管理和使用上缺少有效的监督，资金使用效率不高，没有真正体现生态补偿的含义。

就上述问题及其原因进行系统分析，提出系统化的完善对策建议，是当前我国生态补偿机制问题深入研究的重要创新方向。

2. 生态补偿政策的绩效评价问题

对现存有关生态补偿政策制度及其实施效果进行综合评价，从中找出影响我国生态补偿政策有效性的主要因素，是完善我国生态补偿机制研究十分重要的基础工作。构建科学的生态补偿政策绩效评价指标体系和评价方法，对不同空间水平上的各主要生态环境资源要素进行正确的社会、经济和生态环境效益评价，是完善生态补偿机制的重要步骤。为此，需要分别从以下方面入手进行生态补偿政策的绩效评价。

(1)对我国重大生态建设工程等涉及生态补偿性质的政策实施情况及效果进行社会经济和生态绩效评价；

(2)探讨不同生态产权模式下的生态补偿政策效率以及生态补偿政策与政府财政机制的有效性判断；

(3)研究生态补偿政策与市场机制可行性以及现行资源环境政府管理体制与生态补偿政策有效性；

(4)探讨生态补偿资金征收、分配、使用和管理风险评价以及生态补偿政策与利益相关方参与的有效性诊断等。

3. 有差异的区域生态补偿政策问题

我国区域经济社会发展水平不平衡，自然生态环境条件及生态地位重要性相差较大，决定了我国必须实施有差异的区域生态补偿政策。因此，根据我国国力和区域实际情况，分区规划生态补偿政策类型区，探索相应的分类补偿政策，是未来将要着力探索的重点内容之一。

4. 区域配套生态产业促进与综合配套政策问题

人类经济活动加剧了生态退化和环境污染，经济发展滞后和产业结构不合理则是导致区域生态环境状态恶化的重要原因。因此，如何建立和完善促进重点生态保护区域的经济和生态产业发展的支持政策，将是完善我国生态补偿机制问题研究的重点。同时，需要系统研究实施和完善生态补偿政策内、外部环境政策因素，例如国际生态环境义务与生态补偿机制、国家宏观经济发展水平与生态保护政策取向、国家环境财政、税费政策改革与生态补偿政策、绿色 GDP 制度与生态补偿政策、流域、区域环境经济政策与生态补偿机制、市民社会和生产企业对建立生态补偿机制的偏好分析等影响生态补偿机制实施效果和持续性的政策环境。

5. 构建生态补偿操作平台问题

生态补偿机制的建立是一项复杂的社会系统工程，需要政府、社会和公民的广泛参与，需要各利益相关方的协调配合和相互监督。如何建立有效的社会参与机制、社会监督机制、利益协调机制，构建相对统一的政策运行和协作平台，保障我国生态补偿政策体系得以完善和有效实施，将是未来研究需要力图突破的难题。

2.10.2 构建生态补偿机制的战略

1. 制定发展战略

建立生态补偿机制不仅是完善环境政策体系、保护生态环境的关键措施，而且是落实科学发展观、建立生态文明、构建和谐社会的重要举措。其发展战略主要是：

(1) 调整区域生态环境保护相关主体间的环境及其经济利益的分配关系，协调保护与发展的矛盾，促进区域的协调、公平与和谐发展；

(2) 解决重要生态功能区、流域和矿产资源开发等领域的生态环境保护问题，恢复和维护生态系统的服务功能，改善生态环境质量；

(3) 建立较完善的生态补偿机制和政策体系。

2. 分阶段实施

根据生态保护实施的进程、需要完成的任务和生态与经济可持续协调发展的目标，生态补偿可以分为以下三个阶段：

(1) 基本补偿阶段。主要补偿参与者的直接损失和花费，如原有土地利用方式上作物产出的损失、生态保护的初始投入等。

(2) 产业结构调整补偿阶段。补偿包括农户原有生产工具和劳动力闲置的损失，发展新产业所需的设施、设备投入，农民获取新的生产技能和技术的培训费用，等等。目前这一阶段很少被考虑。

(3) 生态效益外溢补偿阶段。产业结构调整完成后，受偿地区的社会经济系统逐渐进入良性循环，此时，为保证生态服务的持续供给，还需继续支付生态系统的维护和管理费用。基本补偿是生态补偿项目得以实施的基础，产业结构调整补偿是项目能否成功实施的关键，而效益外溢补偿则使生态保护的成果得以维持。现阶段，中国的许多生态补偿项目仅停留在第一阶段。

3. 完善全国生态功能区划和主体功能区划

生态功能区划是通过系统分析中国生态系统空间分布特征，明确区域主要生态问题、生态系统服务功能重要性与生态敏感型空间分异规律，制定出来的区域生态功能分区方案。国家应尽快制定和发布全国生态功能区划和主体功能区划，将其作为建立生态补偿机制的法律与政策依据，将其纳入环境保护法或其他相关法律之中(任勇等，2008)。

生态功能区划是确定优化开发、重点开发、限制开发和禁止开发四类主体功能区的基础，四类主体功能区是对生态功能区的经济发展定位。原则上，禁止开发区和限制开发区作为被补偿的对象，但支付补偿的未必是优化开发区和重点开发区，这取决于补偿的具体原因和政策途径；而且，在地方层面，即使是在国家的优化开发区和重点开发区内，也有需要被补偿的区域。

4. 建立重点领域机制

按照责任范围，可以划出一个较清晰的政府推动的重点领域，即中央政府重点解决重要生态功能区、矿产资源开发和跨界中型流域的生态补偿机制问题；地方政府主要建立好城市饮用水源地和本辖区内小流域的生态补偿机制，并配合中央政府建立跨界中型流域的补偿机制问题。这样一来，各有分工和侧重，并针对不同问题采用较可行的政策途径，既能逐步完善，又可以全面推进。

5. 建立协调管理机制

可以在国务院下设生态补偿委员会或领导小组，负责生态补偿事务的协调管理，仲裁有关纠纷，为重大决策提供咨询意见等(任勇等，2008)。生态补偿工作量比较大的省市，可参照国家的生态补偿委员会设置相应机构。

6. 建立责任赔偿机制

责任赔偿机制是对享受了生态补偿机制的经济利益，但不履行相应的生态环境保护责任和义务的行为进行惩罚的机制(任勇等，2008)。责任赔偿机制不需要单独设立，应该在建立生态补偿机制的契约关系中加以明确，赔偿的标限应根据补偿的标准和实际的违约情况来确定，原则上应更高一些。

2.10.3 建立和完善生态补偿机制相关政策

1. 公共政策

1)公共财政政策

生态补偿可以使用三种公共支出财政政策：一是纵向财政转移支付，指中央对地方，或地方上级政府对下级政府的经常性财政转移；二是生态建设和保护投资政策，包括中央和地方政府的投资；三是地方各级政府的财政转移交付，适用于跨省界中型流域、城市饮用水源地和辖区小流域的生态补偿。

2)税费和专项资金

向所有公民和组织征收生态税，并建立专项资金(基金)用于国家履行生态补偿的责任，是生态补偿一个好的政策方向。

3)税收优惠、扶贫和发展援助政策

对被补偿地区，实行税收优惠、扶贫和发展援助是生态补偿政策的重要辅助手段，可以补偿发展机会成本的损失。

4)经济合作政策

开展经济合作是解决跨省界中型流域、城市饮用水源地和辖区小流域生态补偿问题的重要辅助政策，主要是补偿流域上游地区牺牲的发展机会成本。

2. 市场手段

1)一对一的市场交易

当受益方与保护方明确，利益关系清晰，特别是一对一的情况时，就可以通过协商，直接进行生态服务的市场买卖交易。该模式适合于跨省界中型流域、城市饮用水源地和辖区小流域的生态补偿问题。

2)可配额的市场交易

当生态服务市场中买方和卖方的数量比较多或不确定，而生态系统提供的可供交易的生态环境服务是能够被标准化为可计量的、可分割的商品形式时，可以将这些指标引入市场进行交易，即开放贸易方式。

3)生态标志制度

生态标志制度可以作为生态功能区和流域生态补偿的一种创新政策工具加以应用。广义的生态标志物品和服务既包括产品生态标志如生态(有机)农产品，也包括旅游景区和文化或生物遗产地标志。鼓励生态功能保护区和较大流域水源保护区积极发展生态标志物品和服务，将当地的生态优势转化为产业优势，由广大的消费者支付生态补偿的费用。

3. 财政政策

1)纵向财政转移支付制度

将生态补偿内容纳入中央对地方的纵向财政转移支付制度之中。

2)生态补偿的横向财政转移支付制度

调整财政支出政策，在相关地方政府间，实行生态补偿的横向财政转移支付。横向转移支付主要是在流域上下游地区之间发生。

3)生态补偿专项基金

生态补偿专项基金是一个经常性资金渠道，保证了稳定的资金来源。专项基金主要用于生态建设与保护，用于治理和修复大规模的或历史遗留的矿产资源开发造成的生态环境问题，用于国家认为需要进行生态补偿的其他领域和地区。

3 旅游生态补偿理论

近年来，生态补偿在研究与实践层面都已成为国内一个不断升温的热点和前沿问题。目前国内外生态补偿研究主要集中在农业、林业、矿产、河流流域、矿产资源、森林及自然保护区等领域，随着研究的不断深入和研究领域的不断扩大，旅游领域的生态补偿问题也逐渐进入研究者的视野，但国内外目前关于旅游生态补偿的研究者和研究内容并不多，研究内容和体系还不完善，对什么是旅游生态补偿没有清晰的界定，从而直接导致了旅游在发展的过程中到底是属于补偿主体还是补偿对象的问题。且国内学者关于旅游生态补偿的研究，大多遵循生态补偿研究的基本思路与模式，对于旅游的针对性不强、专业性不够，对旅游生态补偿的认识还很模糊，旅游生态补偿研究还处在起步阶段(张广海和师亚哲，2017)。

生态补偿的最终目的是获得人类社会的持续发展，而旅游业对于社会经济发展有巨大拉动作用。所以，科学的旅游发展不仅是生态补偿的主体，更多的应该是充当生态补偿的中介，通过对旅游发展的支持，间接地实现对生态系统的改善(杨桂华和张一群，2012a)。

3.1 旅游生态补偿的概念与内涵

明晰旅游生态补偿的概念和内涵是构建旅游生态补偿完整理论体系的基础，弄清旅游生态补偿的基本内涵是十分必要的。由于相关研究对旅游业与生态补偿之间关系的认识尚不清晰，加之生态补偿概念本身比较复杂，人们对于旅游生态补偿内涵的认识还比较模糊，影响到旅游生态补偿的理论研究和实际应用。

3.1.1 旅游生态补偿的概念

旅游生态补偿(tourism eco-compensation)是指采用经济手段调节旅游开发经营所涉及的生态利益相关者之间利益关系的制度安排，主要目的是保护旅游地生态系统、促进旅游业可持续发展(张一群和杨桂华，2012)。旅游生态补偿的实质为交换，即通过支付手段实现价值供给与受让的平衡(莫延芬，2010)。旅游生态补偿机制的构建以旅游开发外部成本的内部化为原则，主要包括旅游地保护行为外部经济性的补偿和对旅游地破坏行为外部不经济性的补偿两个方面(吴耀宇，2011)，对前者的补偿依据是，保护者为改善旅游地生态服务功能和增强生态旅游体验，付出了保护成本和建设成本，牺牲了一些发展机会；对后者补偿依据是，旅游开发行为需要支付用于恢复生态服务功能的成本，补偿其破坏行为造成的发展机会成本的损失(胡孝平等，2011)。

目前对旅游生态补偿概念的界定立足于生态学的角度，基于对生态补偿的研究。生态补偿最终出发点是对于生态系统平衡的维护，政府制定相关的政策，通过外部效应的把握，使得污染者进行利益的分割，维护受害者的权益，对生态系统进行补偿(李亚娟等，2010)。旅游生态补偿是源于生态系统服务功能价值理论，在坚持“谁利用谁补偿，谁受益(损害)谁付费”原则的基础上的一种经济激励制度(李丽娟，2012)，是对旅游开发活动造成的生态环境破坏行为进行的处罚，也是对生态环境保护行为进行的补偿。

3.1.2 旅游生态补偿的相关概念

1. 旅游资源生态补偿

旅游资源是指能够对旅游者产生吸引力、能够被旅游业所利用的各种资源。由于有些旅游资源，如森林、矿产、草地等自然资源本身都有各自相应的生态补偿机制，因此，旅游生态补偿不能从资源的角度进行定义，不能看作是对旅游资源的生态补偿。并且只有旅游资源中的自然旅游资源才存在生态补偿的问题，不应将“旅游生态补偿”等同于“旅游资源的生态补偿”。

2. 旅游资源价值补偿

旅游资源价值补偿也常被称为“旅游资源补偿”，该概念的提出主要是基于对旅游资源价值的严重补偿不足而考虑(张一群和杨桂华，2012)。依据国家的资源有偿使用制度，旅游业出现了“资源使用费”“资源维护费”等形式的旅游资源有偿使用制度，这些都属于旅游资源价值补偿的具体实现手段。

作为旅游资源所有者的政府通过对旅游资源开发、利用人征收一定数量的费用，用于旅游资源的恢复及维护，从而实现对自然资源因旅游开发而消耗的补偿，通常称之为旅游资源价值补偿。补偿的对象仅限于旅游资源，仅体现了“使用者付费”，并未体现付费者与生态环境之间的正外部性或负外部性关系。所以“旅游资源价值补偿”不同于旅游生态补偿，但旅游资源有偿使用费可以作为旅游生态补偿的重要资金来源。

3. 旅游征地补偿

为满足旅游业发展不断扩张的土地需求，旅游征地行为不断发生，旅游征地补偿是旅游发展实践中经常遇到的一个补偿问题。旅游征地补偿与旅游生态补偿之间既独立又交叉，只有在“出于生态保护目的”的前提下进行的旅游征地补偿，才属于旅游生态补偿。

3.1.3 旅游生态补偿的含义

“补偿”作为某种活动，蕴涵损失性境遇与补偿关系域两个方面(张一群和杨桂华，2012)。对损失性境遇的不同理解，或者对补偿关系域的不同选择与界定，将会导致对补偿活动的有差异的理解与处理(谢剑斌等，2008)。因此，旅游生态补偿在什么意义与尺度上去界定补偿的损失性境遇及其所发生的补偿关系域实为关键。

1. 损失性境遇

旅游生态补偿的损失性境遇分析，主要是对旅游发展过程中与生态利益相关方面受到的损失进行分析。损失性境遇大致包括三大方面：

(1)旅游业利用或依赖的生态环境在旅游发展过程中受到的损耗；

(2)生态资源所有权或使用权等相关权利的行使被旅游业发展所限制、剥夺；

(3)旅游地生态环境保护或建设者所付出的成本或损失的利益。

2. 补偿关系域

旅游生态补偿的补偿关系域包括旅游所涉及的主要利益相关者、利益相关者之间的关系及其相互作用的环境构成。一般而言，旅游生态补偿的利益相关者主要有以下几种：

(1)旅游开发、经营及管理者，旅游地所在地方政府，旅游者，这是旅游生态补偿关系域中的补偿主体。

(2)旅游业利用或依赖的生态环境，这是旅游生态补偿关系域中的补偿对象。

(3)当地社区，由于旅游业的发展需要，生态资源利用方式受到限制或生态资源使用权利被剥夺，它既是旅游发展的重要利益相关者，也是旅游生态补偿的重要利益相关者。当地社区作为旅游开发的生态利益受损者，应成为旅游生态补偿关系域中的补偿对象。

(4)旅游地的生态保护和建设者，这是旅游生态补偿关系域中的补偿对象。

3.1.4 旅游生态补偿的视角

对旅游生态补偿的认识离不开对生态补偿内涵的理解。人们对生态补偿的具体含义的理解和运用存在多样性(燕守广，2009)，旅游生态补偿可以借鉴生态补偿的一般性内涵描述。基于旅游业与生态补偿之间关系的二重性，可以用“主体说”和“途径说”2 种视角对旅游生态补偿进行判断与识别(张一群和杨桂华，2012)。

1. 旅游生态补偿的主体说

基于“主体说”的旅游生态补偿，是指以旅游业作为实施主体的生态补偿。具体补偿主体包括旅游发展的获益者，旅游开发中对生态环境的破坏者。旅游业具有高度的资源环境依赖性，尤其是自然旅游，对生态环境质量有很高要求。旅游开发中不可避免地给自然资源和生态环境带来一定破坏，根据“谁开发谁保护，谁破坏谁恢复，谁受益谁补偿，谁污染谁付费”的生态补偿基本原则，旅游发展的获益方、在旅游发展中对生态环境造成破坏的相关方，理应对在旅游发展中生态利益的受损方进行补偿，通过生态补偿制度，旅游系统对其所依赖的生态系统进行反哺。

2. 旅游生态补偿的途径说

基于“途径说”的旅游生态补偿，是指以发展旅游业作为实施途径的生态补偿。其强调的是旅游业可以成为重要的市场化生态补偿途径，通过支持旅游业的发展，筹集补偿资金、拓宽补偿渠道，达到更好的生态补偿效果。完善与提高市场机制下的生态补偿应是今后实施生态补偿的重要途径（冯艳芬等，2009），积极探索利用市场交易方式完善生态补偿机制，在生态服务提供者和生态服务购买者之间建立长效机制（柳长顺和刘卓，2009）。特别对于经济落后、生态良好的偏远落后地区而言，通过旅游业的发展筹集生态补偿资金极具现实意义。

3.1.5 旅游生态补偿的内涵

旅游生态补偿遵循区域环境的补偿视角和生态补偿研究的使用拓展的主线而发展。目前更多关注的是旅游发展对于生态环境的负面影响，因此多是把旅游作为生态补偿的一种主体，对旅游生态补偿的内涵概括为以下 5 点。

1. 补偿区域主要是自然旅游目的地

旅游生态补偿主要集中在以自然旅游资源为主要吸引物的旅游目的地，因为这些区域生态环境的主要功能是为旅游利用。自然旅游地的类型包含森林旅游地、山岳旅游地、都市自然遗产地、农业遗产地等，其中森林旅游地是被关注较多的类型。

2. 关注社区利益

旅游生态补偿中社区居民是重要的利益主体（武春友等，2004）。旅游业发展必然会给当地居民带来机会成本，因此关注社区居民的利益，既能将生态保护的外部性内部化，又是对其继续保护生态地、支持旅游业发展的激励（张奥佳和程占红，2016）。

3. 补偿范围较广

旅游生态补偿不仅要关注生态环境破坏带来的相应补偿，还要关注旅游生态环境建设和某些重要生态系统保护带来的补偿。不仅包括物质层面的补偿，还包括价值层面的补偿（张一群和杨桂华，2012），即旅游生态补偿的对象不仅是生态系统，还有对人的补偿。这就决定了旅游生态补偿与旅游资源生态补偿、资源占用费等领域有所区别（刘敏等，2013）。

4. 既有惩罚，也有奖励

旅游生态补偿既要对损害旅游地自然生态资源的行为进行惩罚，也要对保护旅游地自然生态资源的行为进行奖励。

5. 旅游业是生态补偿的重要经济手段

旅游业具有资源产权容易界定、受益主体较明确、乘数效应较大等产业特征。对旅游生态补偿而言，旅游业既是造成旅游地生态系统服务功能变化的主导因素，又是生态资源价值实现的市场化渠道（张奥佳和程占红，2016）。

旅游生态补偿属于生态补偿的一部分，将旅游发展作为生态补偿的一种中介，而不是简单地作为生态补偿的主体，这是它与一般生态补偿的最大差别，也是对现有生态补偿模式的创新。

3.2 国内外对于旅游生态补偿的研究

国内外目前关于旅游生态补偿的研究还很不完善，研究较多的领域是流域、矿产资源、森林及自然保护区。对什么是旅游生态补偿没有清晰的界定，从而直接导致了旅游在发展的过程中到底是属于补偿主体还是补偿对象的问题。研究成果大多集中于研究生态保护与旅游之间的关系，对于具体的操作措施鲜有研究。且国内学者关于旅游生态补偿的研究，大多遵循生态补偿研究的基本思路与模式，对于旅游的针对性不强、旅游专业性不够，但是国内学者尝试针对不同类型的旅游资源提出相应的生态补偿机制的思路值得借鉴。

3.2.1 国外对于旅游生态补偿的研究

目前，国外虽还没有旅游生态补偿这一说法，但早已出现旅游生态补偿的实践做法。19 世纪 70 年代，美国麻省马赛诸塞大学的 Larson 首次提出了帮助政府颁发湿地开发补偿许可证的湿地快速评价模型(Larson，1984)。

世界上首个国家公园——美国黄石国家公园于 1872 年建立。公园实行管理与经营分离制度，在经营上实行严格意义的特许经营，管理机构专注于资源的保护与管理公园对资源的保护主要是通过建设和维护旅游基础设施及服务设施、控制游客人数等途径，保护资金主要源于国家财政拨款，部分靠私人或财团捐赠、门票收入及特许经营费等。公园的门票收入全部上缴联邦财政，联邦财政再按 80%的比例返还给公园，主要用于公园的生态保护，实行收支两条线的资金管理制度。这实质上就是旅游生态补偿的最初实践。美国国家公园正是通过部分门票补偿自然这一补偿机制实现了保护与开发利用的协调发展，成为世界各地纷纷效仿的一种成功模式(黄鹰西等，2014)。

外国学者对于生态补偿的研究已取得了一定的成果，但有关旅游生态补偿的研究较少。Carret 和 Loyer(2003)认为旅游业应该成为生态补偿的潜在付费者，因为旅游业的发展直接依赖于生物多样性和良好的生态景色，并且旅游经营部门还必须依赖于良好的供水。Angeon 和 Caron(2006)认为法国基于旅游发展的标签“Parc Naturel Regional”对当地的生态服务生产发挥了巨大的作用。Wendland 等(2010)在研究 Madagascar 实施 PES 过程中资金短缺问题时，认为可以考虑将旅游费用作为一个补偿金的来源，因为 Mantadia 地区是墨西哥游客最多的旅游目的地之一。Kosoy 等(2008)注意到墨西哥的 Puerto Bello Metzabok 在实施 PES 的过程中通过建立生态旅游基地推动 PES 项目发展的成功经验。Chen 等(2009)在 PES 背景下认为中国劳动力迁移的趋势和中国卧龙自然保护区旅游业的发展将有利于当地生态系统的恢复。Ghazoul 等(2009)认为可以将景观标签的概念扩展到旅游服务。

3.2.2 国内对于旅游生态补偿的研究

相对于国外的研究文献而言，国内学者对旅游生态补偿的研究稍多一些。国内研究主要集中在围绕旅游生态补偿机制构建的 5 个关注点：旅游生态补偿的内涵辨析、旅游生态补偿相关的制度设计、旅游生态补偿标准的测算、旅游生态补偿的方式和手段、主客体对旅游生态补偿的意愿及感知(张广海和师亚哲，2017)。

许春晓(2000)研究了旅游资源非优区的补偿类型与性质。朱艳(2005)论证了建立旅游开发的经济补偿机制的必要性。米姗姗和阎友兵(2007)分析了生态旅游的特性与现状，指出了构建生态补偿机制可以改善生态旅游存在的对生态环境的负面影响，并对生态补偿的模式进行了分析。赵立民和魏敏(2007)等在对我国现有的生态旅游开发模式评述的基础上提出了生态旅游资源开发的价值补偿机制。杨一容(2009)基于制度短板的生态旅游资源补偿机制进行了研究。汪慧(2009)则在征地补偿概念的基础上认为应该完善旅游项目征地补偿制度。黄圣霞和巫国富(2011)基于博弈的生态旅游资源开发与利益补偿进行了研究。张思雪和周游(2012)等对我国旅游资源生态补偿价值评估进行了研究。王东焱(2012)基于CVM 法的傣族园社区旅游资源间接使用价值评估及其补偿机制进行了研究。李丹丹(2015)基于 CVM 的海滨旅游资源生态补偿意愿进行了研究。关海玲和梁哲(2016)基于CVM 的旅游资源生态补偿意愿进行了研究。刘敏等(2013)通过对旅游生态补偿的含义、利益主体、补偿标准以及补偿渠道与机制的研究的概括和总结，对目前国内已有生态补偿研究的成果有了总体的把握。

针对不同类型的旅游资源，相关学者也进行了生态补偿的研究。郑四渭和贝勇斌(2007)认为构建非物质文化旅游资源价值补偿运行机制，有利于还原非物质文化旅游资源价值，有利于促进非物质文化保护和开发共生机制的构建。余洁等(2007)就自然文化遗产地如何控制旅游建设用地构建了补偿机制。文红和李建华(2007)对森林旅游生态补偿的原则、模式和措施的建立进行了分析，提出了完善森林旅游生态补偿机制的建议。郑敏(2008)对山岳型旅游资源开发生态补偿机制进行了研究。李建华(2009)从生态伦理学的角度阐释了建立森林旅游生态补偿机制的意义。吴耀宇(2011)设计了盐城海滨湿地自然保护区旅游开发中的生态补偿机制。李亚娟等(2010)分析了生态补偿机制在旅游业中的应用。李静和黄远水(2010)对都市自然遗产旅游资源的生态补偿机制进行了研究。李丽娟(2012)对构建我国森林旅游生态补偿机制进行了探讨。

部分学者以个案的方式研究了旅游生态补偿的相关问题。章锦河等(2005)以九寨沟为例构建了基于旅游生态足迹效率的自然保护区居民生态补偿标准的测度模型。黄海玉和魏敏(2006)对厦门市生态旅游资源开发的价值补偿进行了研究。张理英和薛跃规(2007)探讨了生态补偿机制应用到阳朔龙颈河生态旅游中的策略、方式与途径等问题。喻庆国(2007)对云南元阳哈尼梯田湿地生态旅游生态补偿机制进行了探讨。张林和覃峭(2008)以龙脊梯田为例，在分析和谐旅游社区建设面临问题的基础上从生态补偿角度提出了实现旅游系统的可持续发展和和谐旅游社区建设的意见。杨林(2008)探讨了景宁旅游开发中“文化生态补偿特区”构建的问题。易艳(2010)对宜春市明月山森林生态旅游资源开发中的价值补偿进行了研究。马勇和胡孝平(2010a)对神农架旅游生态补偿实施系统构建进行了研究。孙宏斌(2014)对黑龙江省旅游资源开发背景下的生态补偿机制进行了研究。

对于旅游征地补偿制度研究，汪慧(2009)研究了完善旅游项目征地补偿制度；潘梦霞(2015)对旅游开发征地中留地安置补偿进行了研究；娄嘉利和罗善军(2015)对国际旅游岛建设背景下海南省征地补偿进行了研究；范练练和沈苏彦(2016)研究了旅游景区征地补偿及其对农民的影响。

3.3 旅游生态补偿的理论基础

旅游生态补偿理论是支撑为什么要进行旅游生态补偿的基础。因此，需要对旅游生态补偿的理论基础进行分析。旅游生态补偿理论是生态旅游理论和生态补偿理论的结合，在此基础上，下面的一些理论对旅游生态补偿有一定的影响。

3.3.1 旅游影响理论

旅游影响是指由于旅游活动所引起的种种利害影响，也称旅游效应。随着旅游的发展，有关旅游所造成的各种影响的研究越来越受到广泛的关注，旅游影响(tourism impact)研究逐步成为显学。人类学家、社会学家以及环境学家在这一领域扮演越来越重要的角色(邹统钎等，2008)。20 世纪 60 年代，旅游影响研究在欧洲和北美兴起，并且成为旅游研究中一个范围广阔且意义深远的重要研究领域，主要着眼于旅游的正面效应。进入 20 世纪 70 年代，旅游活动在全球范围内得到了进一步的发展，这对接待地的社会产生了巨大影响，如人口结构的变化、文化的商品化、价值观的退化等问题的出现。这使得一批人类学家、社会学家、心理学家和环境学家对旅游所产生的社会、文化、环境、生态等问题开始展开研究，主要关注其负面效应。到了 20 世纪 80 年代，学者开始系统地、公正地研究旅游现象。Nash 1996 年的《旅游人类学》(*The Anthropology of Tourism*)是这些领域的代表作。

Williams 将旅游的影响分为三类：经济影响、社会影响和环境影响。他的这种分类直到现在还有人在用(邹统钎等，2008)。旅游影响的关联性比较强，涉及社会学、经济学、管理学、人类学、环境学等学科内容，旅游影响研究逐渐由定性向定量转变，系统论、控制论、信息论等方法被应用到旅游影响的研究中。旅游影响理论具有重要的现实意义，对旅游业的可持续发展具有指导价值(钟晖，2016)。

旅游的目的是促进旅游目的地生态环境良性循环，对生态环境既加以利用又使其得到保护。但任何形式的旅游活动，也会对旅游环境产生一定的不利影响，只是在程度上、强度上有所轻重而已(田里和李常林，2004)。

旅游发展必须考虑与环境、相关行业、社会的发展协调同步，走可持续发展的道路。可持续旅游的内容最核心的一点，便是要确保在从事旅游开发的同时，不损害后代人为满足其旅游需求而进行旅游开发的可能性。换言之，就是要从长远观点出发，全面认识旅游的影响，在满足人们开发旅游业和开展旅游活动的需要方面，实现代际平衡。

1. 旅游对经济的影响

人们对旅游现象的研究是 19 世纪 70 年代后随着欧美两地区间的游客流量增加，在目的地逗留时间和经济支出大幅增长，促进了旅游地的经济的发展使旅游地发生了变化的背景下展开的，对旅游带来的经济效益的关注也就顺理成章地成为旅游研究的焦点(邹统钎等，2008)。

1)旅游对经济的积极影响

(1)增加外汇收入。旅游创汇比外贸和劳务出口创汇更直接、更简便、更迅速、更便宜、更有明显的优越性。

(2)调整和优化产业结构，带动其他行业发展，改善区域经济结构和产品结构，提供更多的就业机会，促进生态旅游地向开放型经济转化。

(3)有助于平衡地区经济发展，缩小地区差别，旅游业有助于“老、少、边、穷”地区尽快脱贫致富。

(4)改善投资环境，在一定程度上促进了生态旅游地的交通等基础设施建设，推动一批口岸城市和中心城市向国际化迈进，创造了一批新的经济增长点。

(5)提高生态旅游地的知名度，增加该地的无形资产，也为吸引外来资金、进行经济联合提供了契机。

(6)增加区域收入，增加自我发展能力，也为生态经济发展和环境保护提供了经济支撑。

2)旅游对经济的消极影响

生态旅游在给旅游地经济发展带来促进作用的同时，也会带来一些不利影响，这些影响主要体现在：

(1)外汇漏损。

(2)引起旅游地物价和地价上涨，造成当地居民支出费用增大，并可能引起季节性的通货膨胀。

(3)过分依赖旅游业，可能会因旅游业的高度敏感性、脆弱性而导致区域经济发展的不稳定性，影响国民经济的稳定。

(4)旅游业发展可能导致对区域产业结构的不利影响，如弃农从游人数增加，使农副产品数量下降，价格上扬，影响区域发展，导致当地居民不满。

(5)管理不善，造成人力、物力、财力和资源上的浪费。

2. 旅游对社会的影响

较之旅游经济影响研究，旅游的社会影响研究开展稍晚，但发展却较快(邹统钎等，2008)。旅游活动是一种以不同地域、不同民族、不同社会以及具有不同文化传统的人群之间的相互接触为其根本特征的活动。接触和了解异域社会文化既是旅游的重要动机，同时也是旅游者访问异国他乡的客观结果。与此同时，旅游者在同当地居民的直接和间接交往中，也会产生“示范”行为影响当地居民。现代旅游活动发展的规模之大，已使其成为重要的社会现象。就单个旅游者而言，他和目的地居民间的接触是短暂的，可能不足以对当地的社会和文化产生实质性的影响，但是大群旅游者与当地居民之间的个体接触便会演化成为群体性的社会接触，其规模之大、历时之久，使得旅游活动的开展对社会文化产生了重要的影响。

1)旅游对社会的积极影响

旅游者的流动不仅是人群的流动，还带来了信息流、资金流、人才流等，也为生态旅游地带来诸如价值观、个人行为、家庭关系、生活方式、宗教、语言、健康等诸多方面的影响。其有利影响至少有以下几方面的表现：

(1)增加就业机会，稳定社会秩序。旅游业是劳动密集型产业，提供了较多直接、间接的就业机会，大力发展生态旅游可吸纳社会失业、下岗人员，为经济发展、环境保护等造就了良好秩序。

(2)提高人们对可持续发展的认识，为区城可持续发展培养人才。以生态旅游为代表的可持续旅游发展，是人们在旅游发展中对人类社会未来发展的可持续发展主题的积极响应和深刻理解，是在全社会范围内广泛宣传可持续发展思想的一种途径，促使人们从被动保护生态旅游资源和环境转变为主动积极地保护生态资源与环境，为今后社会经济可持续发展奠定了基础。

(3)通过生态旅游开发的示范作用，促进社会文明的发展。通过生态旅游者热爱自然、保护自然行为的潜移默化和对其模仿学习，提高生态旅游地人们的素质，增强当地居民生态保护的自觉性。

(4)促进生态旅游地政治环境改善，提高管理水平和管理技能。

(5)消除民族隔阂，加强民族团结，利于社会安定。

(6)促进民族、文化生态发展，增强民族自尊心，振奋民族精神。通过科技文化交流提高生态旅游地居民文化水平，促进区域文化发展。

2)旅游对社会的消极影响

旅游可促进旅游地社会进步，但不可否认地也可能带来不利影响：

(1)旅游者涌入可能会导致社会关系紧张。道克西曾提出了“伊里戴克斯模式”(田里和李常林，2004)，说明了旅游发展与社会关系紧张之间的关系(表 3.1)。

表 3.1 旅游发展与社会关系紧张的关系模式

阶段	特征	状态
第一阶段	欢欣鼓舞	访问者受到欢迎，尚未正式开发
第二阶段	冷漠	对访问者习以为常，交往趋向商业化
第三阶段	恼火	当地人对旅游感到忧虑，努力改善基础设施
第四阶段	敌意	当地人公开表示出敌意，试图减少旅游潮带来的危害

(2)旅游者的到来导致当地居民生活方式和价值观念的转变，出现追求高消费的生活方式，出现赌博、吸毒、投机诈骗、走私贩私等丑恶现象。

(3)受旅游者的思想意识形态影响，当地居民产生政治信仰危机，家庭关系和社会纽带发生一些解体，社会内聚力减弱。

(4)旅游者涌入后人流拥挤、道路阻塞，特别是出入口和核心区更是如此，给当地居民正常生活带来不便。

(5)在一些“天人合一”的旅游环境中，一些旅游者的言谈举止、服饰装束，甚至是某些旅游项目的开发破坏了宗教气氛，导致虔诚的教徒不满。

(6)旅游社区不为当地居民所享受，旅游者又被当地社区所包围，不能融合，造成社会隔离。

(7)造成某些视觉污染。一是旅游设施与当地自然环境等不协调，二是建筑设计死气沉沉，三是旅游者乱丢废弃物，四是乱涂乱画。

3. 旅游对文化的影响

旅游过程中由文化接触，导致社会文化变迁。在外来文化的冲击下，当地的文化被外来强势的文化所同化，传统文化日渐衰微，出现“可口可乐文化”的现象(邹统钎等，2008)。

1)旅游对文化的积极影响

(1)旅游作为民间外交的一种生动形式，能够加强各国人民之间的相互了解和友好往来。旅游业的发展有助于维护世界和平。

(2)旅游是一种学习活动，发展旅游业可以加强各国家、各民族之间文化科技的交流与融合，促进科技进步和民族文化的发展与保护。

(3)旅游活动有助于人们积极地休息，增进身心健康，所以，发展旅游业能提高人们的生活质量。

(4)旅游业是展示精神文明的窗口，也是创造精神文明的阵地。

(5)在国情教育和爱国主义教育中发挥了特殊功能。

2)旅游对文化的消极影响

旅游可促进当地文化发展，另一方面也会给当地文化带来消极影响：

(1)不良的“示范效应”。社区居民模仿旅游者的生活方式，地域文化、民族文化受旅游者带来的异地文化及生活习惯的影响而被同化，甚至民族村寨、民族城市都无踪可寻。

(2)国际旅游发生后，传统的道德观念受到冲击，崇洋思想泛滥。

(3)地域文化被庸俗化，低格调猎奇，甚至形成“伪民俗”。

(4)地域文化被不正当商品化，传统的民间习俗和庆典活动被搬上“舞台”，改变了时间、地点、程序、方式、内容。

(5)传统工艺品被粗制滥造，形象与价值受到损害、贬低。

4. 旅游对生态环境的影响

由于旅游对环境依存度较高，旅游快速发展不可避免地带来一系列环境问题，引起了人们对旅游环境影响研究的关注，旅游环境影响已成为旅游环境研究中最为突出的一个研究主题(邹统钎等，2008)。

旅游生态环境大体包括两部分：一是相对永久不可再生的部分，人们只要保护好就可以永续利用，如山、石、洞、文物古迹等；二是可再生部分，如动物、植物、地下水、地表水等，人们在旅游活动过程中，不断与生态环境发生互动的物质与能量的循环。旅游与环境之间有着非常密切的联系。一方面，环境资源为旅游产品的生产提供了最基本的成分。自然旅游资源和人文旅游资源本身就是目的地环境的组成部分，旅游者活动也是以目的地的环境为依托，所以旅游目的地的环境是构成当地总体旅游资源最基本的要素。另一方面，旅游业生产出了诸多“副产品”——垃圾、废气、废水等，会使旅游目的地的环境发生变化。

1）生态旅游促进自然生态环境良性循环

生态旅游与旅游环境的关系应该是协调和谐、互相促进的共生关系，即旅游与自然生态环境相互支持、彼此受益。从生态旅游和环境保护的观点看，自然生态环境特征和条件保存得越接近原生状态对开展生态旅游就越好，良好的自然生态环境还为旅游者提供了游览、休闲、疗养、保健等内容。生态旅游是与资源的低影响利用、环境保护以及可持续发展紧密联系在一起的，生态旅游不只是一种旅游形式，更应该将其看作是旅游开发的一种战略，其战略目标就是使以资源为基础的旅游业能够可持续发展。由此看来，生态旅游在旅游活动中更能起到促进生态旅游环境良性循环的作用（田里和李常林，2004）。

(1)促进生物，尤其是珍稀濒危生物的保护。珍稀濒危生物主要分布在自然保护区和自然保护点上，是在人类影响自然生态环境状况下遗留下来的、不可多得的“自然遗产”。由于其生态系统保护良好，景观及环境的美学价值、科学价值高，为人们进行生态旅游提供了极佳的资源与环境。与生态旅游密切相关的还有森林公园、植物园、动物园、引种繁育中心、风景名胜区等。生态旅游的发展不仅靠经济效益来增加对自然保护的经济支持作用，还增加了人们对生物资源的认识，增强了对生物资源的法律保护。以法律形式保护生态旅游资源和环境是一种非常有力的手段。在一些法律较健全的国家制定了一系列法律或法规来保护生态旅游资源和环境。我国政府对此也十分重视，由国家最高立法机关或行政机关制定了一系列法律、法规，如 1982 年颁布了《环境保护法》《森林法》《文物保护法》等，1985 年颁布了《风景名胜区管理暂行条例》等。各地方立法机构和人民政府也根据国家的法律、法规中确定的原则，结合当地具体情况制定了一些地方性法规。诸多法律、法规从不同角度、不同层次规定了旅游资源和环境的开发、利用和保护问题，在客观上起到了对生物种类及其所依存的生态环境的保护作用。

(2)促进水体保护和水体污染的治理。“山得水而活，水依山而幽。”水为旅游发展提供丰富多彩的资源条件，许多旅游活动均以水为基础而开展起来，如游泳、钓鱼、划船、泉疗、品茗等，高质量的水是开展这些旅游活动的保证，水体保护对于发展旅游业至关重要。旅游的开发在一定程度上又对水体保护和水体污染治理起到了良好的促进作用。一些旅游地山青水秀，水体洁净，优于周围其他地域的水体环境。

(3)促进大气环境保护和治理。洁净的大气本身对旅游者就有较强的吸引力，也是旅游环境质量较高的一种体现。大气的污染将会导致旅游者感知和体验质量的下降。为此，各旅游地对大气环境极力进行保护，对大气污染进行治理。在我国“争创中国优秀旅游城市”活动中，各个城市开展了各方面的环境美化与环境污染治理，也包括了大气污染的控制和治理。

(4)促进地质地貌的保护。一些典型的地质、地貌现象不仅是自然生态环境的组成部分，还是重要的旅游资源。为使旅游业能持续地发展，各国、各地区开展了一些地质地貌的保护。例如埃及、以色列和约旦等国对红海沿岸珊瑚礁的保护。我国海南岛沿海一些地方，在旅游开发之前，大量开采珊瑚礁，未认识到珊瑚礁对于生态环境和旅游开发的重要价值。旅游开发后，人们富裕起来了，认识到了保护珊瑚礁的经济价值和生态价值，自觉地加入到了对珊瑚礁进行保护的行列。

总之，旅游开发，待别是生态旅游开发，提高了人们对自然生态环境的认识，通过法律、法规等手段进行管理，一方面保护了自然生态环境及其组成要素，使生态环境进入良性循环之中；另一方面通过旅游开发，整治了生态环境，使“山不青变山青”“水不秀变水秀”，逐步提高了环境质量水平，促进了生态环境保护和改善。

1)旅游对环境的消极影响

生态旅游固然对环境起到了很大的保护作用，倘若生态旅游发展不适当，也会给自然生态环境带来不利影响。生态旅游的繁荣发展，会产生一些废气、废水、废物，建设的基础设施和旅游设施，都会对环境产生一些不利影响。

(1)生态旅游开发对植物的影响。生态旅游活动对植物覆盖率、生长率及种群结构等均可能有不同程度的不利影响。鲜花、苗木和真菌等的采集，会引起物种组成成分变化。旅游开发造成任意砍伐树木，改变了森林树龄结构。旅游者蜂拥而至，践踏草地，使一些地面裸露荒芜，土地板结，植物树木生长不良。基础设施和旅游设施建设必然占据一定空间，也会破坏一些植物，有可能损伤一些珍稀濒危植物，还会割裂野生生物生境。旅游设施等排放的废水、废气等也会影响一些植物的生存。一些旅游商品的制作和出售，导致大量采集，造成物种濒临灭绝。

(2)生态旅游可能对水体的污染。尽管生态旅游强调了对环境的保护，但如不注意规划管理可能会造成一些风景水体质量恶化、景观退化，甚至丧失作为风景旅游水体的功能，制约生态旅游业的发展。大量未经适当处理或稍作处理的生活污水进入海滩、湖泊、河流等水体，造成水体质量下降，给水体环境带来严重污染和破坏。过多的营养物质进入水体将加快富营养化过程，过量的杂草生长也会影响水中溶解氧的含量，不仅影响水体的感官功能，而且将导致湖泊等水体的衰亡速度加快，溶解氧含量变化会制约鱼等水生生物数量、种类和生长速度，甚至导致其死亡。一些化合物，如含铅汽油、合成洗涤用品等，排入水体，给生物和人类带来危害。名特产品的生产与销售，也会给水生生物及水体环境带来危害。身体与水接触的水上运动、生活废水等可能将各种水媒介传播的病毒带入水中，造成疾病传播。

(3)生态旅游可能对大气环境质量的影响。生态旅游对大气环境质量的影响主要体现在车、船等排放的尾气和旅游服务设施所排放的废气等方面。旅游宾馆饭店必需的生活服务设施和旅游地小吃摊排出的废气，释放出来的主要是燃烧煤、煤气和液化气产生的二氧化硫、二氧化氯、一氧化碳和烟尘等，对旅游地大气质量影响大。汽车、轮船、火车等交通工具，尤其是汽车所排放出来的一氧化碳、氮氧化合物、碳氢化合物和铅化合物等也会影响大气质量。垃圾等固体废弃物有机含量高，如处理不当，会滋生细菌和病毒，并产生恶臭。旅游公厕如管理不善也会产生恶臭，增加大气含菌数。封闭环境中的大气污染，除受外界大气影响外，还受内部污染气排放影响，由于空气流动差、空气污浊，令人头痛、气闷、食欲不振、精神不佳，甚至导致某些疾病的传播和发生。

(4) 生态旅游可能对野生动物的不利影响。生态旅游对动物，尤其是野生动物也会产生一定的不利影响。基础设施和旅游设施的建设破坏了动物生活环境，间接破坏了动物的繁衍迁移规律。某些为旅游者所喜食的特殊动物，部分旅游纪念品或商品的制作与出售导致动物被滥捕，使其数量急减，甚至造成物种灭绝。旅游交通工具所产生的噪声、废气等使野生动物受惊吓产生某些病变，影响其生长。某些为旅游者所喜爱的动物被保护，导致这些动物数量很快繁荣起来，破坏了生物链。一些为便于观赏动物而采取的措施，也会影响动物的发育。

(5) 生态旅游可能对地质地貌的不利影响。典型地质地貌是旅游景观重要的组成部分，也是生态环境的一部分，因而得到一定程度的保护。反过来，生态旅游对地质地貌也可能产生不利影响。生态旅游客量超载，导致一些地貌形态侵蚀速度加快。基础设施和旅游设施建设，交通工具的使用，导致某些地貌形态改变。某些旅游行为如娱乐性跳水、潜水以及生态旅游者的踢、踩、攀岩活动也破坏地质地貌。旅游导致一些地质地貌景观环境改变，造成其质地变差，如石钟乳、石芽等干裂、脱落、变黄、变黑、断裂等。旅游道路等设施如登山索道架设的塔基建设导致水土流失，加剧滑坡、泥石流等灾害频发，一些旅游开发活动导致山体崩塌。旅游者不文明行为，如采珊瑚留作纪念等，也会对地质地貌造成一定程度的破坏。

(6) 生态旅游带来一些噪声污染。生态旅游的噪声污染主要包括：旅游交通工具的噪声污染、施工噪声污染、娱乐场所的噪声污染。众多游人的嘈杂声、景区和商业场所招揽游客的音响声都会影响旅游者对旅游景观美的欣赏，破坏了旅游的氛围。

3.3.2 利益相关者理论

利益相关者理论 (Stakeholder Theory) 是 20 世纪 60 年代在西方国家逐步发展起来的经济学理论。最初，作为一种企业认识和治理的经济学理论被人们了解和接受，随着研究内容的深入和发展，利益相关者理论的应用范围逐渐扩大，被广泛地运用到管理学的各领域中 (蔡鑫磊，2013)。

1. 利益相关者理论的产生及发展

据考证，《牛津词典》是最早记载“利益相关者”(stakeholder) 一词的工具书，它于 1708 年就收入了这一词条，用来表示人们在某一项活动或某企业中“下注”(have a stake)，在活动进行或企业运营的过程中抽头或赔本 (陈宏辉，2004)。

Penrose 在 1959 年出版的《企业成长理论》中提出了“企业是人力资产和人际关系的集合”的观念，为利益相关者理论构建奠定了基石。利益相关者作为一个明确的理论概念是在 1963 年由斯坦福研究所 (Stanford Research Institute，SRI) 提出的。利益相关者观点形成一个独立的理论分支则得益于瑞安曼 (Eric Rhenman) 和安索夫 (Igor Ansoff) 的开创性研究，弗里曼(Freeman)、布莱尔(Blair)、多纳德逊(Donaldson)、米切尔(Mitchell)、克拉克森(Clarkson)等学者的共同努力使利益相关者理论形成了比较完善的理论框架，并在实际应用中取得了很好的效果，利益相关者理论开始引人关注(喻建良，2006)。

在20世纪70年代，利益相关者理论开始逐步被西方学术界和企业界所接受，随后宾夕法尼亚的沃顿学院(Wharton School)于1977年开设了“利益相关者管理”的课程，旨在将利益相关者的概念应用于企业的战略管理之中，并形成了一个初步分析的框架。进入20世纪80年代以后，利益相关者理论的影响迅速扩大。

2. 利益相关者理论的概念及内涵

最早正式将“利益相关者”一词引入管理学和经济学研究的是美国学者安索夫，他认为，要制定一个理想的企业目标，必须平衡考虑企业的诸多利益相关者之间相互冲突的索取权，他们可能包括管理者、工人、股东、供应商及分销商。这个表述不仅强调了利益相关者与企业之间的关系，也强调了专用性投资的重要意义(蔡鑫磊，2013)。

利益相关者(stakeholder)出现在公司治理理论中，是管理学中的一个概念。它认为企业的经营管理活动要为综合平衡各个利益相关者的利益要求而展开，任何企业的发展都离不开各种利益相关者的投入或参与。

20世纪80年代以后，随着全球经济一体化进程的加快和国际竞争的日益激烈，人们逐渐发现原来根据“是否影响企业生存”来界定和区分利益相关者的视角和方法存在明显的局限性。为此，美国经济学家弗里曼于1984年提出了一个更为广泛的利益相关者的概念，他认为，所谓利益相关者应该是“那些能够影响企业目标实现，或者能够被企业实现目标的过程影响的任何个人和群体”。这个定义包括的范围很大，不仅包括以往能够直接影响企业目标的个人和群体，还将能够影响企业实现目标的个人和群体看作利益相关者，这样也就将当地社区、政府部门、环境保护主义者等实体都纳入利益相关者的范围，大大拓宽了利益相关者的内涵。Clarkson(1994，1995)进一步强调了利益相关者与企业的联系，强调专用性投资，认为“利益相关者是在企业中投入了一些实物资本、人力资本、财务资本或一些有价值的东西，并由此而承担了某些形式的风险；或者说，他们因企业活动而承受风险”，这样就排除了一些集体或个人，如媒体，把利益相关者的界定更加具体化和集中化(蔡鑫磊，2013)。

其他经典性定义，如斯威齐(Sweezy)等的“利益相关者是受组织活动的影响，并且有能力影响组织活动的人”，布瑞纳(Brenner)的“利益相关者能够影响企业，又能够被企业活动所影响”等，都主要是从这个角度定义的。这些定义强调利益相关者与企业组织之间的交互影响关系，从而也就为利益相关者在企业战略管理活动中的参与提供了条件(喻建良，2006)。

总的来说，上述研究观点和概括出来的利益相关者的不同定义，基本上可以划分为狭义和广义两种。狭义概念主要承袭了斯坦福研究所最初的观点，指组织没有其支持，就不能存在的群体或者个人；而广义概念则主要延续了弗里曼的基本观点，指能够影响组织目标的实现或受这种事件影响的群体或者个人。

3. 利益相关者理论的分支

企业的利益相关者包括股东、企业员工、债权人、供应商、零售商、消费者、竞争者、中央政府、地方政府以及社会活动团体、媒体等。“简单地将所有的利益相关者看成一个整体来进行实证研究与应用推广，几乎无法得出令人信服的结论”(陈宏辉，2003)。目前，国际比较通用的是多锥细分法和米切尔平分法。

利益相关者理论经过几十年的发展，逐渐形成了两条重要的理论分支：一条是道德的分支，即基于规范研究形成的理论分支；另一条是管理的分支，即基于实证研究形成的理论分支。利益相关者理论的提出，在很大程度上受到开放系统理论的影响。基于这一观点，人们假定社会中运行的主体受社会的影响，并反过来影响社会。利益相关者理论将组织的概念定位于一个更广泛的社会系统的一部分，组织对这个系统产生影响，同时也受社会中其他团体的影响。由于不同的利益相关者团体对于组织如何进行经营和管理持有不同的观点，他们会与组织签订不同的社会契约来体现自身的利益。

4. 利益相关者理论在国内外的应用

除了用于一般的公司治理研究外，利益相关者的概念不断丰富和清晰，与之相关的定性研究和定量研究并重，从而推动了利益相关者这一概念在理论研究和实证研究中的应用。

国外关于利益相关者理论的应用出现在20世纪60年代，奉行企业相关理论的德、日等国的经济迅速崛起，而坚持股东中心理论的英美国家的经济则日益下滑。造成这一局面的原因之一就是“股东利益至上”理论的局限性，而利益相关者理论则要求企业的经营活动应该注重公司利益相关者的利益诉求，并充分融合人本主义的管理思想。20世纪70年代，全球开始关注企业在法律、环境保护、道德和慈善等方面的社会责任(蔡鑫磊，2013)。这一思想促使企业在进行营利活动的同时，也需要关注社会公众、社区、自然环境等其他利益相关者的利益。

20世纪80年代，在美国爆发了敌意收购的浪潮。敌意收购是把除股东以外的其他利益相关者的利益转移到股东的名下。为此，美国宾夕法尼亚州于1990年3月27日通过了《宾夕法尼亚洲1310法案》，并作为该州公司法的修正法案，来保障其他利益相关者的权益。该法案标志着美国开始接受利益相关者理论。

国内对于利益相关者的研究始于20世纪90年代，最具代表性的是杨瑞龙等学者进行的研究。杨瑞龙提出的“从单边治理到多边治理”的概念是对利益相关者治理的一个很好的概括。其结合我国国情提出“共同治理”的观点，即企业不仅要重视股东的权益，还应重视其他利益相关者对经营者的监控；不仅要注重经营者的权威，还要关注其他利益相关者的实际参与；关于利益相关者的外部治理机制是公司治理机制中极为重要的一个方面。

5. 旅游生态补偿与利益相关者

20世纪70～80年代，不少国外旅游研究者开始热衷于将“利益相关者”一词引入旅游领域，并运用于旅游目的地规划、管理与协作的研究之中，衍生出“旅游利益相关者”。

1999年10月1日，世界旅游组织大会在其第13届会议通过的《全球旅游伦理规范》中明确使用了“利益相关者”一词(郭华，2008)。

利益相关者模型引入生态旅游领域，源自这个年代保护观念的转变，只有让当地人从公园管理和旅游开发中获得收益，受保护的物种、区域和生态系统才能够存在下去。只有将当地社区作为一个重要的利益相关者来看待，保护和发展的平衡问题才能够得到有效的解决。正如Walle所指出的，作为一个综合性的产业，旅游业比其他大部分行业所涉及的利益相关者都要多。国外很多学者在分析旅游业的政治、社会和道德问题时，都使用了利益相关者模型。

可持续旅游的主要利益相关者包括：当地社区、政府机构、旅游业、旅游者、压力集团、志愿部门、专家、媒体等。目前，利益相关者的概念已扩展到包括以保护区和当地社区为核心的、所有与生态旅游发展相关的主体(宋瑞，2005)。

相比之下，我国国内对旅游领域中利益相关者问题的研究显然相对滞后而薄弱。直至2000年，张广瑞将世界旅游组织通过的《全球旅游伦理规范》进行了翻译并引介至国内，2002年，由中山大学旅游发展与规划研究中心主持了《桂林市旅游发展总体规划(2001—2020)》，识别出旅游发展中的主要利益相关者，即游客、政府、本地居民、商业部门、景区开发商等，备受国外旅游界瞩目的“利益相关者”问题才真正引起国内学者的关注(郭华，2008)。

目前，旅游业利益相关者理论主要包括以下方面的研究：利益相关者理论与管理方法研究、利益相关者理论与旅游规划、利益相关者理论在目的地管理和旅游企业管理中的运用等。尤其是在旅游发展规划方面，该理论应用范围广泛。由于旅游过程牵扯到各种利益的关系，所以在规划设计过程中要协调好各方利益关系，例如，旅游者、居民的期望在旅游发展规划中的战略价值，社区居民的参与意愿，绘制利益相关者图谱等。此外，在市场营销、旅游流、生态旅游方面，利益相关者理论也有一定的应用价值。当然，也有学者指出，利益相关者不仅包括各种利益实体，也应包括无形的自然资源和文化资源。为了解决利益相关者话语权较弱的问题，利益相关者新理论提出从“社区参与”走向“社区增权”(钟晖，2016)。

生态旅游资源开发的过程实际上是各种利益相关者追求自身利益最大化的博弈过程，是利益(环境、社会、经济等)的平衡过程。因此，只有对利益分配不足的相关利益群体进行相应的利益补偿，才能确保生态旅游的可持续发展(黄圣霞和巫国富，2011)。

生态补偿项目中存在着极为关键的两方，这就是谁来补偿以及谁应得到补偿。按照“谁使用、谁付费”这一原则，生态环境的使用者应支付补偿资金，相应地，因生态环境过度利用而遭受损失的个人或企业应得到补偿。“谁保护，谁受益”原则和“谁受益，谁付费”原则，都强调了生态系统服务的正向外部性，认为保护生态环境的个人或企业应得到补偿，而享受生态系统服务的个人或群体应支付补偿资金。

然而，已有的生态补偿原则是不完整的。因为这些原则主要针对的是生态系统服务的外部性、跨区占用和交易等引发的利益冲突，他们没有涉及自然资本和人造资本如何最优配置的难题，也没有涉及如何保证生态系统服务分配的代际公平难题。没有人因个人利益而关心自然资本与人造资本的最优配置。而在关于生态系统服务的代际分配中，后代人注定是缺位的。于是，部分生态补偿项目需要有一个代表全局利益和子孙后代利益的政府。

3.3.3 旅游孤岛经济效益

1. 旅游孤岛经济效益的概念及内涵

关于孤岛，地理学指远离大陆的孤立岛屿。孤岛效应原是生态学上指生态系统内的子系统与该系统其他组分间缺乏应有的物质交换与能量循环，不相协调发展的封闭现象。近年来，随着交叉学科的发展，其他学科包括社会学、经济学、生态学等领域也借鉴引用孤岛理论这一概念原理(田里等，2016)。

刘爱利等(2007)首次将“孤岛”与“孤岛效应”引入到旅游度假区的影响效应领域，并概括出旅游孤岛与周边社区相割裂、隔离的“经济孤岛”、“社会孤岛”、“文化孤岛”“生态孤岛”和“生态景观孤岛”等特征。章锦河等(2007)提出“门票经济、产业链短”旅游经济孤岛现象。

所谓旅游孤岛，指在一定区域内因旅游业发展而形成的与周围地区有鲜明差异的某一小块区域，其结构、功能、特征与周边相异。旅游孤岛包括旅游经济孤岛、旅游文化孤岛、旅游景观孤岛、旅游管理孤岛等内容。旅游经济孤岛是指旅游景区的经济发展与周边腹地之间缺乏应有的经济联系与相互作用，形成内外差异较大，独自发展形成孤立的经济高地现象(章锦河等，2007)。旅游景区形成单一的增长极，周边社区未能充分享受景区旅游带来的经济效益(田里等，2016)。

虽然国家、地方、企业等加强了对风景名胜区环境资源的保护，却忽略了风景名胜区周边居民同样享有的合理、平等利用风景名胜区环境资源的权利，由于缺乏对风景名胜区周边居民利益协调的相应机制与政策，形成风景名胜区旅游经济发展的“孤岛效应”，导致风景名胜区的区内与区外居民利益的严重失衡，影响风景名胜区环境资源的保护与区域可持续发展(章锦河等，2007)。

王云帆(2014)以峨眉山景区为案例切入点，指出现行的开发模式使得一些景区圈“景”为“区”，并使景点隔绝于当地，沦为“旅游孤岛”，越是热门的旅游景区，越应避免陷入旅游开发的“孤岛效应”，峨眉山景区与当地村民能在和平的利益博弈中，为其他旅游景区提供一个走出“孤岛效应”的范本。

总之，旅游经济的孤岛效应目前仍普遍存在，其不利于和谐旅游的构建，有悖于通过发展旅游业带动区域经济发展的初衷。消除旅游经济的孤岛效应是遵循科学发展观，构建和谐旅游的必然要求。

2. 旅游经济孤岛效应形成原因

1)外因

(1)空间区位的锁闭性。空间区位的锁闭性是旅游景区极化发展的结果，它包括地理位置的孤立性和交通区位的封闭性两个方面。前者是指旅游景区发展与外部社区因地理位置(如岛屿、洞穴、谷地)的差异而形成旅游孤岛，后者指旅游景区与外部社区因交通障碍而形成的旅游孤岛。

(2) 发展模式的单一性。发展模式单一是“圈景为区”的开发结果，其开发只注重景区自身的发展，旅游风景区为不断提高经济效益，完善旅游产业链，方便与满足旅游者的需求，往往采取风景区一元化发展模式，即满足游客的食、住、行、游、购、娱等活动的相关产业与服务都由风景区经营的旅游公司或风景区内部的居民来承担，割裂景区与周边社区的互动，这不仅造成游客集中在某一片区，景区整体效益也未发挥出最大值；而且对风景区的生态环境造成巨大压力，同时也在一定程度上割裂了风景区周边腹地承接为旅游者服务的下游相关产业的发展路径。如九寨沟自然保护区周边乡镇居民的主要谋生手段仍是农业生产活动，旅游业并没有成为当地乡镇的支柱产业(章锦河等，2007)。这种一元化发展在旅游景区内部也只关注核心区的发展，造成了旅游景区的孤岛效应。

(3) 二元化管理体制。体制的“高墙”往往是造成旅游经济孤岛的重要原因。旅游发展初期一般采取政府主导型发展模式，为加强对旅游风景区点的管理，常规的做法是成立风景区的“管委会”，管委会的设立对加强风景区旅游资源的开发与保护起到了巨大的作用，但是管委会与地方政府在管理权限、职能、性质上的差异，导致风景区与其腹地之间存在明显的二元化体制。一方面，风景区由于政府主导的相对宽松与鼓励的政策，且有不同于地方政府的全新管理体制和市场化运行的机制而快速成长；另一方面，由于地方传统的计划经济体制烙印的依然存在，地方不能为风景区的辐射扩散提供适宜的环境，不利于风景区辐射带动效能的发挥，风景区与地方缺乏应有的协作与对话机制，导致风景区在区域外寻求合作对象；同时，政府与当地群众由于无法或较少分享到风景区的经济利益，对于在自己土地上发财的“旅游飞地”——风景区易产生不满与对立的情绪，进一步堵塞了两者之间的对话渠道，经济的联系趋弱，强化了孤岛效应(章锦河等，2007)。

(4) 管理体制的多重性。目前我国大多数旅游景区都具有多重管理的特征。按照景区资源价值的大小，分为国家级、省级、市县级行政主管部门，不同级别的旅游景区由不同级别大小的行政部门管理；按照景区资源类别的不同，由建设、林业、环保、文物、文化、宗教、海洋、旅游等部门行使行政权，并且大多数景区受多个行政部门的管理。这种多重性的管理体系，易造成管理的混乱和粗放，且体制的“高墙”引起部门管辖的阻隔和政策实施的限制，使得景区无力参与市场化的运行，与周边社区和外界隔绝。

2) 内部成因

(1) 利益追逐的驱动。企业作为旅游景区经营的主体，在资本逐利性的驱使下，通过掌握完整的利益链条来获取收益。一般而言，旅游发展初期，腹地人口往往能从旅游业中获得较大的收益利润率，但随着政府将风景区作为优先发展的地区，大量引进外资，兴建旅游接待设施，地区传统上用来放牧、捕捞的地区被卖，用来建五星级酒店，其他一些居民可利用的公共资源也被旅游业的进一步发展而占用，居民失去了原先的以自然资源为基础的收入来源，也失去了在非正式部门中的补偿收入来源(张伟和张建春，2005)。因此，在经济上，社区参与旅游获益的能力降低，在社会上，现代文化将本土文化挤出，在生态上过多的服务设施建设不断压缩森林、水体、绿地面积，旅游景区的孤岛效应开始显现出来。

(2) 社区参与的障碍。社区参与旅游表现在两个方面，即参与发展决策与参与利益分配。社区参与发展决策包括参与战略制定、征求社区意见等，社区参与利益分配包括增加收入、获得就业机会、改善生活水平等。旅游风景区要得到可持续发展的活力，必须重视腹地社区居民的参与，但许多景区的发展多由政府和开发商主导，利益相关者中的社区力量薄弱，很难参与到旅游的经营和决策中，在一定程度上导致孤岛效应。社区参与的障碍主要体现在以下几个方面：

①长期相对封闭的发展环境，腹地自身经济基础薄弱。由于社区经济发展的落后、资本薄弱，其地域空间的封闭性导致的经济、技术的封闭性及文化价值观念的封闭性，使其跌入了一个社会经济封闭发展的孤岛陷阱(程厚思等，1997)。

②教育水平相对偏低，缺少人力资本，在一定程度上降低了社区参与的能力。

③缺少金融资本，土地等自然资源的所有权和使用权受到限制，市场介入机会与进入能力弱。旅游的发展，由于保护风景区的需要，腹地人口往往失去对自然资源，特别是土地资源等的进入性，从而导致原先的生活方式受到威胁，生活来源受到限制。

④由于缺乏信息、熟悉感和信任感，在发展正式部门与非正式部门之间的经济联系时，社区、合作者、私人部门、非政府组织、政府部门之间占统治地位的文化的差异性增加了促进交流和沟通的交易成本，阻碍了交流的发展，限制了不同主体之间的合作。因此，资金、技术、政府政策以及资源和市场进入性等问题的大量存在，腹地居民参与能力弱，使旅游发展的经济孤岛效应加剧(章锦河等，2007)。

(3)人为生态的破坏。旅游景区内的人为设施和活动，易造成生态景观系统的整体性受到破坏，景区与外界的生态廊道被切断，绿色基质被打散，形成生态景观孤岛。在景区内，不合理的人工设施破坏了景区的生态系统，如大量不合理新建的硬质游道，不仅仅破坏植被，影响动物的繁殖迁徙，而且改变了自然的水文过程，原来自然状态的地表水下渗等变成了集中式排水，造成水土流失，不利于水土涵养以及生物的存活。其他的人为活动，如景区内侵占河道、出现人工砌岸、沟渠化等河道人工化现象，以及停车场、观景台、休憩亭等人工设施的不合理建造，都是自然景观和生态破坏的原因(田里等，2016)。

(4)空间区位边缘化。旅游风景区的周边腹地，距离风景区的远近差异，导致与风景区的经济联系强弱不同。一般而言，越靠近风景区，其获得风景区的收益的可能性越大。随着九寨沟旅游客流的持续、快速增长，为还原和保护九寨沟的自然风貌，2001 年 5 月 1 日起，景区内的宾馆饭店一律关闭，所有游客都“沟内游，沟外住”，这一变化将有利于九寨沟带动周边腹地的经济发展，但同时又形成了新的空间尺度的孤岛效应(章锦河等，2007)。

在旅游景区的经济发展中，通过景区发展带动周边地区的经济，实现社区居民增加收入、就业岗位增加等，一直是旅游景区发展旅游业的重要目标。然而，由于外来资本的控制、经济利益的追逐等原因，旅游景区过于关注自身的经济发展，忽视周边社区的经济发展诉求，导致各种社会矛盾的激增。周边社区的经济发展和景区脱节，当地经济发展机会受限等，旅游景区形成经济孤岛，从本质上体现了旅游经济的不可持续发展。

3. 旅游经济孤岛效应演化过程

旅游景区孤岛效应是一个复杂的系统演进过程，其演化规律反映了旅游景区孤岛效应的发展轨迹，通过旅游景区孤岛效应演化模型及阶段特征分析，能够有效地控制旅游景区的规划、开发和管理。

旅游景区孤岛效应演化过程本质上是一个“初化→兴化→孤化→极化或融化”的从无到有，又从有到无的循环过程。这实质上是旅游孤岛效应从简单向复杂发展、从浅层向深层演进、从核心到边缘不断扩展的过程(田里等，2016)。

1)初化阶段(旅游景区的初始阶段)

只有探险型游客且数量较少，旅游者分布分散且与当地社区接触频繁。此时的旅游景区呈自然状态，只有少量简单的旅游设施，外部资本还尚未进入景区开发。初化阶段，旅游地的自然、社会、经济环境未因旅游的变化而发生变化，景区发展处在探索时期，孤岛效应尚未出现。

2)兴化阶段(旅游景区的发展阶段)

旅游者的数量开始增多，分布趋于集中，与当地社区的接触更加紧密。旅游景区开始出现社区居民和外来资本有意识的开发活动，各种类型的旅游设施提供给旅游者。兴化阶段，景区发展给当地带来较大的影响，自然、社会、经济环境开始改变，社区能够享受到旅游带来的收益，景区处在发展阶段，旅游景区孤岛效应开始显现出来。

3)孤化阶段(兴化阶段的拓展阶段)

旅游者人数持续上涨，开始出现集中的旅游市场和高峰期。孤化阶段，由于景区和社区的割裂，旅游环境容量的超载，导致许多社会、经济、生态问题的产生，旅游景区的孤岛效应非常明显。

4)极化或融化阶段(旅游景区孤岛演化的选择阶段)

旅游景区孤岛演化的选择时期，朝两种截然不同的发展方向。在极化阶段，旅游景区与周边社区差异越来越大，旅游设施高度集中于景区内，本地居民几乎不能介入旅游。此时，旅游景区与社区形成经济的两极分化，社会文化与生态景观以外来物种、人造为主。融化阶段，旅游景区和周边社区的联系紧密，旅游发展向周边社区扩散，居民可以全面参与到旅游的开发经营中。此时，旅游景区与周边社区形成良好的融合互动，经济、社会和生态方面和谐发展(田里等，2016)。

4. 旅游经济孤岛效应的特征

旅游景区孤岛效应的主要特征表现为经济利益的割裂性、社会文化的挤出性和景观生态的破碎性 3 个方面。

1)经济利益的割裂性

经济利益的割裂性是旅游景区孤岛产生的经济影响，旅游经济效应主要集中于景区内，无法扩散或有限扩散周边区域，景区和周边的经济产生差异和脱节，没有形成带动性发展的格局。经济利益的割裂性包括就业机会、持续受益和带动作用 3 个方面的割裂。就业机会的割裂表现为就业机会少、就业层次低，旅游景区孤岛效应越明显，就业机会的割裂性就越突出；持续受益的割裂表现在旅游设施大多受外来资本的控制，本地居民的商业机会或创业机会受限；带动作用的割裂表现在门票经济、经济漏损、非对称发展等，造成旅游景区与社区的差异较大，景区对社区的带动作用薄弱(钟晖，2016)。

2)社会文化的挤出性

社会文化的挤出性是旅游景区孤岛所产生的社会文化影响。社会文化上的挤出性包括原住居民、社会功能和本土文化 3 个方面的挤出。原住居民的挤出，指旅游景区在发展的过程中，尤其是形成孤岛后，以原住居民为主的社区结构演变成以旅游者为主体的社区结构，原住居民被挤出景区，导致景区内的生活方式、消费方式、价值观念等发生改变；旅游功能的挤入必然导致社区社会功能的挤出，包括景区的生产功能、生活功能和生态功能的挤出；旅游景区孤岛效应形成后，外来文化、现代文化等对本土文化慢慢侵蚀，本土文化被庸俗化、商品化和涵化(钟晖，2016)。由于本土文化处于弱势，为了适应旅游者的需要而屈于外来旅游者的态度和价值观取向，本土文化被迫进行改造、日渐衰微，逐渐被挤出。

3)景观生态的破碎性

景观生态的破碎性是指组成景观生态有机整体的要素缺失或环节的破坏，旅游景区与周边社区景观生态存在显著差异所呈现出的割裂状态，形成非整体性的旅游景观生态。景观生态的破碎性包括景观、生境和格局 3 个方面的破碎化。景观破碎化指受人为干扰，旅游景区内外景观存在较大的差异。旅游景区内往往修建大量的旅游设施，植被以外来树种为主，旅游设施斑块和自然景观斑块相间分布，形成高度的景观破碎格局；生境破碎化包括生境的丧失和生境的分割，生境破碎造成巨大的负面影响，斑块面积下降，不能满足生物的需求，使得物种的丰富度、种群数量、种群的分布受影响，最终形成生态上的孤岛；格局破碎化指景观空间整体性遭到破坏所呈现的不连续性现象，表现为空间分布的孤立格局和空间梯度的巨大差异，整体景观格局中的“线”被切断，“面”被打散，最终压缩成几个孤立的点，景观整体格局空间逐步被挤压和碎化，与周边环境的差异越来越大，联系越来越少，形成隔离的孤岛(田里等，2016)。

5. 旅游经济孤岛效应的消除

伴随着旅游业发展，“孤岛现象”在旅游景区中日益凸显，景区和社区的矛盾不断激发，成为阻碍景区和社区可持续发展的重要问题(田里等，2016)。旅游经济孤岛效应的消除，是实现旅游业发展的辐射带动作用的关键。

1)理顺管理体制

由于我国自然资源管理的特殊性，即层层代理制、横向管理与纵向管理的相互交叉，导致条块分割，对自然风景名胜区的经营与管理而言，容易引发各种矛盾和多种利益主体的冲突，制约旅游辐射带动效应的发挥。建立和完善管理体制，健全风景区与周边腹地的对话机制与渠道，是消除孤岛效应的关键和制度保障。

(1)要理顺风景区管委会、地方政府、上级政府的关系，尽管三者在终极目标与利益上是一致的，但政府部门也有各自的利益兴奋点，因此往往引发地方政府与管委会的矛盾；另一方面，上级政府往往从风景区中获得较高的利益回报，转移了地方政府的既得利益，造成上、下级政府间的利益之争。

(2)要理顺横向管理的各部门之间的关系，由于我国旅游资源存在“多头”管理的现实，建设、林业、文化、宗教、水利、环保等各自为政，在利益上竞争、在责任上推诿，影响管理效率，割裂风景区与腹地的经济联系，导致腹地弱势群体利益受到损害，或牺牲弱势群体利益平衡各部门的矛盾。因此，建立和完善管理体制，健全风景区与周边腹地的对话机制与渠道，是消除孤岛效应的关键和制度保障。

2)加大“输血”力度

“输血”的目的是启动造血功能与机制，因此加强外援性资源的注入十分重要。外援性资源不仅仅是限于资金方面，信息、管理、经营、人力资源培训等方面的外援也很重要。旅游管理部门、发展或援助机构、旅游研究和教学机构、旅游企业为腹地社区居民培训旅游人才、传送市场信息、提供讲师团、包区蹲点指导旅游开发等形式，都属于外援性力量的输入。输血的主体涉及立法者和决策者、非政府组织、旅游开发商、社会其他扶助力量、旅游研究者，甚至包括部分旅游者。

3)完善“造血”功能

只有社区居民的参与能力不断提高，在参与机会面前才能有效把握，才不会被旅游经济发展边缘化。居民提高参与能力，一要加强学习，不断提高自身素质；二要争取贷款，努力创新、创业；三要从非正式部门起步，向正式部门过渡；四要善于拾遗补缺， 抓住发展机遇。非正式部门的经营活动是社区居民主要的参与方式和获利方式，援助组织可以通过提供贷款、培训、帮助市场营销等直接的干预手段和促进政策改革、规划编制、支持同私人部门合作经营等间接手段帮助他们生存和发展(张伟和张建春，2005)。

3.4 旅游生态足迹——旅游生态补偿的新方法

3.4.1 生态足迹理论

1. 生态足迹产生的背景及内涵

生态足迹思想起源于可持续发展思想，是测量人类社会可持续发展的一种重要方法(谭伟文等，2012)。要实现区域可持续发展，就必须综合考虑生态环境资源的再生与替代能力、生态系统的循环与净化能力以及生物多样性的保护，生态足迹理论就是在这样的背景下提出的(赵煜等，2015)。生态足迹指数自提出之后，以其在原理上的简单易懂性和实际运用上的简便可操作性，获得世界众多研究机构的广泛关注，成为评价可持续发展程度的一种重要方法。

生态足迹(ecological footprint，EF)，也被称为生态占用，就是能够持续地提供资源或消纳废物的、具有生物生产力的地域空间。生态足迹是最早由加拿大生态经济学家里斯

(Rees)于 1992 年提出，再由其博士生瓦克纳格尔(Wackernagel)进一步完善的一种理论和方法(谭伟文等，2012)。它是人类社会在反思自身单纯追求经济增长带来的资源与环境问题中，所形成的一种衡量人类对自然资源利用程度以及自然界为人类所能提供服务的方法(Wackernagel and Rees，1996)。用生态生产性土地及水域等面积来表达一定的人口及其经济消耗对自然资源的消费量，并与该地区实际的生态供给能力的比较结果，来衡量该地区的可持续发展程度(Wackernagel and Rees，1996)。

生态足迹指特定数量人群按照某种生活方式所消费的自然生态系统提供的各种商品和服务功能，以及在这一过程中所产生的废弃物需要环境吸纳，并以生物生产性土地(或水域)面积来表示的一种可操作的定量方法(沈佐锐，2011)。生态足迹是生产这些人口所消费的所有资源和吸纳这些人口所产生的所有废弃物，所需要的生物生产土地的总面积和水资源量(杨桂华和李鹏，2005)。生态足迹可以很直接地展现出某一地区、城市乃至国家为了维持目前的生活水平，所需要的可提供生产的土地、水域等的面积(曹新向等，2006)。

生态足迹是一种可以将全球关于人口、收入、资源应用和资源有效性汇总为简单、通用的进行国家间比较的便利手段——账户工具(邹统钎等，2008)。可以实现对生态目标的评判和对可持续发展的测度，已经被广泛应用于大到全球、国家、城市尺度，小到社区、个人等尺度的研究，它是至今为止分析人类对自然环境的影响，并能将这种影响全面表述出来的最有效的工具之一(韩召迎，2012)。

2. 生态足迹模型解析

任何已知人口(某个个人、一座城市或一个国家)的生态足迹是生产这些人口所消费的所有资源和吸纳这些人口所产生的所有废弃物所需要的生物生产土地的总面积和水资源量(杨桂华和李鹏，2005)。各种生物生产性土地的空间面积是特定区域内人类活动对生态环境的影响所折算而成，进而与区域本底生态承载力作差，是生态足迹理论的主要计算方法。通过差值的正负得出生态盈余或生态赤字，进而评断特定区域内发展的可持续性水平。

1996 年 Wackernagel 建立了生态足迹的账户模型，其理论依据主要在于两点：一是对于生活中所消耗的绝大多数资源以及所产生的废弃物的数量可以进行统计和计算；二是可以通过均衡因子等将这些所消费的资源和产生的废弃物的数量进行统一，将它们转换成对应的生物生产性土地面积(具备生态生产能力的土地或水体的面积)，从而进行生态足迹的计算(Rees and Wackernagel，1996)。

为此，主要考虑 6 种土地类型：耕地、林地、草地、建筑用地、化石能源地和水域(刘淼等，2006)。将这 6 种不同类型的生物生产性土地面积加权求和即为生态足迹。在计算过程中需要对各类生物生产面积乘以一个均衡因子(严丽，2010)。

3. 生态足迹模型定量分析方法

生态足迹模型定量分析由以下三个步骤构成：

1)计算生态足迹

基于目前成熟的理论研究，成分法、综合法、投入产出法等是生态足迹的主要计算方法(吴隆杰等，2006)，计算公式为

$$\mathrm{EF} = N \cdot \mathrm{ef} = N \cdot \sum[r_i \cdot c_i / p_i] \tag{3-1}$$

式中，EF 为总的生态足迹；N 为人口总数；ef 为人均生态足迹；i 是消耗项目的类型；c_i 是人均消耗量；p_i 是世界平均生产能力；r_i 是均衡因子(陈玲玲等，2011)。

2)计算生态承载力

某一地区能够供给的人类用以生产生活的土地面积，用以表征该地区的生态容量即为生态承载力。其计算公式为

$$\mathrm{EC} = N \cdot \mathrm{ec} = N \cdot \sum a_j \cdot y_j \cdot r_j \quad (j = 1,2,3,\cdots,6) \tag{3-2}$$

式中，EC 为地区总的生态承载力；N 为人口数；ec 为区域人均生物承载力；j 为生物生产性土地的类型；a_j 为人均生物生产性土地面积；y_j 为产量因子；r_j 为均衡因子(郭秀锐等，2003)。

3)计算结果分析

将生物承载力与生态足迹的计算结果相比较，进行结果分析，可以判断一个地区可持续发展的状况。用生物承载力的计算结果减去生态足迹的计算结果[式(3-3)]：值为正，表明生态盈余，即处于可持续发展阶段；值为负，表明生态赤字，则处于不可持续发展阶段。

$$\mathrm{ER(ED)} = \mathrm{EC} - \mathrm{EF} \tag{3-3}$$

式中，EC 为总的生物承载力；EF 为总的生态足迹。当 EC＞EF 时，说明该地人类活动的生态在生态容量之内，表明生态盈余(ER)；反之，当 EC＜EF 时，说明该地生态容量不足以支持人类活动，超出自然所能承受的范围，即生态赤字(ED)(马春等，2008)。

4. 国内外研究现状

生态足迹的概念自 1992 年由 Willian 及其博士生 Wackernagel 提出之后，由概念完善到运用经过了一个快速发展期。研究尺度上由最初的全球尺度的研究拓展到地区、国家以至对地方生态足迹的具体研究。以投入产出法为主要的研究方法，结合综合法、分析法等众多研究方法，拓展了生态足迹的研究方法。研究领域上也广泛运用于耕地、旅游、交通、生态农业、个人生活等方面。此外，生态足迹此前多作为静态分析方法，缺乏对研究对象的动态预测，因此加强生态足迹在时间序列上的研究也成为学者们研究的热点。

1)研究尺度的拓展

(1)全球尺度。1997 年，运用生态足迹分析方法，Wackernagel 等首先对全球多数国家和地区的生态足迹进行了计算。结果显示，1.7 hm^2 是人均生态足迹的阈值，而当时全球平均人均生态足迹 2.8hm^2，人均生物承载力 2 hm^2，已有四十多个国家出现了生态赤字(Wackernagel，1997)。2000 年之后，世界自然基金会(World Wide Fund for Nature，WWF)等国际组织对全球生态足迹进行了计算分析。其中，WWF 在生命行星报告 2002、2004 中公布了全球生态足迹和生物承载力 1999 年、2001 年的数据；Global Footprint Network 在《国家生态足迹及生物承载力账户 2005 版》中公布了 2002 年的数据，得出全球生态承载力均小于生态足迹，全球处于生态赤字状态(Wackernagel et al.，2002)。报告显示，人

类活动正加速地破坏着自然生态系统，发展进入不可持续阶段，人类的生存环境面临着严峻的威胁(Loh，Wackernagel，2004；Global Footprint Network, 2005)。

(2)国家和地区尺度。在国外研究方面，将全球按照收入差距和地区差异进行分类，在不同的分组中，《国家生态足迹及生物承载力账户 2005 版》计算了各自的生态足迹和生物承载力。按地区分类，2002 年生态赤字在北美、非洲等 5 个主要地区均出现，但具有不同的程度。另外该研究账户还计算了 2002 年全球 150 个人口在 100 万以上的国家的生态足迹和生物承载力，结果显示，生态赤字排在前三位的分别是：阿联酋、科威特、美国。这说明，阿联酋、科威特等石油输出国，以及美国这样的西方发达国家，是在对别国自然资源转移消费的基础上所进行的过度消费和提前消费模式，其发展均处于不可持续阶段。目前国内对生态足迹的研究基于地区和国家层面的大约有 1300 多篇，而最早是由徐中民等对 1999 年我国生态足迹和生物承载力进行了计算。计算结果表明，我国 1999 年人均生态足迹大于人均生物承载力，分别为 $1.326hm^2$ 和 $0.681hm^2$，因而生态赤字达到 $0.645hm^2$，生态足迹超过了生物承载力的 94%(徐中民，2002)。我国生态环境正遭受严重破坏，发展表现为不可持续性。

(3)地方尺度。在国家生态足迹理论假设的前提下，地方生态足迹研究在近些年也得到了较快发展。周静和管卫华(2012)利用生态足迹方法分析了南京市 1999～2009 年人均生态足迹和生物承载力变化，结果显示，1999～2009 年南京市人均生态足迹呈上升趋势，由 1999 年的 $2.69hm^2$，上升到 2009 年的 4.3 hm^2。人均生物承载力呈减小趋势，由 1999 年的 0.39 hm^2 减少到 2009 年的 0.29 hm^2，人均生态赤字逐年拉大，南京市生态赤字在国内属于较严重生态赤字区，生态压力重大，发展的可持续性面临严重危机。

2)研究方法的改进

国外，1998 年 Bicknell 在对新西兰的生态足迹核算中首次运用了投入产出法。2004 年 Erb 提出了“实际土地需求”这一概念，将本土的实地情况，诸如土地利用、土地类型等纳入生态足迹计算分析中，调整了计算因子，使计算结果较之前的计算更能突出分析区域内人类的不同行为对自然环境影响的不同程度。国内，方恺(2013)在阐述生态足迹三维模型的概念和计算方法的基础上，为了进一步修正模型引用了两个新指标，即资本流量占用率和存量流量利用比，同时结合模型本身的优势，实证分析了我国 1961～2006 年的生态足迹。结果表明，1961～2006 年，我国人均生态足迹在波动中不断上升，与此同时，人均生物承载力不断下降，资本存量消耗加快，生态环境压力较大。

3)研究领域的延伸

生态足迹分析法在被运用于测度以上区域、国家的可持续发展的同时，2003 年之后生态足迹开始被单独运用到某一项或某几项消费与生物生产性土地的关系，扩展了生态足迹的研究领域。国外，Stoglehner(2003)、Holden 等(2005)将能源的供应和消费与吸收这些能源消费产生的 CO_2 所用林地及对全球气候变暖的影响进行了相关研究。国内，罗艳菊和吴章文(2005)用生态足迹模型计算分析了鼎湖山 2001 年旅游生态足迹，结果表明，远程旅游者中旅游生态足迹随着旅游者的旅行距离的增大而增大，因而对生态的影响也随之增大，并且在旅游六大要素中以旅游交通生态足迹所占比重最大。

4）时间序列的研究

生态足迹作为一个定量测度生态环境状况的指标，在对时间序列上的变化及影响因素缺乏研究。因此，针对生态足迹研究的这一静态缺陷，注重时间序列的研究显得尤为重要。国外，WWF 在生命行星报告 2002、2004 中公布了全球生态足迹和生物承载力 1999 年、2001 年的数据；在《国家生态足迹及生物承载力账户 2005 版》中 Global Footprint Network 公布了 2002 年的数据。国内，2004 年刘宇辉等运用生态足迹模型实证研究了我国自 1962 年之后的近 40 年的生态足迹的大小，结果显示，1962～2001 年，我国总生态足迹与总生物承载力均呈现上升趋势，但后者的上升趋势明显滞后于前者，说明生态赤字在我国早已出现，并有逐步扩大的趋势（刘宇辉和彭希哲，2004）。并且通过与世界生态压力的对比分析得出，我国生态系统面临着更多的生态不稳定因素，生态潜在压力更大，这将对我国长期国际竞争潜力产生严重影响。

5. 生态足迹模型发展展望

通过以上综述表明：在现有人口数量、经济发展水平以及生态环境下，生态足迹模型从经济学原理出发，一方面从供给上计算生物承载力，另一方面从需求上计算生态足迹，已经成为度量可持续发展的一个重要方法。通过比较计算结果中供给量与需求量的大小，表现为生态赤字还是生态盈余来度量研究区可持续发展状况。生态足迹分析方法以简洁明了的语言从一个新的角度阐释了人类社会经济发展与生态环境的关系。

生态足迹模型自 1999 年引入我国，大多研究仅是运用生态足迹模型测度研究区空间尺度的可持续发展状况。在理论上，缺乏拓展性和延伸性；方法上，在促进生态足迹模型深化和改进的同时仍局限于二维模式；实际运用上，侧重于对国家以及区域整体的生态足迹研究，对产业、特定行业等所产生的对可持续发展的影响涉足较少。因此，结合现今经济发展状况及生态环境特征，对生态足迹模型进行如下展望：

（1）生态足迹计算中的数据大多来自统计数据，由于数据的单一性，可能存在一定偏差。因此要多方面获取数据，并且要对数据进行必要的精度评价和修正，以确保研究的科学性。

（2）在研究领域上，通过加大生态足迹在各产业上的应用力度，尤其是对当前较为热点的旅游、交通、能源消费、国际贸易等方面的研究来拓宽生态足迹的研究领域。

（3）在研究方法上，模型的改进和性能测试已成为生态足迹分析方法的重要组成部分。从时间和空间两个方面表征人类对资本存量消耗和对流量占用的三维模型，更能显示资源消费的供需矛盾，在一定程度上克服了经典模型的评估缺陷。

3.4.2 旅游生态足迹理论

1. 旅游生态足迹的概念及内涵

生态足迹除了在不同尺度上有大量的研究外，在不同行业、不同生态组分、不同应用层面均有研究（谭伟文等，2012）。随着旅游业的快速发展，旅游带来的环境隐患，使区域生态遭受严重破坏。如何测度旅游活动对旅游区以及整个生态系统的影响，以及判断区域旅游方式是否可持续，成了旅游研究中的瓶颈。

生态足迹的理论在旅游研究中的应用即为旅游生态足迹(邹统钎等，2008)，它是在综合考虑旅游者的生态消费及结构特征的基础上定量测度研究区旅游可持续发展的工具。2002 年英国的 Hunter 教授最早提出旅游生态足迹的概念(韩光伟，2008)。戈斯林等(Gossling，2002)第一次把生态足迹作为一种工具应用于旅游业可持续性发展研究(谭伟文等，2012)。

旅游生态足迹是指在一定时空范围内，与旅游活动有关的各种资源消耗和废弃物吸收所必需的生物生产土地面积，即把旅游过程中旅游者消耗的各种资源和废弃物吸收用被人容易感知的面积观念进行表述，这种面积是全球统一的、没有区域特性的，具有直接的可比较性。根据测度对象和范围的不同，旅游生态足迹可以从旅游产业生态足迹、单个行业生态足迹、旅游产品生态足迹、目的地旅游生态足迹、瞬时旅游生态足迹、旅游企业生态足迹等角度进行界定。旅游生态足迹为旅游可持续发展的定量测度提供了一种新的方法，是测度旅游可持续发展的重要工具(户朝雪和秦安臣，2014)。

2. 旅游生态足迹模型解析

旅游生态足迹的计算方法可以借用生态足迹较为成熟的方法(杨桂华和李鹏，2005)。各国越来越多的学者致力于寻找科学的方法，使旅游业在带动经济发展的同时能与环境保护协调发展，如旅游环境影响的评价分析法、旅游容量的 3C 概念体系和旅游发展的预警系统等。这些方法在旅游环境保护上确实起到了警示、预测作用，但是由于理论上这些研究方法仅考虑到旅游活动对旅游景区的微观影响，方法上计算繁琐。所以，在理论和方法上的局限性使这些评价方法在实施中较难推进。

旅游生态足迹模型(touristic ecological footprint，TEF)是以生态足迹模型的成熟理论为基础，从旅游活动的六要素出发，将生态足迹模型运用于旅游研究中所构建的模型，充分发挥了生态足迹模型在度量区域可持续发展中的优势，为测度旅游活动对生态系统的影响提供了一种新的研究手段。

从不同的测度范围出发，旅游生态足迹对城市生态足迹、国家生态足迹等进行了测度；同时，依据不同的测度对象，旅游生态足迹对旅游交通生态足迹、旅游产品生态足迹等进行了测度(潘金玉，2014)。多角度的测度不仅提高了旅游生态足迹模型的应用范围，而且对模型的进一步修正具有积极的指导意义。

在旅游生态足迹计算中，生物生产性土地同样可以被分为化石能源地与建成地两大类，具体为 6 个基本类型。从旅游活动的要素出发，旅游餐饮、住宿、交通、游览观光、休闲娱乐、购物即为旅游产品的主要资源消耗所在，将这 6 个子模型计算结果进行加总求和，即为旅游生态足迹的计算结果(章锦河等，2005)。这 6 个子模型的构成因子及所需土地类型如表 3.2 所示。

表 3.2 旅游生态足迹计算类别

类别	构成因子	土地类型
旅游交通	各类交通工具设施的占地面积、交通能源消耗中旅游占用部分折算成的土地面积	建筑用地、化石能源地
旅游住宿	提供游客住宿的建成地面积，如酒店、宾馆、花园等占用面积；居住中能源消耗折算成的土地面积	建筑用地、化石能源地
旅游餐饮	餐饮设施建成地面积、在餐饮服务中产生的能源消耗的化石能源地面积以及游客在食品上消费的生物生产性土地面积	建筑用地、化石能源地、生物生产性土地面积
游览观光	旅游景区所建立的为游客提供旅游活动的场所所占用的资源和能源消耗所需要的土地面积。如海滨湿地景区的占地用建筑地处理	建筑用地、化石能源地
休闲娱乐	旅游景区所有娱乐项目的建成地以及能源消耗所需的土地面积	建成用地、化石能源地
旅游购物	旅游购物场所建成地面积以及旅游商品在生产、运输中资源和能源消耗的土地面积	建筑用地、化石能源地、

3. 旅游生态足迹模型的定量计算方法

1) 旅游交通生态足迹

$$\mathrm{TEF_t} = \sum(N_j \times D_j \times C_j / r) + \sum(S_i \times R_i) \tag{3-4}$$

式中，j 指第 j 种交通；N_j 为旅客数；D_j 是旅客的平均旅行距离；C_j 是人均单位距离能源耗费量；r 为 71GJ/hm^2(世界上单位化石燃料生产土地面积的平均发热量)；S_i 为第 i 种交通设施的面积；R_i 是旅客使用率。

2) 旅游住宿生态足迹

$$\mathrm{TEF_a} = \sum(365 \times N_i \times K_i \times C_i / r) + \sum(N_i \times S_i) \tag{3-5}$$

式中，i 指第 i 种住宿设施；K_i 是年平均客房出租率；C_i 是每个床位的能源耗费量；N_i 为拥有的床位数；S_i 是每床位的建成地面积。

3) 旅游餐饮生态足迹

$$\mathrm{TEF_f} = \sum(N \times D \times C_i / P_i) + \sum(N \times D \times E_j / r_j) + \sum S \tag{3-6}$$

式中，N 为旅客数；D 为旅客旅游平均天数；C_i 为旅客人均每日消费第 i 种食物的消耗量；P_i 为第 i 种食物相对应的生物生产性土地的年平均生产力；E_j 为旅客人均每日消费第 j 种能源的耗费量；r_j 为世界第 j 种能源的单位化石燃料生产土地面积的平均发热量；S 为各类社会餐饮设施的建成地面积。

4) 旅游观光生态足迹

$$\mathrm{TEF_v} = \sum P_i + \sum H_i + \sum V_i \tag{3-7}$$

式中，P_i 为第 i 个旅游景区点游览步道的建成地面积；H_i 为第 i 个旅游景区点内公路的建成地面积；V_i 为第 i 个旅游景区点观景空间的建成地面积。

5) 旅游娱乐生态足迹

$$\mathrm{TEF_e} = \sum S_i \tag{3-8}$$

式中，S_i 为景区为游客提供的第 i 类户外休闲娱乐设施的建成地面积。

6）旅游购物生态足迹

$$\mathrm{TEF_s} = \sum\left[\left(R_j / P_j\right) \div g_j\right] + \sum S_i \tag{3-9}$$

式中，R_j为旅客购买第j种旅游商品的消费支出；P_j为第j种旅游商品的当时平均销售价格；g_j为第j种单位旅游商品相对应的当地生物生产性土地的年平均生产力；S_i为第i种旅游商品生产与销售设施的建成地面积。

旅游生态足迹：

$$\mathrm{TEF} = \mathrm{TEF_t} + \mathrm{TEF_a} + \mathrm{TEF_f} + \mathrm{TEF_v} + \mathrm{TEF_e} + \mathrm{TEF_s} \tag{3-10}$$

4. 旅游生态足迹国内外研究综述

Wackernagel 教授最早提出了旅游生态足迹但并未对其做出明确界定。2002 年，“旅游生态足迹”这一概念被英国 Hunter 教授正式提出。概念提出之后，旅游生态足迹在运用上以其可以直接量化比较的优势，得到探寻旅游可持续发展学者们的认可。2004 年我国学者开始对其进行研究和运用。从目前来看，研究正逐步走向成熟。

1）国外研究进展

Hunter（2002）正式提出旅游生态足迹的概念，认为在进行旅游生态足迹的计算与分析时应按照旅游产品的生命周期的规律，并讨论了生态足迹分析方法在研究可持续发展中的进步意义；Gossling 等（2002）通过对非洲塞舌尔旅游业 2000 年的生态足迹进行论证分析，得出的结果显示，引起当地环境恶化的原因主要来自航空客运排放的二氧化碳等温室气体以及能源的消耗；Victoria 和 Sinclair（2002）对印度喜马拉雅山的一个小村庄在 1964～1994 年 30 年间的旅游生态足迹进行了动态研究，结果得出在不同地区的一个床位一夜的生态足迹是不相同的；Tao（2003）计算了英国几种主要的交通方式的生态足迹，结果显示，出租车的生态足迹最高，为 0.0808hm^2，短途飞机的生态足迹最小，为 0.00472 hm^2，该研究为旅游交通生态足迹的计算提供了数据参考；旅游净生态足迹的概念由 Hunter 和 Shaw（2007）提出，结合新西兰度假旅游区实证分析了净生态足迹的计算方法，该方法对于更加精确地评价旅游活动对生态环境的影响有着重大意义。

2）国内研究进展

席建超等（2004）首次将生态足迹模型运用到旅游领域中，基于对旅游消费生态足迹的分析提出了旅游消费生态足迹模型，并以北京市海外旅游者为例，初步分析了旅游消费生态足迹。

章锦河和张捷（2004）首次将生态足迹理论与方法运用到旅游业当中，通过对黄山市旅游生态足迹的计算，结合旅游生态足迹理论与模型，实证分析了研究区自然生态环境受旅游活动的影响。研究结果显示，黄山市人均旅游生态足迹 2002 年为 0.106hm^2，将其进行年度转化，9 倍于当地的人均生态足迹。对自然资源的高需求、高消耗是旅游活动作为休闲生活方式在环境上的一个主要特征，因此也实证表明，旅游活动是影响区域可持续发展的重要因素。章锦河等（2005）以四川九寨沟为例，在旅游生态足迹模型的基础上，又构建了自然保护区居民生态补偿标准的测度模型并提出九寨沟要建立周边社区居民的生态补偿制度，这样九寨沟的自然资源才能得到社会的保护以实现保护区经济持续稳定的发展。

杨桂华和李鹏(2005)在阐述旅游生态足迹概念的基础上，以线路旅游产品为例，探讨了 TEF 模型在测度企业生态、旅游产业、旅游产品、旅游目的地、旅游者等可持续发展中的功能，指出旅游生态足迹是测度旅游可持续发展的新方法，对旅游生态足迹的进一步研究具有重要的理论指导意义。

李鹏和杨桂华(2007)针对已有大多数研究只是对旅游景区(点)进行生态足迹分析，未考虑旅游者在旅游目的地之间的空间转移而产生的生态消耗的缺陷，以交通为“线”，将“点”状的旅游景区(点)进行连接，由此形成一种“串珠”状的空间表现形式。旅游线路产品即是由这些“串珠”状的旅游活动过程所连接起来的，通过成分法构建了旅游线路产品生态足迹的计算模型，以一个典型的旅游线路产品为例，实证分析了云南“香格里拉生态文化之旅”的生态和经济效益。

在研究方法上考虑到旅游线路产品涉及多个旅游景区(点)的消费数据，旅游活动大多都需要跨区域进行，因此采用成分法，自下而上地获取研究资料，减少了由于旅游景区(点)的变动带来的影响。在组分上，将旅游线路产品生态足迹分为两组，即“资源消耗”和“废弃物”(表 3.3)。

表 3.3 香格里拉旅游线路产品生态足迹总量及组分

类型分组			生态足迹/hm^2	比例/%
	食		0.025 60	12.190
资源消耗	住		0.005 709	2.718
	行	飞机	0.124 06	59.074
		火车	0.010 75	5.119
		长途汽车	0.012 24	5.828
		短途汽车	0.014 03	6.681
		出租车	0.008 08	3.847
		其他	0.003 34	1.590
		小计	0.172 50	82.139
	游		0.000 93	0.443
	购		0.000 98	0.476
	娱		0.000 05	0.024
	合计		0.205 769	97.981
废弃物	垃圾		0.004 24	0.019
合计			0.210 009	100.00

在计算结果分析中，将整个旅游产品生态足迹按照不同的来源，分为增加部分和转移部分。人类生存所必须的即为转移部分，并不随着旅游活动的产生而产生，只是从一个地方转移到另一个地方，在旅游生态足迹中即为“食”部分。这一部分在整个研究中只占了

12.190%，是旅游线路产品生态足迹中较小的一部分。而增加部分即是随着旅游活动的产生而产生的，是旅游线路产品生态足迹中的主要部分，占到87.800%，如旅游交通、旅游娱乐观光。旅游线路产品生态足迹占到总生态足迹的99.066%，主要集中在吃、住、行、垃圾四个方面，而游、娱、购三个组分的比例相对较小。研究结果还进一步证实了旅游作为一种休闲的生活方式，是对自然资源的高耗费。当地居民32d的生态消耗仅可以维持一个上海旅游者在云南一天的生态消耗。

胡海胜(2007)以庐山为例研究了山地景区的生态足迹。结果显示，庐山人均旅游生态足迹为0.011 093hm^2，人均生态承载力为0.219 805hm^2，人均生态赤字达0.123 543hm^2，其中旅游生态足迹占总赤字的3.31%。旅游生态足迹中占比最大的前三分别为：旅游餐饮生态足迹、旅游交通生态足迹和旅游购物生态足迹。单位旅游生态产值中，单位旅游游览产值最高，其次为单位旅游住宿、旅游购物，旅游交通和旅游餐饮的单位产值相对较低(图3.1)。通过对比可以发现，旅游餐饮对生态环境的影响最大，但其单位产值相对较低，游客饮食在产生较大生态足迹的同时并未能带来相应高的产值，而往往形成负相关，两者未能得到较好的平衡。说明旅游餐饮对当地的生态的影响不容忽视。旅游游览在产生最大单位产值的同时生态足迹也是最小的，由此可见，旅游游览在带来高收益的同时对生态环境的影响较小。庐山地势险峻，游览以徒步登山为主，步行基本无外在的能源消耗。综合分析得出庐山旅游景区发展潜力巨大。

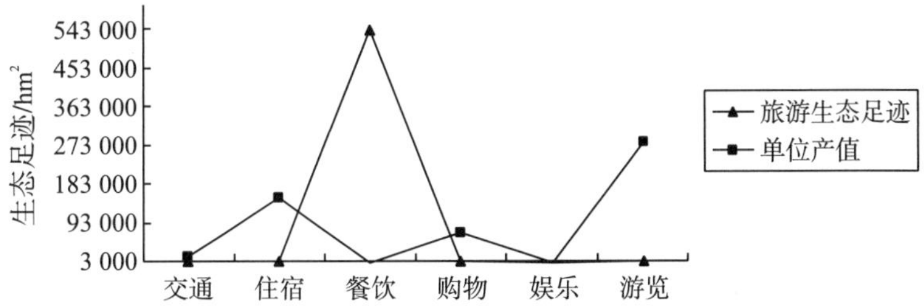

图3.1 2004年庐山旅游生态足迹及单位产值比较

3.4.3 旅游生态足迹在旅游生态补偿中的应用评价

1. 优点

1)可比性强

旅游生态足迹引入了生态生产性土地的概念，把旅游过程中旅游消耗的各种资源和废弃物吸收用土地面积观念进行统一描述，并通过引入等价因子和生产力系数进一步实现了各国各地区各类生态生产性土地的可加性和可比性，使得不同旅游区的生态足迹、可持续性可以进行直接的横向或纵向的比较。而目前国内外对旅游可持续发展的评价方法众多，如旅游环境影响评价、旅游环境承载力、可接受变化的限度、游客影响管理等，这些评价方法通常选取庞大繁复的指标体系，指标所指内容易出现重叠而引起较大误差，且绝大多数指标还存在如何获取统计数据、如何量化及如何统一量纲的问题。此外，生态足迹计算过程具有可复制性，使其指标和方法的普及成为可能。

2)具体化，形象化

旅游生态足迹通过生态生产性土地等概念定量测度可持续发展程度，将可持续思想具体化、形象化，使其较其他的评价方法更易理解，易被感知。

3)大尺度宏观调控

由于旅游者的跨区域流动性，引起旅游生态足迹的区际转移与交换，导致旅游生态责任的区际转移与生态影响的区际扩散，旅游业发展具有全球性生态影响的特征，同旅游环境影响评价、旅游环境承载力等评价方法相比，旅游生态足迹评价方法可以从全球尺度、国家尺度和区域尺度考察旅游活动对生态环境以及对持续发展的影响，为地方政府及旅游管理部门提供科学的决策依据，有助于明确旅游产业结构调整与优化的方向。

2. 不足之处

旅游生态足迹模型作为一种定量测度旅游可持续发展的新方法，已受到越来越多学者的关注，但生态足迹模型在旅游研究中的应用才刚刚起步，又由于旅游活动本身的复杂性，使其在模型构建、评价指标体系等方面有待进一步发展和完善(邹统钎等，2008)。

1)模型指标指向的生态偏向性

旅游生态足迹分析是一种生态可持续性的分析方法，但它忽视了区域经济、社会、技术方面的可持续性以及人类对现有消费质量的满意程度的考虑，因而单用生态足迹分析法来评价可持续发展程度并不全面。目前，某些旅游景区一味追求经济利润，使地方特色文化蒙上了浓重的商业色彩；不顾旅游环境容量的限制而超量接待游客，给当地居民的生活带来诸多不便(章银河和张捷，2004)。

对于这种生态偏向性，可以借鉴生态足迹研究者的成果，他们建议将生态足迹指标与传统经济指标相结合来综合反映更完整意义上的可持续程度，例如传统的 GDP 等。

2)指标测度的静态性

在计算生态足迹时，假定人口、技术、物质消费水平都是不变的，因而得出的结论都具有瞬时性，基于生态足迹模型的旅游生态足迹也遇到类似的问题。经济的发展程度、生活生产消费水平、资源配置效率、旅游者的喜好偏向、景区的宣传力度、国家的政治环境等诸多因素都有可能影响区域旅游活动的可持续性，因此对于瞬时的旅游生态足迹不足以反映未来区域旅游可持续趋势。

国内外一些学者注意到这个问题，并开始涉及旅游生态足迹的时间序列的研究工作，通过计算各指标的时间序列值来追踪各个时点的可持续程度，预测未来发展趋势，从而补救指标静态性的缺憾。

3)计算结果的准确性

旅游活动是跨区域的，在旅游过程中任一活动都会产生生态足迹事件，但当前我国对旅游生态足迹的研究大多局限于一个旅游区域内，这无疑影响了计算结果的准确性。同时我国的旅游大部分是以观光旅游为主，根据国内学者的实证分析，在观光旅游中“行”产生的生态足迹对整个过程的旅游生态足迹贡献率最大，且不仅仅限于旅游目的地，例如对客源地而言，从居住地到机场，为旅游准备物品都会产生生态足迹。因此，在旅游生态足迹计算中，以旅游线路为载体，正确估算生态足迹和区域间合理分配生态足迹直接影响其准确性。这个问题学者们也已经意识到，并着手研究其解决方法。例如，李鹏和杨桂华(2007)对旅游者在消费率由线路产品过程中的生态需求进行分析，把旅游活动过程中旅游者消耗的各种资源和废弃物吸收用生物生产性土地面积进行表述，考虑旅游活动过程中各种活动产生的生态足迹。

4)尺度应用方面的局限性

生态足迹基于全球和区域的大尺度进行设计和安排，提供了一种可持续发展的思想，但是在将旅游生态足迹宏观分析与微观对象(如景区和旅游目的地等)相结合方面，尚没有找到比较好的方法。加之旅游生态足迹计算对数据的质量和数量的要求高，导致其尚未能像旅游承载力一样便于操作和实践，更谈不上被广泛地应用。

4 旅游生态补偿机制构建

国家尚未出台完整的生态补偿方面的法律法规，各个不同的领域仅仅只是根据各自的职权及利益关系开展了系列生态补偿实践，还没有形成规范的生态补偿机制(李建华，2014)。为了使旅游目的地的经济和生态保护相互权衡发展，研究制定一种能平衡旅游地经济发展与生态保护矛盾之间的旅游生态补偿机制显得尤为重要(张奥佳和程占红，2016)。在旅游实践中，针对具体的旅游地，其生态补偿会呈现不同的情况，如不同资源级别(如世界遗产地、国家级自然保护区、省级自然保护区)、不同开发强度(如自然保护区、森林公园、风景名胜区、城市公园等)、不同发展阶段(如起步期、发展期、成熟期)、不同社区参与情况(如有旅游参与基础的和没有旅游参与基础的)等，其具体的旅游生态补偿利益相关者、利益相关关系，以及实施旅游生态补偿的主要制约因素等都会有所差别。因此，需要建立完善统一的旅游生态补偿机制，实现旅游生态补偿的制度化、规范化、市场化(吴晋阳，2012)。

旅游生态补偿机制的构建可以分三步走：第一步是进行总体定位，确定生态补偿基本原则和补偿类型；第二步是在总体定位的基础上，构建旅游生态补偿机制的科学体系，如明确生态补偿的主体、对象、标准与方式途径和完善的保障体系，确保生态补偿的正常运行；第三步是建立旅游生态补偿试点，对生态补偿效果进行评估，并反馈信息，对补偿内容进行修订。

旅游生态补偿系统总体框架见图 4.1。

4.1 旅游生态补偿的主体

旅游生态补偿的最终目的是推动目的地的保护与可持续发展，利用的手段是经济调控，适用的对象是利益的相关群体(吴耀宇，2011)。庇古税的建议引出关于治理环境污染的 PPP(polluter pays principle)原则，也成为生态补偿的“谁利用谁补偿，谁受益(损害)谁付费”的原则，依据该原则，可以界定补偿主体、受偿者范畴(刘敏等，2013)。

生态补偿的主客体界定在目前研究成果中已逐渐清晰，从旅游需求和供给的角度，将旅游业的利益相关群体划分为获益方和损益方。主体即利益相关群体中以获益方为主的群体，客体即被补偿对象是损益方群体(张奥佳和程占红，2016)。

生态补偿的主体是指应当向他人提供旅游生态补偿费用、技术、物资及劳动服务的参加者(任勇等，2008)。在旅游生态补偿机制构建中，旅游生态补偿主体包括政府、直接利益相关者、社会组织和个人等层面(刘敏等，2013)。政府是现阶段旅游生态补偿的主要承担者，目前主要通过国家财政转移支付进行补偿，补偿标准和额度偏低。直接利益相关者包括旅游区从事旅游经营活动的开发经营者和旅游者，他们是旅游生态服务价值和生态效

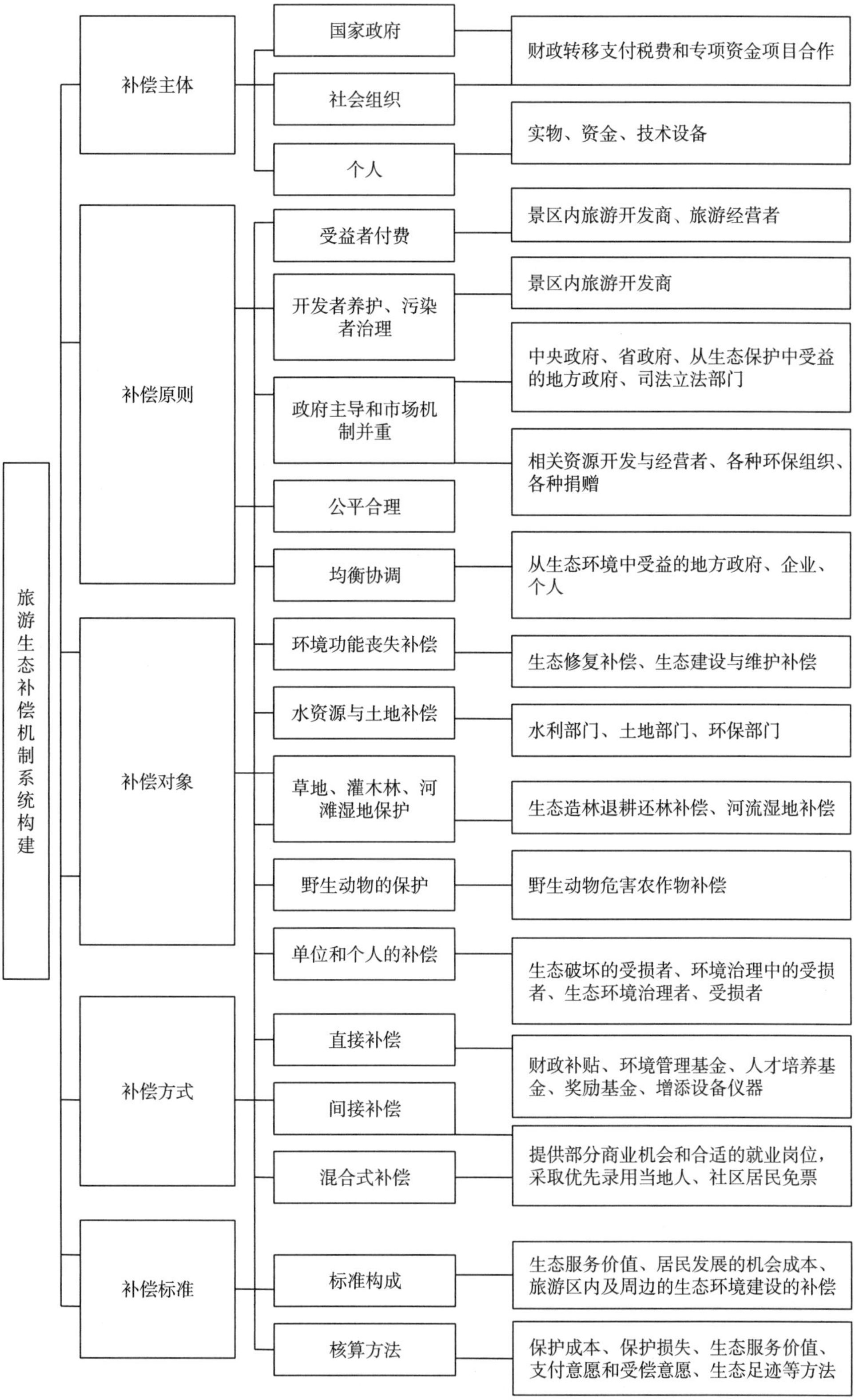

图 4.1　旅游生态补偿系统总体框架图

益的直接受益者和一定程度的破坏者，构成生态补偿的直接市场主体。社会组织和个人主要是指对旅游生态环境保护有觉悟的非利益相关者，出于对旅游的景观和环境的关心而自愿成为旅游生态补偿的主体。

4.1.1 国家政府机关

国家是生态环境和自然资源的所有者。作为补偿的主要主体，其生态补偿行为是通过各级人民政府来执行的。生态旅游地自然资源大部分都属于国家所有，中央和省级政府应当承担更多的补偿责任，是生态补偿的主体，有责任向公众提供高质量的生态环境。地方政府在旅游开发及其相应的生态补偿中具有举足轻重的作用，尤其是对景区的控制权和收益权方面，已经进入相应的利益范围，应该是旅游生态补偿的重要主体。应继续为旅游地提供资金，更好地发挥旅游地的公共效益(郭田田和刘东，2011)。

政府主体，包括中央政府、地方政府、景区的各级上级管理部门(如水利风景区归水利部管理、国家风景名胜区归建设部管理等)。政府主体即各级政府和旅游管理部门，通过享受旅游相关产业的上缴税收间接获利，再加上自然生态资源的公共物品属性，理应补偿市场无法全部承担的生态服务功能价值，对因开展生态旅游而放弃收益的地区和居民进行生态价值补偿。国家政府机关对旅游实施财政补偿，又称为政府补偿。政府以财政补贴、税费优惠、人才技术投入等直接手段作为补偿方式。财政补偿机制是目前开展旅游生态补偿最重要也是最可行、最容易实现的补偿方式。在推动和建立生态补偿机制方面，政府同样发挥了主导作用，但这种作用还应该有进一步提高的潜力和必要(孙宏斌，2014)。

目前的生态补偿机制实施方式大多是以政府为主导的手段，这种方式是以政府的行政手段强制受益方支付给补偿对象，或者政府以财政转移的方式直接支付给补偿对象。但是随着生态补偿机制范围和内容的扩展，仅依靠以政府为主导的补偿手段，要解决生态平衡问题还远远不够。首先，政府以行政手段强制受益方支付补偿费用，如果在受益方所获收益远远小于补偿费用的情况下，还要被强制支付，那么势必会造成受益方知法犯法，钻政府的空子；其次，政府的财力有限，不可能保证每年都有足够的财政转移给补偿对象，这必然会造成补偿对象与政府的矛盾，那么生态补偿的基本目标就难以得到实现(李亚娟等，2010)。

吴耀宇(2011)在对自然保护区的生态补偿研究中，认为不同级别的自然保护区应有不同的补偿主体层次，具有世界意义的自然保护区应该争取国际社会的必要支持，具有国家意义的自然保护区，政府作为享受生态服务的全体公民的代表来购买保护区的生态服务，对为保护区建设做出牺牲的社区居民给予补偿，具有区域意义的自然保护区由获益地区的地方政府给予适当的补偿。

还有研究者认为，生态补偿中地方政府不是利益相关方(中国 21 世纪议程管理中心，2009)。利益相关方特指生态利用、保护和建设利益范围内的相关利益群体，而地方政府没有进入该利益范围。

4.1.2 社会组织

社会补偿的主体难有准确定义。凡是与生态保护相关的一切非利益相关者都可以成为补偿的主体，而且这种补偿的方式也可以是多元化的资金的募集和捐助、物质的捐赠、人才和知识技术等的援助。社会公众广泛参与生态补偿机制建设是筹集生态环境建设和保护资金的重要渠道，而且也可以提高广大人民群众的环保意识(孙宏斌，2014)。

作为生态补偿的主体，社会组织主要有营利性与非营利性组织两种。

营利性组织主要是旅游开发方，旅游开发绝大多数都要涉及自然资源的利用和实施，导致许多生态环境问题，他们是主要责任的承担者，应该向自然资源的所有者或生态环境的服务者提供生态补偿。再者，旅游开发企业借助对旅游资源的把控，通过门票收入等获取了利润，有义务回馈旅游生态环境(陈明光等，2013)。

非营利性的社会组织(non-profit organization，NPO)，主要是指一些社会成员出于多种原因而自发组织的社会团体，他们的活动有可能对旅游生态环境产生负面影响，因此也应当承担相当的补偿责任。这不是补偿经费的主要来源，因为他们的经费主要是来自社会募捐和自筹。大多数旅游地普遍存在经费不足的问题，合理而有效地利用非营利性的社会组织参与旅游生态补偿机制，有助于整合各种资金渠道解决旅游地资金短缺的难题。

公益组织虽然不是旅游发展过程中的获利方，但具有保护生态环境、保持和恢复生态功能的公益性质。有学者提出，不同级别的旅游地应该由不同层次的组织进行生态补偿，如具有世界意义的旅游地应争取国际社会的必要支持等(李丽娟，2012)。

4.1.3 市场主体

市场主体是旅游业的直接获利者，包括旅游者、旅游企业经营者、景区、旅行社等。市场补偿是一种以市场交易当事人为主体的生态补偿机制。通过市场交易或支付的手段，来实现生态所有权人的生态价值与生态受益人的货币价值之间的转换。这种补偿方式最能体现“谁受益，谁付费”的生态补偿宗旨。它是生态市场交易的一种必然选择，也是生态补偿机制的进一步深化(孙宏斌，2014)。

1. 以市场交易为支撑的补偿类型

市场交易模式是补偿双方以平等地位通过协商与谈判，就旅游目的地资源的利用与补偿达成交易的模式。这主要针对旅游开发商、经营商和旅游目的地来讲，两者通过相关法律相互协商制定生态补偿机制的标准、内容。这种模式可以使旅游业生态补偿价值更高，实现更直接，比起政府主导模式，更适合于横向的生态补偿(李亚娟等，2010)。

2. 以旅游非政府组织为依托的补偿类型

旅游组织在旅游业中发挥着不可替代的作用，旅游非政府组织参与生态补偿，不是以行政权的行使为手段，不具有高于旅游目的地受损害者之上的地位，而是与受损者平等相处，切实为受损者获得实惠的补偿而努力；同时旅游非政府组织通过与政府合作，推进生态补偿的进程，在政府与受损者之间架起沟通的桥梁，促进补偿的落实。通过旅游组织的协调作用，生态补偿机制会运作得更好。

4.1.4 公民个人

作为旅游生态补偿主体的公民，有生态旅游资源开发利用者和享用者两类。前者在其个人生活、家庭生活、从事个体经营活动中产生对生态环境的破坏行为，应成为旅游生态补偿的主体之一。后者主要指的是游客，在旅游中消耗了旅游区的自然资源，对生态环境也有一定的破坏，也应承担相应的补偿，成为补偿的主体之一。游客主要以货币补偿为主，除购买门票外，有责任通过社会捐助等形式，对旅游生态环境进行补偿(汪为青等，2009)。

丽江自然保护地的门票费中就新增了 8 元的生态维护费用，这笔费用的计算中体现了河道工程修建维护费、 河道采砂取土管理费、 野生动物资源保护管理费、自然保护区保护管理费、生态环境补偿费等(蒋姮，2009)。

4.1.5 其他主体

其他主体，包括各类环保组织和非政府组织(non-government organizations，NGO)及相关基金会。

4.2 旅游生态补偿的对象

旅游生态补偿的对象是指受到损害的生态环境和依靠此生态环境的单位和个人，又称为补偿的客体。旅游生态补偿的客体主要涉及生态系统和社区居民两类群体，他们均因为旅游活动的干扰而受到不同程度的损失，因此旅游生态补偿既包括对自然的补偿，也包括对人的补偿(刘敏等，2013)。对生态系统进行补偿，使生态系统中由于旅游活动而受到干扰的自我调节、自我恢复等生态服务功能得以恢复和保持。对人的补偿尤其是对旅游地居民因发展旅游业而放弃其他机会产生的机会成本的补偿，因此社区居民成为旅游生态补偿中被关注的极为重要的对象(张奥佳和程占红，2016)。在界定两者范围的基础上，需要将生态系统与人直接的相应互动需要建立概念框架，才能实现旅游生态补偿。对物的补偿最终还需要体现在对人的补偿上。

旅游生态补偿不仅包括价值层面的补偿，更包括物质层面的补偿。物质层面的补偿主要是对生态系统的补偿，其补偿应以生态系统的健康运行为标准；价值层面的补偿主要是对人的补偿，其补偿应以相关群体是否能够保护生态、增强生态系统的服务价值为标准(张一群和杨桂华，2012)。做到价值和物质两个层面的补偿并举，并以物质层面的补偿为指归，不仅有助于将旅游生态补偿与其他形形色色的各种旅游经济补偿区别开来，而且可以检验关于旅游生态补偿的各种制度设计是否有利于其最终目标的实现。

4.2.1 对环境功能丧失的补偿

这是一种狭义的生态补偿，是对被污染的环境、被破坏的生态系统的补偿(熊国保等，2012)。即对在旅游发展过程中，面临破坏威胁的生态环境进行保护，对遭受破坏、自然补偿无法还原的生态系统进行恢复与重建。

这些生态环境不仅是旅游活动的环境背景，也是重要的旅游吸引物，体现的是旅游发展背景下有关主体(生态资源开发利用者、保护管理者等)与自然生态系统的权利义务关系。

对生态系统的补偿属于物质层面的补偿，该层面的旅游生态补偿制度的设计应以是否符合旅游地生态系统健康恢复的需要、是否与生态系统的自然特性和生态属性相匹配为标准。

主要有以下几种类别。

1. 对水资源与土地的补偿

在旅游开发过程中，应对其开发地区的饮水源进行保护。由于旅游开发造成的对水源地的污染，如废水的排放等，应对造成的损失进行生态补偿，不但要净化水源，还要对饮水源区域的生产和生活进行赔付。如峨眉山、唐家河等景区支流的特色漂流项目，对河道的原始风貌和周围植被都有一定的破坏，以及对旅游区附近的水质都有一定的污染。

我国实施的“退耕还林、还草”政策，是保护土地的重要措施(洪尚群等，2001)。旅游开发中，为了保护土地采取的多种措施如植树造林，都应对其进行补偿。

2. 对灌木林、草地、河滩湿地的补偿

在旅游生态补偿中，应考虑对生态环境敏感地带的灌木林、草场、河滩湿地等进行保护和补偿。如为了保护湿地不得利用湿地水源，对湿地水源社区居民进行补偿等。

3. 对野生动物的保护与补偿

为了盈利，在旅游开发中对原自然生态环境进行了人为的改造，从而对在此生存的野生动物产生了影响。保护单位为保护野生动物，不得不花费更多的保护成本，让旅游开发方进行补偿。同时，因旅游开发而建立的野生动物栖息地，应该给予原土地所有者以补偿，为保护被迫迁徙的野生动物会对他人的人身、财产或其他方面产生损失，也应进行补偿(中国生态补偿机制与政策课题研究组，2007)。

4.2.2 对单位和个人的补偿

这是对做出贡献和受损的单位和个人的补偿，是一种广义的补偿，包括对其提供生活帮助，实施经济补助、环保教育，提高其认识水平等。在旅游开发中，生态建设贡献者当然是主要的补偿对象，如自然保护区内工作人员及护林员。补偿对象还包括旅游带来的生态破坏的受损者、由于发展旅游导致传统依赖环境生活且现在丧失部分生计条件的居民、

旅游生态环境的治理者和维护者。对物的补偿最终还需要体现在对人的补偿上。

对人的补偿属于价值层面的补偿，该层面的旅游生态补偿制度的设计应以是否能够使得特定产权主体有动力继续或更好地提供某种旅游生态效益为标准。

通过环境经济手段调节生态环境保护中的不公正行为，对由于旅游业的发展需要，资源利用方式受到限制或资源使用权利被剥夺的当地社区，以及为旅游地生态保护和生态建设做出贡献者的补偿。从本质而言，对人的补偿最终还是为了实现对自然的补偿。当旅游地生态资源的产权所有人或使用者获得生态补偿后，将通过限制自身的资源依赖型的生产生活方式，来减少和降低对生态环境的影响，最终体现在对生态系统和服务功能的补偿。而生态保护和建设者也可通过生态补偿使保护成本得以弥补，以更大的热情投入到旅游地的生态环境保护和建设活动中。

因环境受到破坏而致产量下降、收入减少、财产受损的单位和个人，因治理环境的需要而停产、减产的单位和个人，以及在环境治理中需要搬迁的家庭，都应得到相应的补偿(钟华，2009)。

4.3 旅游生态补偿的原则

4.3.1 受益者付费原则

在旅游开发过程中，生态环境遭到破坏会使人受到损害，生态环境改善会使人受益。基于环境和自然资源典型的公共品和公有资源属性要求，享用者和使用者因受益而支付使用费或成本费，这就是受益者付费原则，也是旅游生态补偿的核心原则。这是出于社会公平的需要(秦艳红和康慕谊，2007)。

坚持谁破坏谁赔偿、谁受益谁补偿的原则，旅游资源以及生态环境的破坏者不仅要为其破坏行为承担责任，而且有义务对自己的破坏行为做出赔偿。同样，旅游资源的受益者和使用者也有义务对旅游资源、生态环境和为此付出努力的地区和人民提供适当的补偿。谁破坏谁赔偿，谁受益谁补偿，只有这样才能调动大家共同为保护旅游资源和旅游生态环境而努力(李亚娟等，2010)。

4.3.2 开发者养护，污染者治理原则

开发者养护、污染者治理原则，是生态补偿的基本原则。开发者养护是指对环境进行恢复、整治和保护。污染者治理是指对其污染源和污染环境进行治理。这主要考虑开发利用行为的外部不经济性，开发利用者有着保护、恢复和整治所开发环境的责任，应该维持生态环境的原状。

4.3.3 公平合理原则

每个人在占有和使用自然资源时，不应该损害他人的利益，不然的话，就应该遵循“公平合理”的原则对受损方予以相应的补偿。“公平”是指所有受损者都应得到补偿，而“合

理”则要求旅游生态补偿额度应与其受损额度基本相当。国外学者将此原则称为“对后代负责的原则”，人们在开发利用能源时，不能危及后代人，并且能满足其能源需求能力（杨光梅，2007）。

4.3.4 政府主导和市场机制作用并重原则

政府主导作用是基于生态环境公共品和公有资源的属性要求提出的。如建立生态环境和自然资源的产权制度、价格评估机制；制定长远规划及管理政策，调整有关补偿标准；建立信息机制；介入和推动大型生态功能区的建设、修复与保护。

政府主导作用还必须配合社会和市场机制作用。社会是实施旅游生态补偿的重要力量，它不仅可以提供大量的补偿资金，还可弥补政府主导作用的某些缺陷，如行政行为的效率性，补偿的公平性，生态环境及自然资源产业配置上的效益最大化等。因此，政府应当为他们的参与提供方便。

4.3.5 均衡协调原则

人类社会发展与生态环境密切相关。维护必要的生态平衡是人类社会发展的前提，均衡协调原则就是说要根据社会生态环境状况来定补偿，要优先考虑生态价值，甚至要牺牲一定经济增长速度。均衡协调补偿原则还要求考虑当代人与后代人的关系。对于生物多样性和不可再生资源要对后代有所保留。

任何领域的生态补偿机制都是通过补偿资金来修复行为主体对客体的破坏，使客体恢复到破坏以前的良好程度，同时为保持这种生态平衡的程度通过补偿资金开展各种活动和服务进行维护乃至提高，从而达到人与自然和谐统一、生态系统平衡稳定的目的（李亚娟等，2010）。

4.3.6 可操作性原则

（1）坚持因地制宜。任何旅游目的地的破坏状况都不尽相同，不能生搬硬套其他旅游区的模式，应立足实际，在充分的调研和实践中，确定适合本地区的生态补偿标准和方法；同时，方法必须可行，利于工作人员进行操作和管理。

（2）坚持分级补偿。在旅游目的地充分调研的基础上，对其破坏程度划分等级，一般划分为未遭破坏、轻度破坏、中度破坏、深度破坏、彻底破坏五个等级；然后根据旅游目的地旅游资源及生态环境的重要性和破坏程度进行不同层次的拯救、保护、维护和重新定位分区；最后在前两个步骤的基础上确定不同的补偿等级、标准和具体措施，进行合理的补偿。

（3）坚持先试点、后推广。生态补偿机制在旅游业中的应用还处于发展阶段，没有完全的经验可循，所以需要慎重使用。应在旅游目的地内选择不同重要程度和破坏程度的自然资源和文化资源，开展推行自然资源和文化资源补偿机制的试点工作，以便为在整个旅游业界推广生态补偿机制积累经验（李亚娟等，2010）。

4.4 旅游生态补偿的模式选择

如何同时保障旅游地生态系统和社区居民利益，是旅游生态补偿在模式选择上所需考虑的首要问题。下面介绍我国学术界关于旅游补偿模式选择的主要研究成果。

4.4.1 完全市场化的补偿模式

杨桂华和张一群(2012b)倡导通过“所有权、管理权、经营权”三权分离的旅游项目特许经营制度，引导自然遗产地的社区居民参与旅游经营服务活动，实现旅游地的“造血式”生态补偿。张奥佳和程占红(2016)认为，社区参与式的补偿模式对社区居民的经营能力和思想意识有较高的要求，而通常此类地区居民的文化水平普遍较低，所以诸如此类的补偿模式实现的难度较大。

4.4.2 市场与政府的互动补偿模式

马勇和胡孝平(2010b)学者认为，旅游生态补偿应通过加大市场化机制，弥补政府转移支付资金上和效率上的不足，按旅游收益的一定比例提取为生态补偿的专项基金。此外，他们还强调了旅游发展与生态补偿互动机理，认为旅游生态补偿资金不能完全直接拨给社区居民，而应将资金的一部分用于发展旅游，通过为当地居民提供就业机会和拉动相关产业的间接补偿行为，发挥旅游业的乘数效应，使其成为带动当地经济社会发展和构建产业新格局的坚实力量。

4.4.3 费用与效用相结合的补偿模式

费用补偿指为使旅游资源和社区居民原有效用不变而产生的费用，效用补偿指为保持或恢复旅游资源原有的效用和维持社区居民原有生活水准的补偿(易艳，2011)。费用与效用相结合的补偿模式应是未来旅游生态补偿模式的趋势(张奥佳和程占红，2016)。李静和黄远水(2010)等不拘泥于完全的现金补偿模式，将效用补偿细分为实物补偿、技术补偿和奖励补偿。米姗姗和阎友兵(2007)等从政府主导的角度提出财政转移型、反哺式、异地开发式、公益型等补偿模式。费用补偿易于执行、见效快，短期效应强；效用补偿实施难度大且短期内不易评估补偿效果，但有利于旅游地生态系统和社区居民的可持续发展。

4.5 旅游生态补偿的方式

生态补偿既包括对负外部性行为的惩罚，也包括对正外部性行为的激励。生态补偿不仅包括对损害资源环境的行为进行收费，也包括对保护资源环境的行为进行补偿，生态补偿还应包括对因环境保护丧失发展机会的区域内的居民进行资金、技术、实物上的补偿、政策上的优惠(吕忠梅，2003)。

目前我国主要的补偿方式有 10 种：①中央财政转移支付；②专项基金；③地方政府财政转移支付；④资源税、费；⑤排污收费；⑥排污权交易；⑦水权交易；⑧税收优惠；⑨经济合作政策；⑩国际组织捐赠。

国外的生态补偿方式主要有 8 种：①政府购买；②专项资金；③资源税、费；④私人交易；⑤开放的市场贸易；⑥税收优惠；⑦国际组织捐赠；⑧其他，如异地重建新的生境等(中国 21 世纪议程管理中心，2009)。

在旅游发展中，与旅游地生态环境相关的活动同样既存在损害性的(如不合理的旅游开发利用)，也存在保护性的(如当地社区居民自发的巡山活动，以及放弃打猎、放牧等资源依赖性生计方式的行为)。结合我国当前社会经济发展和旅游可持续发展的现实需求，旅游生态补偿也应包括对负外部性行为的惩罚和对正外部性行为的激励两大方面。

在旅游开发中，如何平衡经营者与当地社区居民的利益问题，既要保护环境，又使旅游业可持续发展，这就需要建立合理的生态补偿方式。提供多元化的补偿方式和健全的补偿网络可以方便生态旅游各利益相关者结合自身实际情况和被补偿对象特点灵活选择，更好地将生态补偿落到实处。

4.5.1 直接补偿

直接补偿方式就是财政补贴，补偿资金一部分直接补给受害者，另一部分可建立生态环保基金(包括环境管理基金、人才培养基金和奖励基金)(环境保护部环境规划院，2009)。

4.5.2 间接补偿

间接补偿可以采取多种方式进行。首先是为当地社区提供部分商业机会和合适的就业岗位，优先录用和照顾当地人，解决部分当地社区居民的就业问题，这种间接补偿的方式是很重要的。其次是当地居民优惠或免费游玩旅游景区。再次是定期聘请旅游和环保专家，对社区进行培训。最后是建立生态环保设施，减弱旅游区环境污染，等等(谢高地等，2003)。

4.5.3 混合式补偿

混合式补偿就是生态环境的直接和间接补偿按一定的数量、结构和方式进行组合，以满足不同的需求。

许多旅游区的社区居民缺少旅游经营管理运作的知识与经验，旅游服务卫生、安全意识偏低。景区发展和旅游企业致富的同时，社区周围的水资源和生态环境遭到破坏，许多社区经济贫困。而且当地社区居民参与旅游发展的机会不等，社区居民中的贫富差距，村民情绪不稳定，在旅游开发中时常出现恶性竞争。基于以上这些矛盾，应采取合理的多渠道补偿混合的补偿机制。

总体上，我国最主要的补偿方式仍是以财政转移支付为主的政府补偿。冯凌(2010)

认为，这种方式在计入信息成本、监管成本以及错位的“征税-补偿”的社会成本后，效率往往较低。旅游生态补偿与一般的生态补偿有所区别在于旅游区内有居民居住，甚至人口为数不少，这也与国外的自然旅游区有所不同。因此，如何保障居民的利益，在沟通、协商、谈判等参与机制的作用下实现补偿成为重要的研究问题。生态补偿机制就其实质来说就是市场机制，市场机制的引入意味着传统利益协调的行政管理手段也需要变革，这种变革需要充分考虑生态环境服务市场经济利益主体的多元化、复杂化，利益实现途径的多样化(蒋姮，2008)。杨桂华和张一群(2012b)也一直倡导通过引导受偿社区居民参与生态旅游经营服务，实现“造血式”生态补偿。

4.6 旅游生态补偿的标准

确定了补偿主体和受偿对象之后，需要确定具体的生态补偿标准。旅游生态补偿标准的核算首先需要确定补偿标准构成，其次需要针对不同的补偿内容确定不同的核算方法。

4.6.1 旅游生态补偿的标准构成

旅游生态补偿的标准构成包含生态服务价值的补偿、当地居民发展的机会成本补偿、旅游区内旅游生态环境建设的补偿、旅游景区周边的生态环境建设的补偿 4 部分(刘敏等，2013)：

(1)生态服务价值的补偿。目前，由于对这种损益情况分析不足，造成了部分价值核算重复计算。生态服务价值的评估着眼点不应是生态服务价值总体的评估，而应该是由于某种价值增强而带来的其他服务价值变化的评估。旅游开发带来的环境生态变化实际上有损失、也有增加，要分析具体损益情况。

(2)当地居民发展的机会成本补偿。由于旅游开发造成了居民的生存及发展机会丧失，由此进行相应的补偿。

(3)旅游区内旅游生态环境建设的补偿或奖励。造成旅游区内生态环境破坏的，要进行相应的补偿，如排污；旅游区内的生态建设及维护的相应建设费用需要进行补偿；此外，生态环境的改善应给以相应的补偿(冯艳芬等，2009)。

(4)旅游景区周边的生态环境建设的补偿和奖励。

4.6.2 补偿标准的核算方法

确定科学合理的补偿标准是构建和实施森林生态补偿机制的关键要素，直接关系各个利益相关者的切身利益， 影响生态补偿机制的实施效果， 最终影响到森林旅游发展的可持续性(李丽娟，2012)。

在基本界定了标准的构成之后，针对不同的损益情况及补偿对象需要建立不同的核算方法，并形成旅游生态补偿标准核算的科学方法体系。目前，旅游生态补偿标准的核算方法研究较为零散，主要依据是对生态系统服务价值的评估来确定补偿的额度。

旅游生态补偿标准的核算主要考虑两个问题，一是确定补偿标准构成，二是针对不同的补偿内容确定相应的核算方法。

目前针对旅游生态补偿标准的研究还较为分散(张奥佳和程占红，2016)，将旅游生态补偿的标准核算方法大体归纳为以下几种思路。

1)补偿标准的确定基于生态系统服务价值评估

这首先要认定和评估旅游资源服务功能，由于生态系统服务评估中不确定性因素较多，本方法的结果一般作为理论上限(杨国霞，2010)。生态系统服务功能价值评估是基于生态系统服务功能本身的价值或修正后的价值来确定生态补偿标准的一种方法(李晓光等，2009)，运用在旅游生态补偿上，一般通过旅游生态资源的游憩价值确定补偿标准，补偿客体指向生态系统。李晓光等通过旅行费用法、享乐定价法和景观美学价值评估的方法，侧重对旅游资源的生态系统服务功能价值进行评估，确定补偿标准。但有学者认为，由于损益情况分析不足、部分价值重复核算、主观因素干扰，对生态服务价值总体的评估结果存在失真现象，应将着眼点放在因某种价值增强而带来的其他服务价值变化上，并提出旅游生态补偿的标准应为由于旅游开发造成了游憩价值增加而带来其他价值减少的差额(刘敏等，2013)。

2)补偿标准的确定基于保护成本

这是进行旅游生态补偿的一种现实方法，按照实施保护管理所需要的人力、物力进行补偿标准的成本核算。

3)补偿标准的确定基于机会成本

即根据社区居民因发展旅游业而放弃其他发展机会所产生的成本补偿，补偿客体指向社区居民。当前核算方法主要有两种：一种是旅游地社区居民为了发展旅游业和保护生态而放弃原有产业所造成的经济损失，如章锦河等(2005)将九寨沟景区生态补偿的下限标准确定为退耕还林还草过程中居民的直接收益损失。退耕还林还草是一种公益行为，能通过该类行为对居民产生的直接损失作为补偿的标准，而旅游作为一种经济行为势必为社区居民带来一定的经济收益，此方法中显然没有将因发展旅游业带来的收益者虑进去，因此直接通过该方法确定的旅游生态补偿标准显然会高于实际产生的机会成本。另一种是将旅游地居民人均收入与所在省域人均收入的差额确定为因生态保护而产生的发展机会成本(马勇和胡孝平，2010a、b)。该种方法将区域收入差额完全归咎于对旅游地的生态保护，较欠妥。在目前的研究成果中，关于旅游机会成本评估的指标和方法选择呈多样化，还没形成一个统一的评估标准，所得出的机会成本值与实际存在一定的差距，各实证区域也因不同的评估指标和评估方法得出差异较大的补偿额度。

4)补偿标准的确定基于保护损失

保护损失包括直接经济损失和因发展机会丧失所造成的间接损失。这是目前较多采用的一种方法。

5)补偿标准的确定基于支付意愿和受偿意愿

在生态与环境经济学中，关于公共物品价值评估的方法应用最广泛和最重要的是条件价值评估法。确定生态补偿标准时采取直接询问居民的支付意愿和受偿意愿。在补偿标准的制定中考虑公众意见，便于调动社区居民积极性(刘敏等，2013)。该方法主要是通过询问被调查者(通常是补偿方)对改善和保护生态环境的支付意愿来制定补偿标准，补偿主体指向旅游者。从相关研究成果来看，旅游者普遍赞同旅游生态补偿的做法，且具有相应的支付意愿。出于对生态保护目的的支付意愿远大于因景观美感体验产生的支付意愿，对自愿支付的补偿意愿高于通过门票、保护费等被动补偿支付(王群和杨兴柱，2012)。此方法理论上有助于提高公众参与旅游生态补偿的热情，但受到人们思想意识、文化水平等因素的制约，意愿与行为往往存在不可小觑的差异，所以根据支付意愿确定补偿标准的实践效果一般远低于期望，再加上意愿支付往往低于实际需要，势必会与所需费用产生较大差距(张奥佳和程占红，2016)。

6)补偿标准的确定基于生态足迹

比较旅游者与社区居民的生态足迹的差异，借此来评估旅游生态环境压力、社区居民的生态环境保护价值，由此做出生态补偿的额度。

7)补偿标准的确定基于“碳排放”

即通过测量旅游者、旅游企业等生态补偿主体在旅游地中食、住、行、游、购、娱和垃圾处理七个方面的碳排放量，按照国际碳交易的市场价格换算为以货币为单位的金额，以“排放多少，补偿多少”的原则确定旅游生态补偿的标准(牛莉芹和程占红，2009)。

旅游生态补偿标准的核算方法在表 4.1 中进行了分析总结，供大家参考(刘敏等，2013)。

表 4.1　旅游生态补偿标准核算方法分析表

补偿标准构成部分	已有方法		建议方法
	研究者	具体方法	
生态服务价值补偿	马勇等(2010a、b)	参照谢高地 2003 年的当量因子法，取 1/10 的系数	计算价值变量，针对不同的服务价值进行不同方法构建
	李丽娟(2012)	首先用生产函数法、替代/恢复成本法、旅行成本法、条件价格法、享乐价格法计算，再计算支付比例系数	
当地社区居民发展机会成本补偿	马勇等(2010a、b)	旅游区平均收入和所在省域平均收入的差值	收入差值结合居民意愿调查
	李丽娟(2012)	原有收入的补偿或当地平均收入水平	
旅游生态环境建设补偿或奖励	郑敏等(2008) 马勇等(2010a、b) 李丽娟(2012)	基本是实际建设支出，包括生态设施的费用和人工费用鲜有奖励的计算	实际支出费用，并且考虑奖励及旅游区内外因素
旅游生态补偿总体	章锦河等(2005)	补偿的下限是退耕还林、还草居民的直接收益损失；上限是以退耕还林、还草增加的游憩功能价值为标准；以旅游者与当地居民的生态足迹效率之差，确定合理的补偿水平	分解不同的构成部分，采取不同的方法
	李亚娟等(2011)	支付意愿通过调查问卷得出，也可模型化得出。用面积比作旅游区的权重系数，通过 GIS 方法计算面积	

4.7 旅游生态补偿机制体系构建

在旅游生态补偿机制保障方面，需要构建生态补偿协调监督体制，在权责对等原则基础上，改革相关体制机制，推进绿色GDP核算，完善相应的规章制度和法律法规，倡导实践研究，推进旅游生态补偿理论探索。旅游生态补偿机制体系构建包含宏观层面的保障体系，中观层面的定位体系、反馈体系，以及微观层面的运作体系(杨攀科和刘军，2017)。

4.7.1 旅游生态补偿机制的保障体系

1. 政府监督协调

为了保障旅游生态补偿机制的顺利实施，需要政府充分发挥政策调控和监督管理作用，建立旅游系统与生态环境的互动补偿机制，搭建各利益相关者协商的生态补偿平台，协调地区间、部门间和行业间的利益关系，监督补偿机制的具体实施和资金的使用与管理，并对违规行为给予惩罚(李丽娟，2012)。在权责利对等原则基础上，改革相关体制机制。包括建立生态补偿的行政激励机制，积极启动绿色GDP国民经济核算等，将资源和环境成本纳入国民经济发展评价体系，增加生态环境建设指标(如万元GDP能耗等)在行政考核中的比重。

2. 法律保障体系

为了保障旅游生态补偿机制的顺利落实，需要构建完善的法律保障体系，规范生态补偿的市场交易行为，对补偿主客体、补偿标准、补偿方式及具体操作程序做出详细规定，包括各利益相关者的责权利、纠纷处理办法、违规者处罚办法等，使旅游生态补偿机制的落实真正做到有法可依、有法必依。旅游生态补偿立法是长期保障的根本，健全的法律法规除了能量化补偿标准，更能够严格划分主体权责，使得补偿主体有明确的法律依据，受偿对象也有可靠可信赖的法律保障。

3. 组建旅游生态补偿协调委员会

从短期效益考量，应构建生态补偿协调监督机制。旅游生态补偿协调委员会应由政府牵头、各相关行政管理部门派人员组建，负责协调各行政府部门、各利益相关者及地区间的利益关系，避免由于多头管理和地区利益差异而导致的互相扯皮、推诿致使生态补偿难以落实。委员会负责监督评价旅游生态补偿的运行效果，及时反馈问题给相关部门并协助解决，进而保障旅游生态补偿机制的有效运行。

4.7.2 旅游生态补偿机制定位体系

旅游生态补偿机制定位体系囊括旅游生态补偿的大环境和施行原则，以及旅游生态补偿类型细分。在生态文明体制改革的总趋势下，把握国际可持续旅游发展年机遇，坚持绿色发展，建设生态文明的总部署，坚持政府主导市场运作的原则，坚持合理规划循序渐进的原则，坚持体系完善制度规范的原则，按照旅游生态补偿类型细分科学准确划分旅游生态补偿类型，准确给出旅游生态补偿实施范畴，合理分析相应的补偿手段，为人们提供游憩机会，实现资源的永续利用，促进区域、流域、各行业间协调可持续发展。

4.7.3 旅游生态补偿机制反馈体系

生态补偿机制反馈体系是建立在给定的评价指标基础之上的。终极指标、母指标、子指标，三个指标类型共同构成三元指标评估体系。三个指标再具体可细分为自然资源保护指标、珍稀物种保护指标、生物多样性保护指标、区域生态安全维护指标、生态景观效果评估指标、生态社会指标和生态经济指标(杨攀科和刘军，2017)。生态补偿实施的不同阶段都能对应着指标找问题的所在，有利于进一步制定决策。同时，反馈的过程是双向的，反馈体系会将良性建议反馈给运行体系，使生态补偿效果达到最优化；同时运行系统也会将消极效果呈递给反馈体系，经过分析改良后有利于进一步制定下一步补偿方案。反馈体系内还含有反馈意见集中平台。在这个大数据的时代，借助“互联网+”的平台反馈，能保障反馈成果的多元性、及时性。

4.7.4 旅游生态补偿机制的运行体系

生态补偿的运行体系是整个生态补偿机制的枢纽部分，其中涉及生态补偿的主客体界定、补偿标准核算、补偿资金分配等诸多问题。开展旅游生态补偿应遵循政府补偿与市场补偿相结合，“双面”管理与“多边”合作的市场运营原则。政府部门开展财政转移支付，是生态补偿的主体；同时根据公共物品属性原则，政府也是生态补偿的客体。根据“谁保护，谁受益”，“谁受益，谁补偿”的原则，其他补偿主体与补偿客体也得到相应的划分。旅游管理部门和相关政府部门“双面管理”，宏观调控；旅游业、受益的诸多产业“多边”合作，利用旅游市场的中间媒介，分别直接或间接地对生态保护者、生态维护过程中的受损者、生态破坏中的受损者、生态环境等客体进行补偿。

5　四川旅游生态补偿机制研究

随着我国生态环境的不断恶化，人们逐步关注到生态环境的保护与建设问题。党的十七大报告中提出生态文明社会建设，十八大报告第一次单篇论述生态文明，并把“美丽中国”作为未来生态文明建设的目标，把生态文明建设摆在总体布局的高度。而生态补偿机制将在生态文明建设中发挥重要作用(许芬和时保国，2010)。十八届三中全会提出，建设生态文明，实行资源有偿使用制度和生态补偿制度。

受旅游业巨大经济效益所蒙蔽，人们忽视了对旅游资源的保护和建设，忽视了生态环境的保护和建设。结果造成了一系列的生态、环境问题，如景观破坏问题、生态退化问题、环境污染问题等，这些问题反过来直接阻碍了旅游业的可持续发展。另外，人们对回归自然的渴望，对生态质量的需求却与日俱增。因此，加强旅游地的生态建设，开展生态补偿，可以保持旅游业的可持续发展。目前，生态补偿的研究领域主要集中在林业、农业、河流流域、矿产等，在旅游领域的研究并不多(高瑞，2007)。

旅游业是旅游景观生态效益的直接受益者，旅游开发商或旅游企业现在普遍采取的补偿方法是将门票收入按比例支付资源保护费。这没有考虑旅游生态系统的服务价值、旅游景观的维护管理费用、社区居民的生活保障等因素，所以补偿额度偏低。旅游不合理的开发还导致生态景观破坏、环境质量下降以及一定程度的环境污染，而他们为此支付的污染治理费有限，使他们不重视生态环境保护。所以，构建有效的旅游生态补偿机制是非常必要的。

国务院在《关于加快发展旅游业的意见》中提出“要把旅游业培育成国民经济的战略性支柱产业和人民群众更加满意的现代服务业”。四川省委省政府在充分把握经济发展规律和响应党中央生态文明社会建设的号召下，2007 年 8 月，四川省委省人民政府做出关于推进旅游资源大省向旅游经济强省跨越的决定，试图通过大力发展生态旅游等对环境污染相对较小的产业“打造旅游精品，夯实向旅游经济强省跨越的基础”，实现跨越式可持续发展。在此思想指导下，如何在保护生态环境的基础上发展旅游经济成为四川旅游可持续发展的核心命题。生态补偿作为一种调节生态环保各利益主体间关系的一种有效工具，在平衡生态产品生产和消费的过程中发挥着巨大的作用。

作为一种系统化的制度安排，旅游生态补偿的目的在于将旅游资源开发活动产生的外部成本转化为对利益相关者的经济激励，以调和旅游业发展与生态保护之间的矛盾。因此，旅游生态补偿成为旅游地可持续发展理论研究者与实践者关注的焦点(蒋依依等，2013)。

四川旅游地是我国重要的生态赋存区，其生态环境的好坏直接关系到四川省乃至全国的生态平衡。而生态环境的保护需要多方参与，生态系统服务生产者与消费者之间经济利益的协调十分需要生态补偿机制的建立。此外，为了提升生态补偿的效果，有必要从旅游发展的视角创新生态补偿模式，构建旅游生态补偿的长效机制。

对四川旅游生态补偿生态系统服务功能价值进行核算以及对旅游生态服务产品的消费者进行收费正是以生态价值论为基础的(杨一容，2009)。

本研究采用理论研究与实证研究相结合，定性与定量研究相结合，系统分析法与典型案例分析相结合，实地调查和人物访谈相结合的方法，在充分论证四川实施旅游生态补偿的背景和意义的基础上，对目前国内、国际旅游生态补偿的研究成果进行了梳理，给出了旅游生态补偿的相关概念及相关理论。通过调查研究，分析四川旅游地游客人口学和行为学特征、对旅游地生态补偿的支付意愿，总结了四川旅游地目前常见生态补偿模式，指出了当前四川旅游生态补偿中存在的问题，提出了相应的管理策略。在此基础上构建了四川旅游生态补偿系统包括补偿对象、主体、原则、补偿方式及补偿标准。

5.1 研究背景及方法

5.1.1 研究背景

1. 党和国家的长远发展战略与生态文明社会的建设

党的十七大报告中提出生态文明社会建设，十八大报告第一次单篇论述生态文明，并把“美丽中国”作为生态文明建设的目标，把生态文明建设摆在总体布局的高度(许芬和时保国，2012)。十八届三中全会提出了建设生态文明，实行资源有偿使用制度、生态补偿制度。要实现建设生态文明社会的目标，就需要不断创新生态保护与修复的思路与方法，而生态补偿正是探讨如何通过人类活动促进生态环境的恢复与优化的行为，通过生态补偿、合理的制度安排将能有效地遏制生态破坏行为和激励生态保护行为，更好地促进我国建设生态文明社会战略的实现。

2. 生态旅游成为四川省委、省政府战略决策

四川素称“天府之国”，是长江上游的重要屏障，建设生态四川是巩固长江上游生态屏障的重要战略举措。为进一步推进四川生态文明建设和美丽四川建设工作，四川积极发展生态旅游：2004 年四川省政府发布了《四川省生态旅游发展报告》(四川省旅游局，2004)，积极推出九寨沟、黄龙、峨眉山、乐山大佛等生态旅游产品；2005 年初，省委、省政府决定由省环保局牵头编制《四川生态省建设规划纲要》；2006 年《四川省“十一五”旅游产业发展规划》提出到 2010 年建成 5 大新精品旅游区(四川省人民政府，2004)，即香格里拉生态旅游区、攀西阳光度假旅游区、嘉陵江流域生态文化旅游区、蜀南竹海石海生态文化度假旅游区、“两湖一山”休闲度假旅游区(四川省旅游局，2006)。因此，关于四川旅游生态补偿的研究在这个过程中将发挥重大作用。

3. 生态补偿机制成为社会广泛关注的焦点

源于日益突出的环境问题，建立生态补偿机制的呼声越来越高。全国人大代表和政协委员多次呼吁建立生态补偿相关机制。中央和许多地方政府积极试验示范，探索开展生态补偿的途径和措施。《国务院关于落实科学发展观加强环境保护的决定》(2005 年 12 月

颁布)、中华人民共和国《国民经济和社会发展第十一个五年规划纲要》(2006 年颁布)等纲领性文件都提出了生态补偿机制建设。《关于开展生态补偿试点工作的指导意见》于 2007 年出台，生态补偿条例立法于 2010 年已启动，为生态补偿法奠定了基础。因此，四川旅游生态补偿机制是适应社会发展需要的必然选择。

4. 四川省的旅游生态补偿需要系统研究支撑

四川关于旅游生态补偿的研究，相对于浙江、福建、广东、云南等省份来说，基本上还处于起步阶段，研究缺乏系统性。因此，现阶段的主要任务是，对四川旅游生态补偿机制进行系统的研究，构建完整的补偿体系。

5.1.2 研究意义

1. 理论意义

1) 对生态补偿研究的总结与拓展

生态补偿在学术研究、实践方面都取得了一定的成果。本研究从生态补偿的概念出发，剖析生态补偿的主体、对象、方式、原则，并以此为基础选择生态足迹评估方法，确定生态补偿标准和补偿方式，是对现有生态补偿研究成果的总结。而且，本研究将从旅游的视角尝试探索一种新型的生态补偿方式，是对生态补偿理论的拓展。

2) 对旅游生态补偿研究的完善与创新

关于旅游生态补偿的研究，目前国内外还很不完善。本研究将从旅游发展和生态补偿的内在联系出发，尝试性的对旅游生态补偿进行界定，探索旅游发展与生态补偿互动机制，促进旅游生态补偿机制的完善。

3) 对四川生态补偿发展模式的拓展

由于生态补偿发展战略被提出的时间并不长，因此对于四川旅游生态补偿的研究基本处于空白阶段。本课题通过对四川旅游生态补偿的原则、主体、对象、方式、标准进行研究，构建四川旅游生态补偿的完整体系，拓展和充实四川生态补偿发展模式的内涵。

2. 实践意义

1) 确保四川旅游生态平衡

四川本土面积 48.5 万 km^2，位于中国西南部、长江上游，介于东经 97°21′～108°31′和北纬 26°03′～34°19′，拥有众多自然保护区、风景名胜区、森林公园、地质公园及世界自然文化遗产。已建各类自然保护区 168 个(中华人民共和国环境保护部，2016)，风景名胜区 112 个，森林公园 85 个，地质公园 12 个，是我国陆地生态系统生物多样性关键地区之一，是全国重要的生态功能区和生态敏感区。但是由于缺乏环境调控机制，该地区生态环境保护工作存在一定难度。本研究将更好的指导四川旅游生态补偿调节生态系统服务功能的生产与消费，它是确保全省生态平衡的重要保障。

2)构建四川旅游生态补偿和谐社会

四川部分旅游景区是我国“老少边穷”地区，在旅游发展中其产业经济发展常常受限，失去了一些发展机会，导致该地区经济发展水平远远落后于周边地区，不利于社会的和谐与稳定。且目前的旅游生态补偿的标准偏低，方式单一。因此，构建四川合理的旅游生态补偿机制，能促进社会的和谐，人与自然的和谐，促进社会的公平、公正。

5.1.3 研究方法

根据本书的研究目的和内容，采用理论研究与实证研究相结合，定性与定量研究相结合，实地调查、典型案例分析和人物访谈相结合的方法，在对旅游生态补偿相关理论、四川旅游生态补偿机制实证分析研究的基础上，提出四川旅游生态补偿机制的战略。

1)文献法

从文献查阅和综述入手，梳理并总结国内外生态补偿的研究成果，在此基础上确定本课题的研究方法及研究重点，在资料的分析整理中运用归纳法、对比分析法、综合法等。

2)实地考察法与访谈法

通过野外调查，实地了解以获得第一手资料。通过“面访”技术和“侧面观察法”，针对本书研究内容与不同角色人员进行访谈，包括典型地区的相关人员，旅游生态补偿的主体、对象人员，业内知名专家学者等，从中总结经验、听取建议及意见，为旅游生态补偿的实施提供参考。

3)系统分析法

从系统论的角度出发，以动态发展的眼光，用多维的视角研究四川旅游生态补偿方式的选择、补偿标准的确定，探讨四川旅游生态补偿的相关问题。

4)其他

利用相关的统计原理进行分析，同时将调查的信息加以统计整理。运用理论表述与图表展示相结合，采用定性描述法、抽样调查法、资料调查、生态足迹、案例分析、层次分析法(AHP)、专家调查法(Delphi 法)、GIS 等方法。

5.2 研究区域概况

5.2.1 研究地区基本概况

四川位于中国的西南部，地处长江中上游，介于东经 97°21′～08°30′、北纬 26°03′～34°19′，南北宽 900 km 有余，东西长 1075km，面积 48.5 万 km^2，人口 8750 万，辖 21 个市(州)181 个县(市、区)。毗邻青海、甘肃、陕西、重庆、贵州、云南和西藏 7 个省(区、市)。

四川地域辽阔，地貌复杂，高原占 29.5%、山地占 49.6%、丘陵占 18.6%、平原占 2.3%。以龙门山、邛崃山、大相岭、大凉山一线为界，将全省分为西部高山、东部盆地；其中尤其是西部地区，是青藏高原东缘，雀儿山、沙鲁里山、大雪山、邛崃山、岷山南北走向，切割深陷，气势磅礴，形成著名的横断山脉。

气候类型多样，山地气候垂直变化明显，由低到高依次分为亚热带、暖温带、温带、寒温带、亚寒带等几种气候类型；水域面积大，97%的面积属长江水系。长江由西向东横贯全省，流经西部的主要支流有雅砻江、大渡河、岷江，流经东部盆地的主要支流有嘉陵江、涪江、渠江、沱江。川北少数地域属黄河水系。全省湿地面积 9616.8km^2。

生物资源极为丰富，动物区系组成复杂，同时具备了古北界和东洋界的特征。据统计，有脊椎高等动物 959 种，其中，兽类 213 种，鸟类 607 种，爬行类 63 种，两栖类 76 种。在这些动物中，属国家重点保护的野生动物 146 种，尤其以大熊猫、川金丝猴、牛羚等闻名于世。

四川植被属亚热带常绿阔叶林区，种类丰富，热带、亚热带和温带的科、属多，特有种、属和单种、少种的科、属多，起源古老，孑遗植物多，裸子植物的种类多等特点。据不完全统计，全省有维管束植物 232 科、1621 属、9254 种，约占全国植物种类的 1/3。其中裸子植物居全国第一位，有 9 科、27 属、88 种；被子植物居全国第二位，有 182 科、1474 属、8453 种；蕨类植物有 41 科、120 属、708 种；为四川所特有的植物种有 460 余种。

四川民族众多，地域辽阔，在漫长的历史岁月里，独特的民族文化与大自然长期融合，孕育了独具特色的民族风情、乡土习俗、建筑风格、民间传说等原生性地域特色文化；沉淀了丰富多彩、富于传奇的文化底蕴，构成了四川人文资源丰富的文化大省的地位。

5.2.2 研究地区生态旅游发展态势

复杂多样的条件和悠久的文化历史，形成了丰富多彩的生态旅游资源，其中不少具有世界级精品旅游资源。四川生态旅游资源显著特点表现在丰富性、原生性、独特性、垄断性等，具有总量丰富、类型多样、富集度高，原生性保存好、特色突出、品位高，空间组合配套好、东西部差异明显、互补性强等生态旅游资源优势，是开展生态旅游不可多得的宝贵财富和物质基础。

四川旅游资源品位高、数量多、类型全、分布广、组合好，极具特色。四川拥有国家级旅游资源 250 多处，旅游资源的特点是：雄奇秀丽的自然山川，历史悠久的巴蜀文明，如诗如画的田园风光，独特有趣的民族风情。

长期以来，人们被旅游业巨大的经济效益所吸引，而忽视了对旅游资源和生态环境的保护和建设，结果造成了一系列的生态、环境问题，如景观破坏问题、生态退化问题、环境污染问题等，这些问题反过来直接阻碍了旅游业的可持续发展。与此同时，四川生态旅游资源破坏，旅游区环境质量下降的问题也日益突出，有些自然保护区出于增加经济收入的目的，近年来纷纷开设生态旅游项目，热衷于旅店、餐馆、游乐等设施的建设，而对生态环境保护重视不够，对环保科研投入甚少，造成开发过度，生态破坏问题日益严重(雷静等，2009)。

目前，四川省生态旅游区除九寨沟、黄龙、峨眉山、王朗、卧龙等以外，大多数的生态旅游区仍存在诸多的环境问题。例如，旅游区废水直排，水体质量下降；团体垃圾尚未无公害化处理，环境脏乱；车辆直驱而入，大气污染与噪声严重污染环境等。尤其，川西地域的自然保护区仍存在欠缺科学评估而进行盲目开发的情况，时有造成脆弱生态系统崩塌、滑坡等山地灾害。

继中央提出实施西部大开发战略以来，按照国家的统一部署，四川先后启动了“天然林保护”“退耕还林(草)”和“长江上游防护林”工程，加快了建设长江上游生态屏障的步伐，生态环境明显改善。

同时，全省围绕旅游抓交通建设，基础设施条件明显改善，可进入性大大提高。截至2007年，全省高速公路通车里程达1939km，10个机场航空网络初步形成，已开通200多条国内航线和30条国际航线，可通达世界24个国际城市，为游客提供了便利的交通条件。

作为全国最早开展生态旅游的省区之一，四川相继成功开发了九寨沟、峨眉山、黄龙、四姑娘山、海螺沟、瓦屋山、猿王洞、稻城亚丁、卧龙、唐家河、王朗、二郎山(喇叭河)、碧峰峡、石象湖、千佛山等生态旅游区，建成了融合民族风情的世界知名和国内有较大影响的自然生态观光、休闲度假、探险旅游目的地。

经过多年的实践和建设，四川形成了以世界自然遗产、“世界人与生物圈保护区网络成员”、森林公园和自然保护区等为生态旅游的主要载体，以森林观光、疗养避暑、休闲度假、野生动植物观赏、生态体验、科学考察等为生态旅游的主要内容，生态旅游发展呈现出良好的态势。

生态旅游已成为建设“生态四川”、旅游经济强省和构建四川新型林业产业体系的重要内容，对于树立四川的整体形象、实现生态旅游资源保护性开发和促进四川经济社会可持续发展具有重大而深远的影响。

四川生态旅游发展中还存在一些问题。其一是认识不足，生态旅游以生态环境为基础，强调保护与开发并重，在以往的旅游发展中，人们对生态旅游注重保护资源和环境的理念还没有广泛接受，对生态旅游发展的内在规律没有清楚认识，在促进人与自然和谐统一，实现环境、经济和社会协调发展方面还存在偏颇。

5.3 四川生态旅游资源分布及评价

5.3.1 四川生态旅游资源圈层分布特征

四川省自然资源丰富，人文历史悠久，是中国西部举足轻重的风景名胜资源大省。受特殊地形地貌的影响，省内生态旅游资源在内容、分布、类型构成等各方面均表现出明显的盆地特征，直接影响到生态旅游产业的总体发展框架和资源后续的保护、利用等具体工作方法。受盆地形态和人文活动强度的影响，生态旅游资源的分布出现按圈层分布的独特规律(四川省人民政府，2004)。

1. 核心文化资源圈层

由成都山前平原地区构成的中心地貌圈，由于受到强烈的人文影响，开发历史悠久，从而使自然面貌完全被改变，而代之以各种人工建设的物质载体。生态旅游资源表现为密集的遗址、遗迹、古建筑、古城镇群等，以古老、清雅为区域景观特征，是四川人文类风景名胜资源的集中分布区和突出的代表性区域。所谓古老，指具有悠久的发展历史及人类文明史，以三星堆构成其形象代表；清雅则是指平原区广泛存在的田园、水网、村舍构成的生活场景景观，以刘氏庄园、郫都区农科村及周边水网农田为其形象代表。

2. 文化扩散资源圈层

由以川中地区为主构成的丘陵低山圈，在人文活动的扩散过程中受到强烈的改造和影响，自然面貌所存甚少，从而成为省域历史文化资源分布面积最大但强度与特征性弱于核心圈层的文化分布区。其资源表现为较稀疏的古城镇、分散的遗迹与文化保护单位和大面积的田园风光等。以纯朴、秀丽为区域景观特征，主要以蜀中田园风光和点缀其间的丛林、寺观、小城镇为其形象代表。

3. 交融景观资源圈层

由盆周山地构成的中山圈，处于人文活动强度的边缘区，自然面貌保留较多，但人文内容也有相当的分布，成为自然因素、人文因素交叉，以交融性资源分布为主的区域。其资源表现为传统的风景游览地、宗教人文丛林与少量聚居城镇，幽深、雄险是其区域景观特征。所谓幽深，是指其传统的风景游览地和宗教丛林构成的“影世”性风景景观；雄险则是指该阂层各地段拥有的古蜀道、古关隘等风景景观。前者以峨眉山、青城山构成形象代表，后者则以剑门关等为形象代表。

4. 自然生态资源圈层

由盆西高山、极高山构成的圈层，人文活动甚弱，自然面貌保存完好，成为生态旅游资源的集中分布区，资源表现为保存完好，以大面积、块状成片分布的自然山体、森林、水系和珍贵的动植物栖息地等为其分布形态。圈层以典型生态景观为主，兼有部分少数民族聚居的民俗文化景观。该区域是省内最具代表性的生态旅游资源分布区，以神奇、珍贵为区域景观特征，这在很大程度上代表着省域的总体景观特征，并以九寨、黄龙、卧龙、贡嘎山等所拥有的珍贵物种和生境景观构成其突出形象代表。

5. 旷野山原资源圈层

由高山原和部分中山原组成的圈层，人口稀少，分布零散，多数区域为未受人类影响的旷野地区，成为省域大尺度山原、旷野型风景名胜资源的分布区。其资源表现为以草原、流石滩、丘状高原景观和湿地景观、河源景观等为主，并兼有较为突出的少数民族风情景观。以粗旷、豪放为其区域景观特征，具体表现在广阔的高原草地、大尺度的旷野山地、峡谷和豪放不拘的康巴风情。

四川独特的地貌形态特征和人类活动强度的影响，造就了四川生态旅游资源由中心平原向盆地边缘山区呈环状递增的地理分布规律。高山、高原、江河源头、高原湖泊等生态旅游资源主要分布在川西的甘孜州、阿坝州；高山峡谷、天然动植物园、阳光生态等生态旅游资源主要分布在川西南的凉山州、攀枝花市；人工植被生态旅游资源主要分布在川东丘陵区；山地森林系统主要分布在川北 / 川东北山地区；竹海、喀斯特地貌和丹霞地貌生态旅游资源主要分布在南川地区；传统与现代农业生态旅游资源主要分布在成都平原。

5.3.2 四川生态旅游资源分区及评价

综合多方面因素，在我国现行行政经济条件下，根据自然条件的分异特征和生态旅游资源的分布规律，可将四川划分为 6 个生态旅游资源地区（四川省人民政府，2004），杨国良等（2010）利用累加型模型按资源价值、开发条件、生态环境综合评价了不同类型区的得分（表 5.1）。

表 5.1 四川 6 个生态旅游地区及资源评价表

分区	主要区域	总分	级别
川北/川东北低中山地区	绵阳、广元、巴中、达州	64.985	良好
川东丘陵地区	南充、广安、遂宁	63.083	良好
成都平原地区	包括成都、德阳、眉山、资阳	71.556	优良
川西南中山峡谷地区	凉山，攀枝花	72.165	优良
川南丘陵低中山地区	乐山、内江、自贡、宜宾、泸州	80.785	优秀
川西高山高原地区	阿坝、甘孜、雅安	81.368	优秀

四川由于特殊的自然地理环境，形成了以原始、孑遗、典型、丰富的生态群和生态景观为主要特点的生态旅游资源。优秀生态资源构成了西南资源区自然生态资源的主要基础，也构成了四川省生态旅游资源的最大资源特点。

定性评价生态旅游资源的方法又称经验评价法，它是人们根据对生态旅游地的考察而形成的一种主观印象和感受。这种方法比较简单和容易操作，但缺乏具体的量化指标，故评价结果比较粗放，不够精确。

四川生态旅游资源表现出总量丰富、类型多样、特色鲜明、品位高、空间组合配套好、互补性强等优势。

1. 资源类型多、基数巨大

四川生态旅游资源类型多样、富集度高。这是由其拥有的旅游资源及旅游资源赖以存在的地理环境共同决定的。出于旅游资源和地理环境类型众多、内涵丰富，具有高度综合性和鲜明的时空性，对旅游者具有强烈的吸引力。从整体上看，除了沙漠以外，几乎我国所有的自然景观在四川均可看到；四川少数民族众多，人文景观多姿多彩。

四川现有世界文化遗产 4 处（九寨沟、黄龙、青城山—都江堰、峨眉山—乐山大佛），国家 4A 级旅游景区 17 处，国家级风景名胜区 15 处，国家级自然保护区 29 处，世界地质公园1处，国家级地质公园8处，中国历史文化名城7座，中国优秀旅游城市9座。如此庞大的自然与人文生态旅游资源集于一省，是国内各省区所罕见的。生态旅游资源如此丰富，为世界罕见。

2. 资源独特、珍贵、品质优异

四川的生态旅游资源突出表现在三个方面：

(1)资源气势大。不少自然保护区气势雄浑，地域辽阔，集多种景观于一体，高山流水、蓝天白云、原始森林、湖泊草甸、冰雪温泉、珍稀动植物等多种资源巧妙融合在一起，景观异常优美。

(2)资源品位高。丰富多彩的生物资源，千姿百态的地文景观，奇丽清澈的水域风光，缤纷灿烂的天象气候，春华秋实的森林季相，不仅在全国属上乘作品，即便在世界范围也是毫不逊色，品位很高。

(3)资源配套好。生态旅游资源往往与宗教文化、民族风情以及红色旅游资源紧密结合在一起，各种资源相互配套，独特性与多样性有机统一。

四川的生态旅游资源拥有全国其他省市无法比拟的垄断性和惟一性。四川省拥有如九寨沟、黄龙、峨眉山、乐山大佛、剑门蜀道、武侯祠与三国文化、三星堆与古蜀文明、青城山与都江堰等国内外知名的生态旅游资源。例如，卧龙有世界上最大的大熊猫种群；若尔盖铁布保护区有中国独特的四川梅花鹿野生种群、巴塘竹巴笼保护区有世界特有的四川矮岩羊；九寨沟和黄龙绚丽多彩的高山湖泊伴以壮美神奇的钙华景观；措普的高温间歇喷泉等罕见的特殊自然景观；海螺沟的冰瀑气势宏伟，是世界同纬度海拔最低的现代冰川瀑布；瓦屋山有世界落差最大的兰溪瀑布；蜀南竹海大面积楠竹林像翡翠撒落在石质山地等。这些生态旅游资源，只能在四川见到，堪称世界奇观。这些资源无一例外地具有国家地理或风貌的保存意义，具有良好的生态环境和景观环境，代表着一部分重要的国家历史文化内容，成为省域生态旅游资源在国内外的知名品牌，并可成为国内外生态旅游的特殊地区。

3. 资源富集，景点多、功能多

省内有九寨沟、黄龙寺、峨眉山、乐山大佛、都江堰等国家重点风景名胜区；有世界野生生物基金会合作的世界第一个大熊猫研究中心——汶川卧龙自然保护区；有贡嘎山、四姑娘山、雪宝顶等多座对外开放的登山区；有冰川奇观，举世罕见的海螺沟冰川森林公园。由于地形多样，垂直差异明显，大自然给这个富于垂直变化的气候地带造就了“一山有四季，十里不同天”的特殊景观。如此多的景点，可开展观光、休闲度假、科考等多功能生态旅游活动。

生态旅游资源富集度高，如在岷江上游不到150km半径范围内集中分布着九寨、黄龙、四姑娘山、卧龙、米亚罗、牟尼沟、毕棚沟等数十个以高山湖泊和高山自然景观生态系统为主的旅游景区；又如在以蛾眉山为核心的近100km范围内，集中分布有乐山大佛、瓦屋山、碧峰峡、朝阳湖、天台山、槽鱼滩、三苏祠等以自然和文化相融为特征的旅游景区。高密度的景区富集群为开发生态旅游、减少基础设施建设费用、合理保护环境创造了优越的条件。

4. 原生保存好，特色突出

四川由于所处地理位置及复杂多样的地质、地貌、气候条件的影响，蕴含着丰富多彩的资源和不同的生态系统类型，原生态保存完好，极具旅游观光价值。四川省的生态旅游资源大都保留了未经雕饰的原始风貌，景观独特、神秘感强，给人以强烈的对比和新奇的刺激，如雪峰连绵的贡嘎山、景色瑰奇的九寨沟、别具一格的阿坝、甘孜的藏传佛教，以及摩梭女儿国、羌寨等百花争艳的万千民族风情。四川省的生态旅游资源中，无论是山水风光或是人文胜迹，都拥有许多奇特度高、神秘性强、绝无仅有的垄断性景观，成为西部生态旅游资源中的极品。四川省古老、奇特、丰富的生态旅游资源具有质量高超、引力巨大等优势。不少生态旅游资源都可被誉为“世界上最壮观、最神奇的景观”，包括许多出类拔萃的风景名胜区和文化遗产、独具魅力的自然美景、深厚的文化积淀、气势宏伟的遗址规模。

由于省内大部分地区地势变化强烈，人为活动较弱，川内多数地区(川西山地和盆周山地)保持了原始和较为原始的生态体系，资源外貌更为自然。这种原生性较强的资源构成特点，使省域生态旅游资源不仅成为一般意义上的观光旅游热点，而且成为国家生态保护的重点地区，也成为珍贵的物种基因库和水源涵养地，其价值远远超出传统的游览审美范畴。其生境、物种、景观的典型程度，类型上的丰富程度及组合上的千变万化，是次生资源无法比拟的。

5. 资源整合好，利于多层次开发

许多资源兼有自然和人文之内涵，并茂生辉，相得益彰；不少资源可以串连组合，形成系列产品。四川省生态旅游资源组合具有综合性优势，尤其是自然景观与民族风情相互融合，在很大程度上避免了自然景观单一性和同质性。四川省生态旅游资源不仅具有种类上的综合性，最主要的是具有整体组合上的综合优势：生态旅游资源地域分布具有相对集中的特点，这使资源组合规模大，对开发较为有利；生态旅游资源还具有多样性特征，多种多样的自然景观、气候类型和各具特色的民族文化在地域上组合，形成多个风格各异的生态旅游资源区。

四川省生态旅游资源独特性与广泛性兼备，自然风光与人文胜迹融为一体，有利于多目标、多层次综合开发。四川省各个主要生态旅游区，不仅主体景观风貌的个性特色十分突出，而且各风景规模一般都很大，内部多由数个二级风景区构成，且山水风光往往与人文胜迹、名刹古寺紧密融合在一起，相互依存，相互烘托，为特色景区建设和多目标综合开发提供了极为有利的条件。

6. 生态环境脆弱，保护难度大

四川地处长江上游地区，分布着流量丰富的大江大河，植被景观资源是长江生态屏障的骨干，景观资源与环境的保护显得尤为重要。此外，在自然生态旅游资源集中的川西地区，生态环境极其脆弱。自然、经济、社会以及文化传统体系的过渡、交错及融合，构成了川西山地复合生态系统有别于其他任何系统的特殊的复杂性和多样性。这种复杂而多样

化的过渡交错性，说明景观资源具有较强的相互依赖性和对干扰的敏感性。表明山地系统对外界人为干扰的抵抗力弱，人们从事生产活动必须严格控制在其承受能力和弹性调节限度内，否则，将引起系统退化。此外，川西地区山高坡陡，交通状况较差，有的线路尚待开发。如何协调旅游与环境的关系是旅游开发的关键问题，该区表现尤为突出。

7. 资源分布不均

受省城地貌单元及历史、社会发展的影响，东部盆地成为历史以来开发强度较高的地区，原生性资源基本不存在，而次生性资源(如人工水库、寺庙丛林、人工林场等)较多，构成东部盆地人文生态旅游资源数量巨大而规模小的特点；西部山地则与之相反，原生性资源众多、规模大且分布集中。除此之外，生态旅游资源在各区域的集中程度也存在极大差异：成都平原一带人文资源高度密集；自贡、宜宾、泸州一带人文与自然资源均较密集；盆地其他地区，除市县中心地段有一定人文生态旅游资源分布外，其他地区资源较为稀疏；盆地北缘米苍山—大巴山一带则有较多自然资源分布；贡嘎山、岷山一带为大量高品质自然生态旅游资源的分布地，继续向西又为大面积丘原景观和少数民族分布地。整个省域生态旅游资源呈现分布上的极大反差。

5.3.3 四川与全国生态旅游情况比较

1. 全国最早开展生态旅游省区之一

人口、资源、环境是我国旅游发展的三个最大问题，四川省亦如此，而最突出的问题就在于人口。四川省人口多达 8642 万，是全国人口大省，资源占用量较低，且过去在开发传统大众旅游中对生态环境，尤其川西脆弱的生态系统影响较大，超过近年来的旅游开发实践，人们已真真切切地体会到，以牺牲环境为代价来求深发展，将来要付出更大的代价。因此，四川在全国最早开展了生态旅游。20 世纪 80 年代即通过政府合作、多边国际合作、国外非政府组织合作和交流，开展了生物资源环境建设，相继在九寨沟、卧龙、王朗等自然保护区开展生态旅游试点，逐步推广到全省范围，为四川生态旅游发展奠定了良好的基础。同时，也为全国各地发展生态旅游起到一定的引导与促进作用。

2. 在全国生态旅游业中有着举足轻重的作用

四川，山川秀美、景点荟萃，可谓“天下山水之观在蜀”；它又是“国宝”大熊猫的故乡；地处长江上游，与黄河源头接壤，江河纵横，号称“千河之省”；地跨青藏高原、横断山脉、云贵高原、秦巴山地，地貌复杂、气候多样；拥有丰富的动植物资源和独特、罕见的生态旅游资源。它又位于中国西南部的交通口岸，具有区位优势。四川还拥有我国三分之一以上的植物种类，包括 85 个特别保护的珍稀物种，100 多种珍稀动物，包括大熊猫——国家珍宝和世界动物保护的标志。总体说来，四川生物物种繁多，居全国第二位，并已成为国际生物多样性保护同盟重点关注的区域和世界自然基金会选定的全球 200 个生态区域之一。

四川拥有海拔 5000m 以上的高山体系 20 多个，具有丰富多样的水景观和水体生态体系，如长江、雅砻江、大渡河等。

四川历史悠久，是文化资源大省，人文生态旅游资源十分丰厚，如古蜀文化瑰宝三星堆文化、金沙文化、康巴文化、羌文化、彝族文化、摩梭母系文化等，为生态旅游赋予了丰富的文化内涵。

综上所述，四川生态旅游资源数量丰富、类型繁多、品位极高、特色鲜明、具垄断性，若组合较好，许多资源在世界上都是独有或罕见的，并且开发潜在优势颇大，在占领全国各大旅客“源头”方向，具有相当基础，并还具区位优势，是中国推向世界重要的生态旅游目的地，在全国生态旅游发展中有着举足轻重的作用和重要地位。

3. 全国发展生态旅游的基础和亮点

四川经过多年对生态旅游理念的研究和实践的探索，对全国发展生态旅游提供了可资借鉴的经验和教训。尤其近年来，省委、省政府提出了建设“生态四川”，加强生态旅游发展和生态环境建设，建立旅游可持续发展模式，努力把四川建设成中国生态旅游目的地，甚至世界生态旅游目的地的要求。这加速了四川传统的旅游形象的改变，使四川生态旅游业更上一个台阶。从旅游地的旅游产品生命周期看，四川正在加速实施旅游产品的转型和升级，以开拓一批创新型的生态旅游产品。这些工作为全国全面发展生态旅游打下了一定基础。

四川省域内的自然山水、绿色生态、熊猫栖息地、多元化的原生态文化等，展示了四川省丰富独特的生态旅游资源。四川新近打造的“绿色四川，熊猫故乡”“沿着威尔逊之路，重返中国西部花园”“九寨天堂——生态九寨、数字九寨”等生态旅游产品很切合四川实际。这些产品的竞争力主要表现在：一是品位高，国际认同度高，容易打入国际国内市场；二是组合良好，易于连线连片开发利用，易于形成合力；三是在海外有一定市场和知晓度，易于形成品牌；四是与中国崛起的“中国概念”紧密关联，易于借助国家效应和国家大事，形成市场影响，如大陆向台湾赠送大熊猫在港澳台引发大熊猫热，北京奥运吉祥物引发国际社会对大熊猫的关注，等等。这些能有力促进中国乃至四川成为世界重要生态旅游目的地，也无疑将是全国发展生态旅游的基础和亮点。

4. 为全国发展生态旅游提供借鉴案例

四川的生态旅游景区，各具特色，各有所长，有的还开始形成自己的绿色经营理念和管理模式。如绿色的经营管理模式（九寨沟保护区生态旅游案例）；强调自然保护与发展生态旅游的开发模式（王朗自然保扩区生态旅游规划案例）；控制生态旅游区环境容量（蜀南竹海风景区生态旅游开发模式案例）；区别资源类型，推出分层次产品（成都近郊发展生态农业旅游等案例）。

四川省先后出台了《四川省生态旅游发展报告》《四川省生态旅游发展规划》，制定了《四川省生态旅游资源分析评价指标体系》，并对全省省级以上的生态旅游景区资源进行了分析评价，展开了《生态旅游景区建设服务规范》的编制工作。内容包括定义术语、资源保护、环境保护、规划建设、经营服务、制度与管理、生态教台、社区共建等方面的基本要求和评分细则。

目前，四川九寨沟、黄龙、蜀南竹海三个自然保护区正式通过了绿色环球 21 的评审，成为亚太地区首批通过绿色环球 21 认证的自然保护区。这 3 个自然保护区按照绿色环球 21 的标准在土地使用和管理、生态系统保护管理、交通安全管理、危险品的保管和使用、环境管理体系、与利益相关者的磋商和交流、废水管理、社会和文化管理、减少固体废弃物、噪声控制等方面做出了较大的改进，树立了良好的杜会形象，同时也取得了很好的生态效益和经济效益(杨国良，2010)。

5.4 游客生态补偿调查与分析

选择四川省具有代表性的生态旅游景区进行调查，主要包括：峨眉山、朱德故里、凌云山、唐家河、九寨沟、阆中古城、蜀南竹海、青城山 8 个旅游景点。采用问卷调查法、访谈法。

(1) 调查时间：为了使调查能够客观地反映出四川生态旅游市场的实际情况，调查分为两轮进行。第一轮是旺季：五一黄金周，即 4 月 29 日至 5 月 3 日；第二轮是平季，即 7 月 5 日至 7 月 10 日。调查时间共计 14 天。

(2) 调查地点：景区入口处、景区各有名景点等。当场发放问卷，当场收回。

(3) 问卷发放：在上述景区发放调查问卷 400 份，收回有效调查问卷 372 份，问卷有效率为 93%。在选取样本时，采取分时段随机调查，以高峰时段为主，低峰时段为辅。

5.4.1 问卷设计与主要内容

四川旅游地生态补偿调查问卷由 3 个部分组成，分别为被调查者的人口学特征、行为学特征、对四川旅游地的了解程度及被调查者的支付意愿。

(1) 收集被调查者的人口学特征信息，包括性别、年龄、学历、职业、收入等问题。

(2) 了解被调查者的行为学特征。

(3) 了解旅游地补偿的支付意愿，包括对四川旅游地的支付意愿、支付方式及不愿意支付的原因等问题(见附录)。

5.4.2 结果与分析

1. 游客人口学特征

1) 性别构成

调查资料显示，参加四川生态旅游的女性约占调查人数的 47.6%，男性约占 52.4%(图 5.1)。

为排除游客对接受调查的态度等偶然性因素，本项除了采用调查法之外还采用“侧面观察法”，在朱德故里、凌云山、唐家河等地随机设定十分钟的观察时间，在观察时间内对进入景点的人数、性别以及旅游形式进行记录。观察发现旅游者多以家庭形式或者跟朋友结伴形式游玩，男女比例相差不大。另外，四川主要以自然山水和民族风情为吸引物吸引游客，适宜于绝大多数游客使用和参与，所以男女比例相差不大。

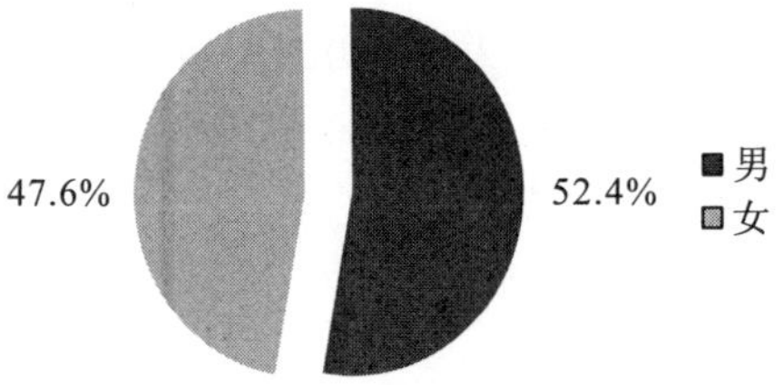

图 5.1 生态旅游者性别构成

2) 年龄构成

生态旅游者的年龄构成为：14 岁及以下的约占总人数的 5.3%；15～24 岁的约占总人数的 40.1%；25～44 岁的约占总人数的 44.4%；45～64 岁的约占总人数的 8.6%；65 岁及以上的约占总人数的 1.6%(图 5.2)。

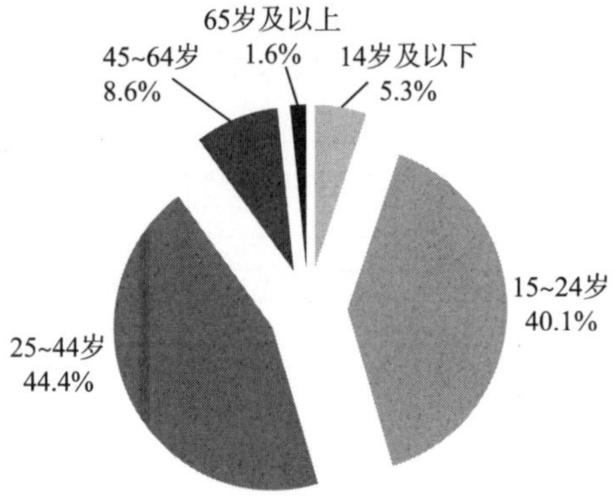

图 5.2 生态旅游者年龄构成

从调查统计的数据上来看，15～44 岁的人群是四川生态旅游的主要市场，两者总和占了调查人数的 84.5%。

3) 文化程度构成

被调查的生态旅游者中，具有初中及以下学历的约占调查总人数的 11.2%；具有高中(含中专)学历的约占总数的 30.5%；具有大专及大学学历的约占 54.5%；具有研究生及以上学历的约占调查总数的 3.8%(图 5.3)。

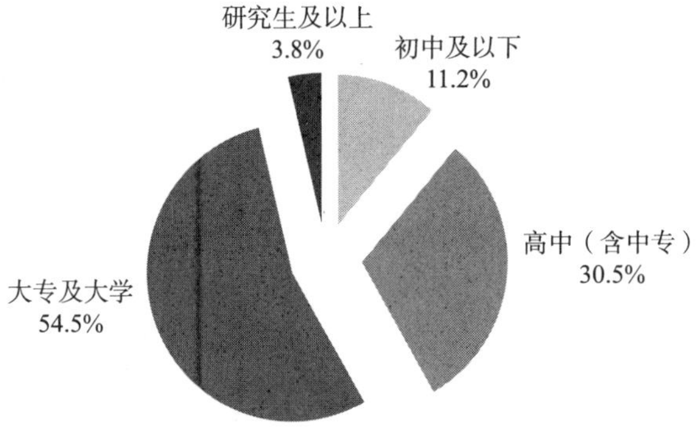

图 5.3 生态旅游者文化程度构成

从调查数据可以看出，具有大专及以上学历的生态旅游者人数占总人数的58.2%，具有中等文化程度及以上的人数占到总人数的88.8%，说明来四川旅游的生态旅游者的总体文化程度较高，符合生态旅游发展的需要。

4) 职业构成

参加生态旅游的游客的职业排行前六位的依次为学生、企事业管理人员、教师、其他(这里主要为无职业者)、个体户、公务员，所占比例分别为22.5%、16.0%、14.4%、13.4%、10.7%、7.5%。这六大细分市场约占整个构成中的84.5%。学生之所以是四川生态旅游市场中所占比重最大的一个细分市场，这是因为调查的时间主要集中在暑假和黄金周，另外，学生拥有充足的时间，且随着教育和互联网的发展，学生对外界的了解更多，出游动机也最大。在这六大细分市场中低收入人群学生、其他、个体户占到了总数的46.6%，接近旅游者人数的一半，表明四川生态旅游的消费层次还很低；另外，由于四川生态旅游市场主要由上述六类人群构成，应该加强对上述六类人群进行产品设计和促销(图5.4)。

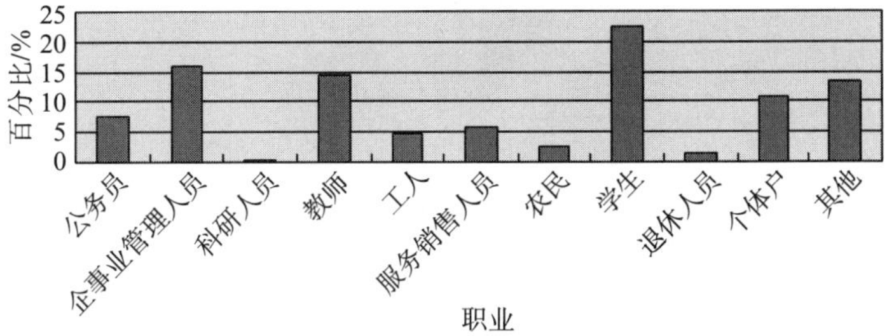

图5.4 生态旅游者职业构成图

5) 游客收入构成

游客的可支配收入和可自由支配收入的高低影响着游客外出旅游时的消费水平、消费结构和对旅游目的地、旅游方式的选择等。收入越高的游客，能自由支配的金钱数额就越大，可能在旅游消费方面花费较多的钱，能频繁出游，四川生态旅游者个人收入调查情况如图5.5所示。

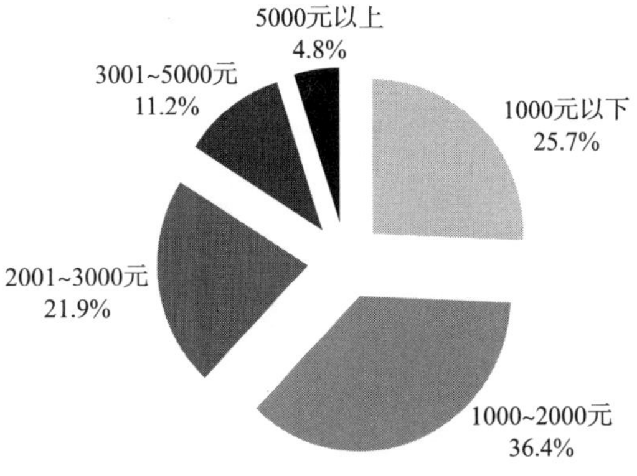

图5.5 游客收入构成

从四川生态旅游者收入调查数据来看，月收入 1000 元以下的约占 25.7%，月收入 1000～2000 元的约占 36.4%，月收入 2001～3000 元的约占 21.9%，月收入 3001～5000 元的约占 11.2%，月收入 5000 元以上的约占 4.8%。其中月收入 1000 元以下的主要是学生、农民和无职业者(多为家庭主妇)；游客的可支配收入主要集中在 1000～3000 元，占到整个调查人数的 58.3%；高收入人群(月收入 3000 元以上)占到整个调查人数的 16%，比例虽小，对旅游收入的贡献却很大。

2. 行为学特征分析

1)游客了解生态旅游产品途径

通过亲友介绍了解的占 41.2%，通过书报了解的占 3.7%，通过广播、电视了解的占 19.3%，通过互联网了解的占 7.0%，通过传说与典故了解的占 15.0%，通过旅行社介绍的占 1.1%，通过其他方式了解的占 12.7%(图 5.6)。

从调查数据我们可以看出，游客了解生态旅游产品途径中通过亲友介绍的排名第一位，说明目前四川生态旅游宣传途径还主要是靠口碑宣传，其次是广播、电视，再次是传说与典故。值得注意的是，这里通过其他方式了解的比例占到了 12.7%，是因为他们是本地人，认为自己从小就知道了。另外，通过互联网、书报、旅行社途径了解的比例都太少。因此，四川生态旅游在以后的发展过程中应做好宣传工作。

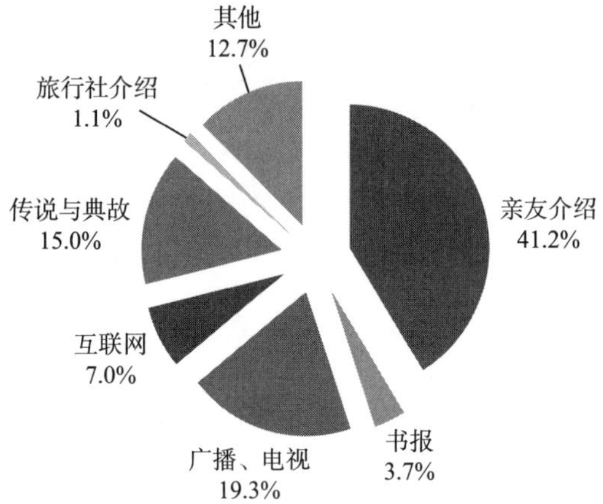

图 5.6 游客了解生态旅游产品途径构成

2)旅游动机

生态旅游者出游动机的研究可以指导旅游开发、推出适销的旅游产品，采取相关宣传措施，吸引生态旅游者。

从本次对四川生态旅游者旅游动机的调查分析得知：排行前三位的是体验民族风情、休闲度假和体验、了解自然，比例分别为 27.8%、24.6%和 23.5%，也是来四川旅游的游客的主要旅游动机，总计占到 75.9%(图 5.7)。通过侧面观察法和访谈法了解到，以体验民族风情为主要旅游动机的主要是外来游客；选择休闲度假的多为本地的旅游者；选择体验、了解自然的旅游者主要是以学生为主体。因此，开发四川生态旅游产品时要充分把握市场需求，体现本土特色，要特别注意增强旅游项目的体验性、参与性，同时不要忽略对科考、探险等市场的开拓。

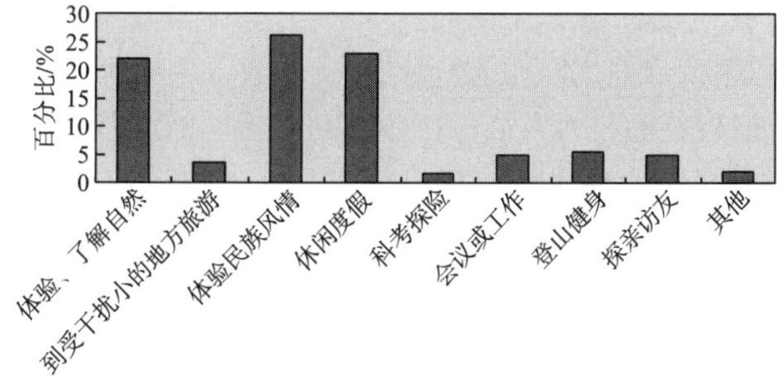

图 5.7 游客的旅游动机构成

3) 游客旅游方式分析

调查结果显示，游客的旅游方式主要以与朋友结伴和与家人一起为主，比例分别高达48.1%和40.6%，另外，以单位组织的旅游方式占3.1%，单独一人的旅游方式为7.5%，以旅行社方式出游的仅仅占到0.5%，说明四川生态旅游主要以散客为主，另外也表明四川旅行社行业欠发展(图5.8)。

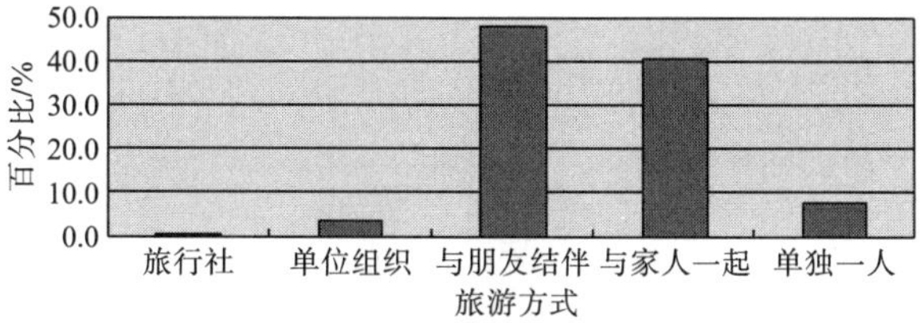

图 5.8 游客的旅游方式

4) 游客停留时间

游客旅行时间长短受旅游地距离、旅游活动性质等因素影响。据本次调查数据显示：当天返回的游客所占比例最大，占38.0%，他们多是四川省内游客；其次是2～3天的游客较多，占29.9%(图5.9)。

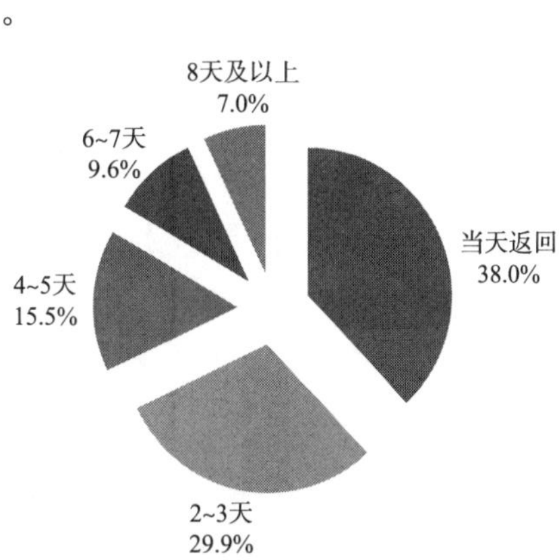

图 5.9 游客停留时间

5）游客旅游花费构成

旅游支出费用受路程长短、旅游者的客源地、生态旅游的目的地、住宿条件等多种因素的影响。但总的来说，生态旅游者比一般旅游者愿意支付更多的费用(图 5.10、图 5.11)。

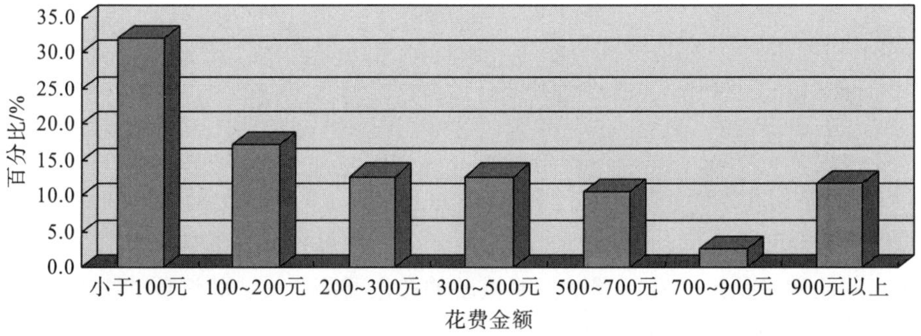

图 5.10 游客花费金额构成

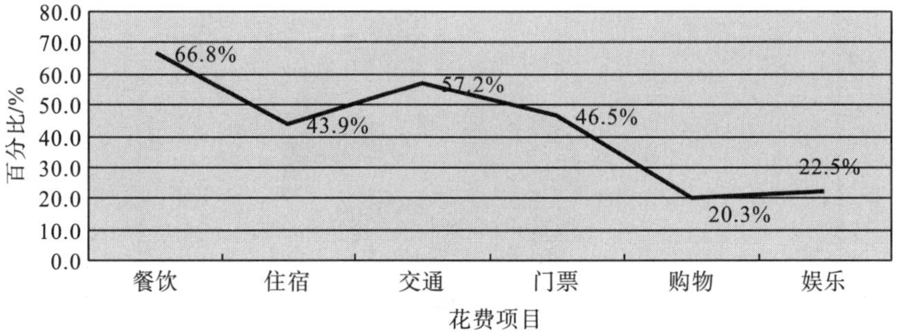

图 5.11 游游客花费项目构成

从调查数据来看，旅游总花费 100 元以下的比例最大，占 32.1%，这主要是因为县内旅游者所占得比例较大，他们多是一日游旅游者；消费 100～200 元的占 17.1%；消费 200～300 元和 300～500 元的并列第三，都占 12.8%；消费 500～700 元的占 10.7%；消费 700～900 元的占 2.7%；消费 900 元以上的占 11.8%。总消费额中花费项目主要为餐饮、交通、门票和住宿，比例分别为 66.8%、57.2%、46.5%和 43.9%。购物和娱乐所占比例较小，分别占 20.3%和 22.5%，说明四川生态旅游产品还没有充分发挥经济功能，生态旅游商品和娱乐项目还不丰富。

6）游客出游时间分析

从图 5.12 可以看出，四川生态旅游者出游率最高时间的还是在法定假日，占 40.6%，这跟国家的休假制度有很大关系，同时进一步说明，生态旅游参与者的主流是固定职业者；另外，平时空闲时间比例占到了 38.0%，经侧面了解，有的旅游者不愿意在法定假日(如黄金周等)出门旅游，因为那个时候旅游人太多，太拥挤。

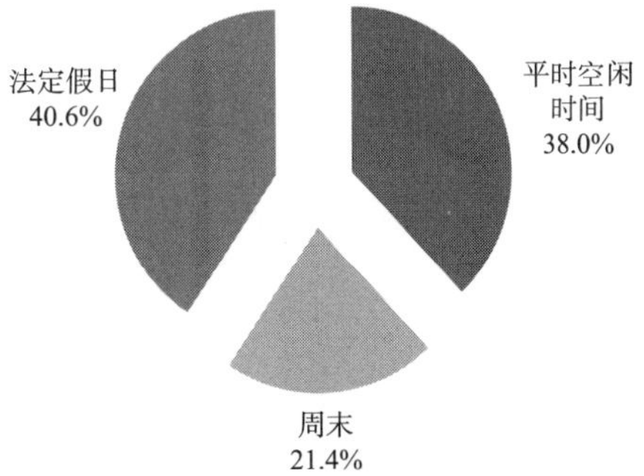

图 5.12　游客出游时间

7)决定游客旅游的最主要因素

从图 5.13 中可以看出，有 71.1%的旅游者认为个人兴趣是影响游客旅游的最主要因素；16.0%的旅游者认为经费问题是影响旅游的最主要因素，选此选项的主要是低收入人群和学生。时间、距离和季节对旅游的决定性作用较小。

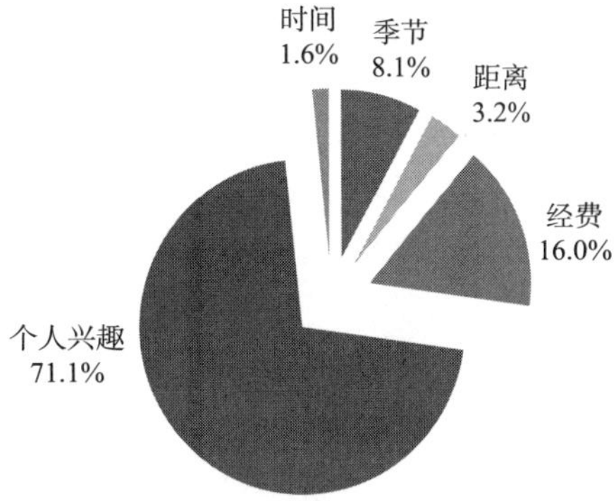

图 5.13　影响游客旅游的最主要因素

8)旅客对旅游目的地的偏好分析

从图 5.14 可以看出，游客对旅游目的地的偏好排名依次为优美自然山水、浓郁民族风情、随机都可以、历史文化名城、现代化城市，比例分别为 34.2%、24.6%、19.3%、17.1%、4.8%。

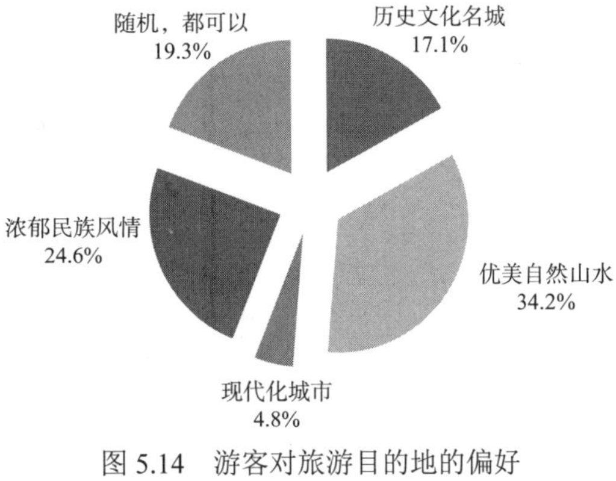

图 5.14　游客对旅游目的地的偏好

9) 对“生态旅游”的了解程度

从图 5.15 可以看出，接近一半(49.2%)的游客对生态旅游仅处于听说过但不够了解的程度，较为了解的占 35.8%，完全没听说过和非常了解的分别占到 8.0%和 7.0%。

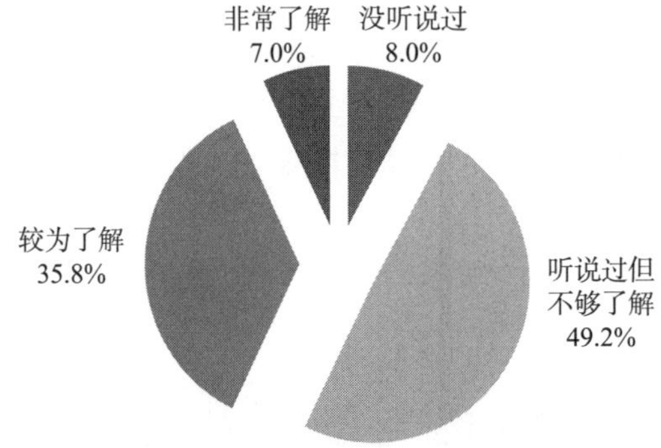

图 5.15 对生态旅游的了解程度

10) 游客环保意识

调查表明(图 5.16)：当看见有人乱丢垃圾时，会主动上前制止的只占 8.0%，经侧面了解，游客认为这样会带来不必要的麻烦，多一事不如少一事；有 55.1%的人选择告诫自己不要乱丢；有 29.9%的游客会把垃圾捡起来放进垃圾桶里；有 3.7%的游客选择了告诉管理人员，选择这个答案的主要是中小学生；置之不理的答案只有 3.2%的游客选择。这说明大部分的游客能够自觉遵守旅游区的环境保护要求，但经过侧面了解，有的游客调查时选择的是告诫自己不要乱丢却在实际游览过程中没有约束自己。可见要实现真正意义上的生态旅游还需要加强对游客的环保教育，促进环保意识的进一步提高。另外，调查时发现，景区的垃圾桶并不多，这说明景区的基础设施还不够完善，游客的环保意识不够强，跟基础设施薄弱是有一定关联的，一定要尽快完善旅游基础设施。

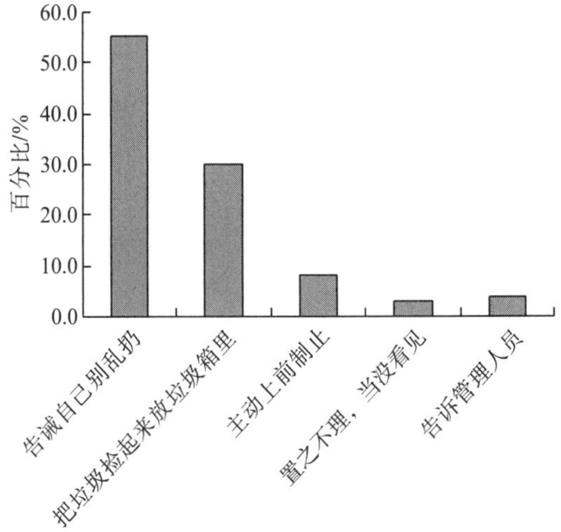

图 5.16 游客环保意识

11)游客对景区不满意的方面

根据对青城山景区的评价，38.24%的游客认为景区基础设施不够完善，30.00%的游客认为旅游服务设施不够完善，26.76%的游客认为景区商品吸引力不够强，有12.65%的游客认为景区建筑太多、视觉污染严重，有12.06%的游客认为景区服务水平和服务态度差(图5.17)。因此，青城山生态旅游景区一是要做好基础设施和旅游服务设施的建设；二是要组织培养高素质的旅游服务人员，进一步规范和提高旅游服务；三是做好景区景观设计和规划；四是打造景区特色商品和产品，增强景区吸引力。

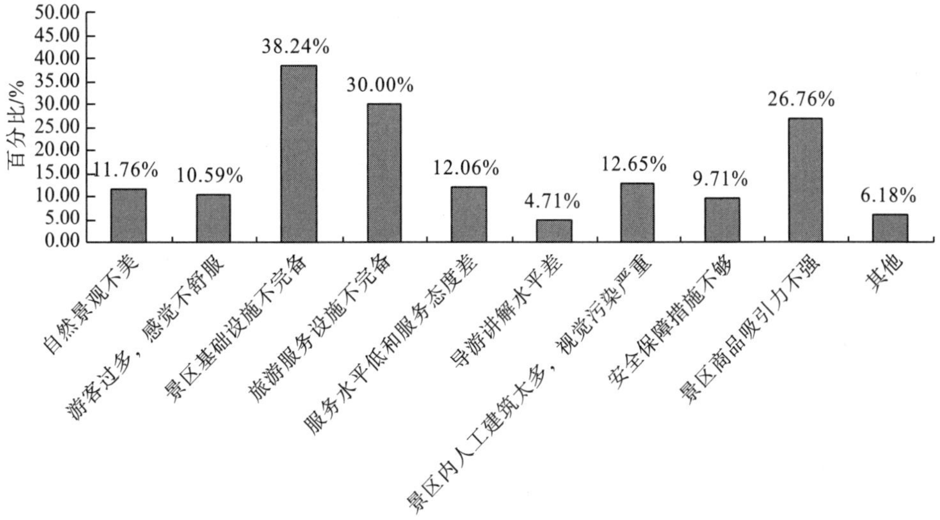

图5.17 游客对景区不满意的方面

3. 支付意愿及额度分析

1)支付意愿分析

通过对收回的372份有效调查问卷进行统计分析，有276人愿意为四川旅游地环境保护而支付一定费用，支付意愿率为74.2%，没有支付意愿的有96人，占25.8%(图5.18)。

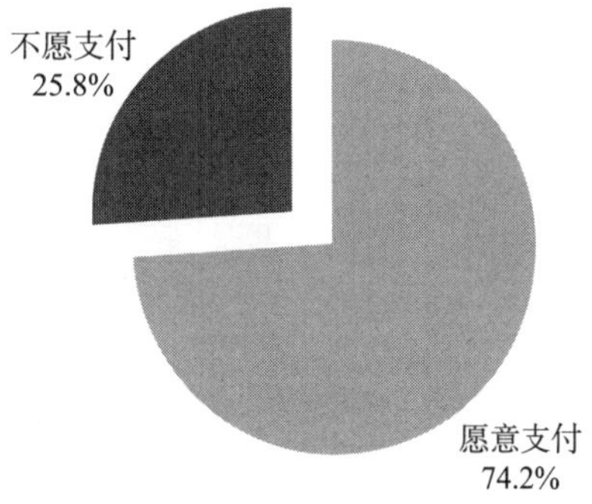

图5.18 游客支付意愿

2) 不愿支付原因分析

调查结果(图 5.19)显示，不愿意为四川旅游地环境保护支付费用的原因主要有：担心费用会被挪作他用，占 31.3%；主张应该由政府出钱，占 27.1%；认为家庭没有支付能力，占 16.7%；愿意以出工代替，占 14.6%；其他原因，占 10.3%。

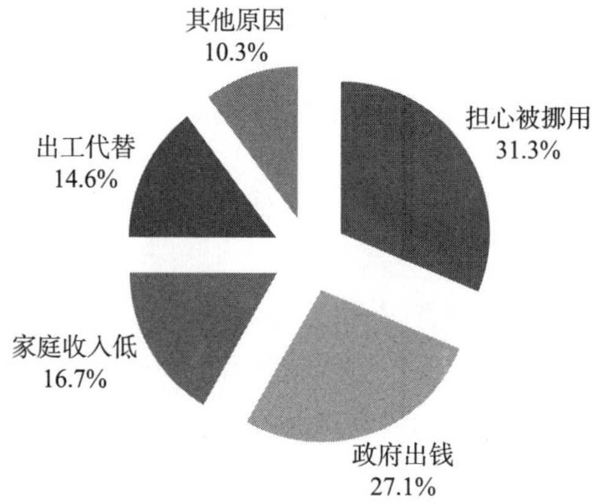

图 5.19 游客不愿支付原因

3) 支付额度分析

被调查者所愿意支付的最大数量的组合提供了平均支付意愿的下限，采用投标支付卡方法计算出四川旅游地生态系统服务的年平均支付意愿下限为 154.7 元/(人·年)。而肯定不愿支付的数量提供了平均支付意愿的上限(郑海霞等，2010；张冰等，2013)。在调查中发现，被调查者都拒绝支付投标卡上比自己选择的高一级的数额，通过计算分析为 224.85 元/(人·年)(图 5.20)。由此可知，人们对于四川旅游地生态系统服务的平均支付意愿处于 154.7～224.85 元/(人·年)。据统计数据，四川旅游 2012 年全省纳入统计的 318 个旅游景区累计接待游客2.15亿人次，游客对于保护和改善四川旅游地的偏爱比率为74.2%，由此算出人们对四川旅游地生态系统服务的支付意愿为 315.67 亿～458.81 亿元/年。

在调研的过程中发现，对四川旅游地环境状况保护和改善持支持态度的人较多，只有少数人认为对自己的生活影响较小或者不感兴趣。高学历和年轻人比较关注环境的变化与补偿；四川旅游地周边生活的居民普遍认为对于当地居民的补偿偏低，且政府用于保护和改善周边环境的资金虽然多，但效果不佳。本调查只是对确定生态补偿标准的一种尝试，如何在保证游客旅游质量的前提下减少其生态破坏也有待于进一步探究(邓明翔，2012)。

在旅游过程中，游客肯定会产生一定的能源消耗和废物排放，作为补偿，支付一定的环境保护费用是理所当然的。但要有科学合理的补偿标准，让人清楚征收的标准是怎么测算出来的。同时要对补偿事宜公开向游客征询意见，特别是要听取外地游客的意见。政府相关职能部门应对旅游景区向游客征收“生态补偿费”的做法进行规范，设立一定的法定程序，不能让旅游景区和地方政府可以随意征收所谓的“生态补偿费”，使之成为各地景区涨价收钱的一块“遮羞布”。

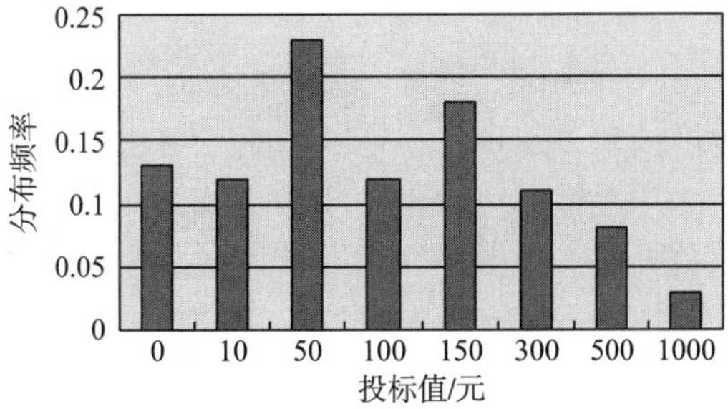

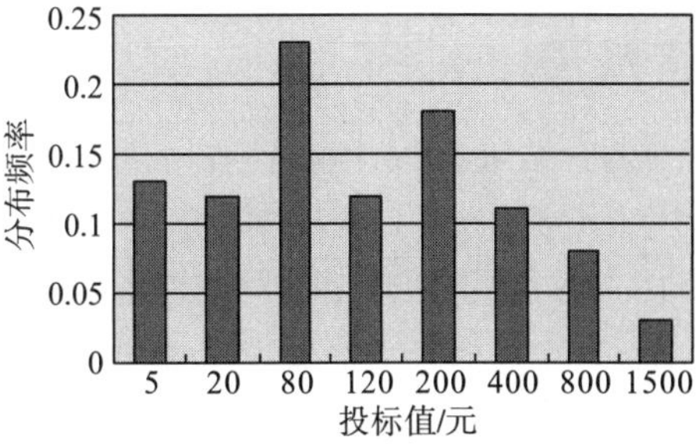

图 5.20 愿意支付和不愿意支付的被调查者概率分布(左为愿意，右为不愿意)

5.5 四川旅游生态补偿模式分析

5.5.1 九寨沟模式

九寨沟世界自然遗产地位于四川省阿坝州九寨沟县，面积 720km^2。九寨沟的山恢宏大气，水澄澈缤纷。九寨沟保存有第四季古冰川遗迹，区域地质构造复杂，地貌类型多样。以生物喀斯特钙华沉积为主，形成了独具特色的群海、溪流、瀑群、森林、雪峰组成的和谐景观。三条主要沟谷呈“Y”字形分布，其间散落大小湖泊 114 个、瀑布群 17 个、钙华滩流 5 处。童话九寨沟，水是灵魂，因其独特的水色、水形、水质，素有“九寨归来不看水”之说，被誉为“童话世界”“人间仙境”。九寨沟原住民以藏族为主，保存有较完好的传统文化，他们信奉藏区本土最原始的苯教，认为万物有灵，自觉保护自然，与山水和谐相处(杨国良，2010)。

九寨沟是第一批国家重点风景名胜区，国家级自然保护区。1992 年列入世界自然遗产名录，1997 年列入世界生物圈保护区网络，2001 年获得绿色环球 21 认证，已成为国内生态旅游精品区之一。九寨沟仅用了短短 20 年就发展成一个成熟景区。但是九寨沟景区面临的主要问题是景村合一、生态环境脆弱，在九寨沟自然保护区实施的旅游生态补偿具有典型性。在当前我国大多数旅游地，社区参与仅仅是停留在被动式、象征式参与的层次，而九寨沟社区参与旅游已实现或趋向实质性参与。作为旅游生态补偿的间接补偿方式，这种高层次的社区参与对我国保护地实施生态旅游具有重要借鉴意义(黄鹰西等，2014)。九寨沟独创的“保护型开发模式”被世界自然联盟自然保护区委员会称为典范，称为“九寨沟模式”。

自然保护区作为我国旅游地实施资源保护的另一种形式，在九寨沟自然保护区实施的旅游生态补偿具有典型性。保护区对社区的补偿主要有提供居民基本生活保障金、推行社区参与的股份制经营模式、建立多种居民参与旅游的从业渠道。在当前我国大多数旅游地，社区参与仅仅是停留在被动式、象征式参与的层次，而九寨沟社区参与旅游已实现或趋向实质性参与。作为旅游生态补偿的间接补偿方式，这种高层次的社区参与对我国保护地实施生态旅游具有重要借鉴意义(黄鹰西等，2014)。

1)居民分流，按能力参与旅游开发与经营

九寨沟将居民作三项分流：有管理能力的，吸收入各级班子；有经营能力的，有组织地开展旅游经营；文化较低的，参加养路、环保、巡山等。

2)旅游门票收入反哺社区，作为居民生活保障

九寨沟从2006年开始，从每张门票中提取7元用于景区居民的生活保障，人均1.4万元。

3)居民占股分红

九寨沟保护管理局和沟内居民均以资金入股诺日朗综合服务中心，股份比例为：管理局占51%，景区居民占49%。利润分配比例为：管理局占23%，景区居民占77%。

4)沟内游、沟外住，带动社区旅游

九寨沟严格功能分区，禁止在核心区和缓冲区内开展任何旅游和生产经营活动，在过渡区的所有建设活动均进行环境影响评价报告。九寨沟关闭沟内所有旅馆，在景区外规划建设了“九寨沟民俗文化村”，实施游客“沟内游，沟外住”。这不仅保护了九寨沟的环境，也促进了周边社区的旅游。

5)保景与育民结合，引导居民自觉保护环境

九寨沟开展专业培训、歌舞培训、英语培训等，引导居民参与景区的旅游发展，自觉保护景区环境，实现保景与育民结合(李刚，2012)。

近年来，九寨沟每年拨专项资金超过800万元作为景区居民的生活保障费，人均不低于600元。同时还安排了超过600名居民从事保护、环卫和经营服务工作，实现了居民由农牧型向旅游环保经营服务型角色转换，妥善地处理了“保景”和“富民”的关系，落实了社区居民参与生态旅游的政策(陈玲玲等，2012)。

6)积极进行环境建设，重视保护与科研投入

九寨沟建立保护机构以来，结合遗产地的实际，学习借鉴国内外先进管理经验，坚持走“保护促发展，发展促保护”的可持续发展之路。通过加强自然保护，完善设施建设，优化旅游环境，提升管理服务，历经二十余年的持续发展，在资源保护、环境治理、规划建设、旅游开发、经济发展和基础科学研究等方面取得了长足的进步。

1992年以来，九寨沟在科研、保护方面投入的资金占总资金的40%左右，同时管理局注重与外界科研机构展开合作，研究景区保护和环境治理。如四川省政府将九寨沟作为可持续发展的重要试点地，投入200万元进行“九寨沟黄龙水循环可持续性研究”等。

5.5.2 三圣乡模式

中国农家乐发源地——成都近郊锦江区三圣乡是成都市著名的鲜花基地，从清代起已有二百多年的种花历史。现在几乎村村种花，一村一品。集中成片，颇具规模(杨国良，2010)。

成都锦江区三圣花乡以红砂村“花乡农居”为首的“五朵金花”实现了通过以花卉为主的乡村旅游开发，让当地农民不离乡、不离地，发展农家乐创收。“五朵金花”位于成都锦江区，距成都市中心仅 10km，内外交通十分方便。“五朵金花”是以“花乡农居”(位于红砂村)、“幸福梅林”(位于幸福村)、“东篱菊园”(位于驸马村)、“荷塘月色”(位于万福村)、“江家菜地”(位于江家堰村)命名的五个生态农业旅游村。三圣乡根据生态农业资源优势与特色条件，按“一区一景一业”错位发展生态农业旅游的战略，将总面积超过 15000 亩①的土地打造成了各有特色的五个生态农业旅游区(杨国良，2010)。

在三圣乡的开发中，锦江区政府和成都市级部门共投入 1.8 亿元，吸引社会资金投入 3 亿元。“五朵金花”实现了生态农业与旅游的结合，实施了规模化、专业化和产业化，把生态农业生产、农事活动、科技运用、艺术加工、游客参与、体验娱乐、民俗风情等有机融合为一体，深受都市游客欢迎。“五朵金花”已经获得“国家 AAAA 级旅游区”“全国首批农业旅游示范点”“全国文明村镇”“2005 中国人居环境范例奖”等殊荣(杨国良，2010)。

1)土地集约化策略

土地集约化的主要措施是“拆院并院、拆企入园、建新拆旧”，将集约出来的建设用地用于旅游开发。

2)安民策略

三圣乡旅游开发是在保障社区居民利益的前提下开展的，遵循“失地不失利、失地不失权、失地不失民”的原则。主要安民策略有：农房改造，由“农户出资、政府补贴”，按照宜散则散、宜聚则聚的原则改造；构建农村保障及就业体系、城乡教育体系等；失地农民对集体资产也有处置权，准失地的农民有土地承包经营权。

3)富民策略

通过土地流转收入、农宅租金收入，农家乐经营收入、到农业龙头企业打工收入，集资入股分红、土地入股分红等多种方式实现农民增收；基础设施和配套设施城市化策略。因地制宜凸显优势，全面保障减少后虑，多重渠道促进民富；构建保障体系、采用“农户出资、政府补贴”的方式改造农房。

三圣乡社区居民参与乡村旅游开发所分配的利益形式主要有劳动所得、土地收入和社会保障。

1)劳动所得

社区农户的土地通过土地承包经营权的流转，集中到花卉企业手中，社区农户可以进入花卉企业，获取工资收入(朱华，2006)。土地流转后，为公司务工的村民，人均可获得年收入约 7000 元(2006 年)。社区居民的农宅改建为具有浓郁川西风格的民居，搞“农家乐”式的休闲娱乐和观光农业，户均年收入可达 3 万元(2006 年)。

① 1 亩≈666.7 平方米。

2）土地收入

社区居民通过土地流转，获取的收益主要有：土地承包租金1800～2000元/(亩·年)；自家农宅出租金每户20000元；农户宅基地和土地承包经营权入股分享收益，平均每年增收500元以上(以“保底加分红”的形式，且按年递增10%计算)。没有参与土地使用权流转的社区居民，通过集资入股方式，让其占用20%的股份，享有15%的保底分红。

3）社会保障

锦江区实行区、乡、村三级配套，形成完善的农民保障体系使农村居民低保、医保、养老保险三到位。三圣乡对55岁男性、50岁女性实施退休工资；对年满18岁的村民实行养老保险金补助制(农户与政府按8∶2的比例出资)；对生活条件较差的低保户发放最低生活保障金(每月237元)。社区居民纳入了新型农村合作医疗，社区居民参加社会养老保险，同城里居民一样享有养老金(李春梅，2009)。同时，对农村九年制义务教育的学生多种费用进行全额补贴。

5.5.3 唐家河模式

唐家河自然保护区与周边社区共管发展协调机制，得到世界银行、德国复兴银行、德国技术公司、世界自然基金会等国际组织的认同，“社区共管”作为一个模式受到推崇。唐家河模式的主要内容体现如下：

1）争取国际合作基金支持，开展保护区生态环境建设及保护

1981年至今，来自美国、德国、英国等十多个国家及香港特别行政区的组织、专家前来唐家河考察。唐家河自然保护区出色地完成了德国技术援助项目、全球环境基金合作项目、世界自然基金会岷山地区的大熊猫监测项目、华盛顿国家动物园合作项目、德国复兴银行合作项目。通过项目的开展，保护区共获得项目6350万元人民币的经费支持，同时还有技术支持。同时，为周边社区居民做了大量实事，促进了当地经济和资源保护的协调发展，建立了社区共管示范体系。

2）社区共管，多渠道补偿，反哺周边社区，和谐发展

(1)借助国际合作项目，改善社区周边环境，促进社区经济发展。唐家河自然保护区在获得国际合作项目资助的同时，完善和发展了唐家河自然保护区社区共管理念。保护区在实施国际合作项目中，引导农户参与实施自然保护降低资源消耗与社区经济协调发展项目，开展野生动物危害防治示范活动，带动周边社区生态乡村旅游，这些项目的实施，提高了周边社区村民的保护意识和参与意识，改善了社区周边环境，促进了社区经济发展。

(2)以保护区的生态旅游带动社区的乡村旅游。按唐家河风景区规划，青溪古镇及阴平村等乡村农家乐纳入保护区生态旅游体系，采取“区内游，区外住”机制，反哺周边社区经济发展，随着唐家河自然保护区旅游开发的深入，青溪古镇将全面建设，竹园至青溪等8个沿途乡镇的旅游业也将开展。

(3) 建立唐家河自然保护区社区发展基金。保护区在实施全球环境基金项目和德国技术援助项目等国际合作项目时，成立了“社区滚动发展基金”，以极低利息借给老百姓，这是我国少有的社区金融项目。目前正在建立“唐家河自然保护区社区发展基金”，保护区每年从经营性收入中持续投入一定量的资金逐步扩大规模。同时吸纳地方政府投入、企业捐赠、社会团体和个人捐赠，基金用于社区有机农业发展、农家乐建设、社区能力建设。

(4) 帮助社区发展有机农业，创建岷山地区农副产品集散中心。保护区目前正在根据国家对有机农业、绿色食品的标准和生产要求，制定有机农业培训计划，由保护区出面申请国家有机农产品认证，创建“唐家河”商标。

3) 旅游与保护协同发展，旅游门票收入反哺自然保护区

“四川唐家河旅游开发有限公司”负责保护区的旅游开发和经营管理，按照协议，旅游门票收入的 30%反哺给自然保护区管理处，作为生态补偿，自然保护区管理处采取相应的生态恢复措施，消除生态旅游开发和经营的负面影响。

4) 天然林保护工程，间接获得国家生态建设及补偿

唐家河自然保护区管理处 2000 年启动天然林保护工程，国家的补贴政策是 5～7 元/亩。随着天然林保护工程和周边社区退耕还林项目实施，森林植被得到较快的恢复，野生动物数量、种类及分布都有增加。

5.5.4 青城山模式

青城山被列入世界文化遗产名录，通过 ISO 1400 环境质量管理体系认证。近年来荣获优秀旅游城市、人居环境范例奖(陈辉，2007)。但青城山现已处于生态赤字的不可持续发展的状态，人均生态承载力为 0.8252hm^2 / cap，其生态赤字为 1.2521hm^2 / cap。因此，旅游生态补偿势在必行。

青城山位于都江堰市西南，东距成都 68km 处，最高峰海拔 1260m。青城山的旅游资源十分丰富，又是中国道教的发祥地之一，有着悠久的历史(余勇，2006)。青城山生态旅游区包括青城前山、青城后山和青城外山,地处四川盆地西部，东经 103°26′～103°39′，北纬 30°49′～30°55′，包括都江堰市玉堂镇、青城山镇、青城乡、两河乡、大观乡、中兴乡等两镇四乡，面积约 262km^2。

青城山是中国道教的发祥地之一，有着悠久的历史，大量的文化景观、古建筑、古遗址，宗教活动，历史传统和习俗，饮食，无不渗透着道家文化的精髓。“天人合一”的生态观，使当地居民和自然环境融合，利用和保护生态环境丰富的文化遗产使青城山更加繁荣。

青城山目前在生态补偿方面主要的做法有以下两个方面。

1) 门票收入反哺景区用于森林管护

20 世纪 70 年代，成都市政府为解决四川青城山森林乱砍滥伐现象的问题，将青城山门票收入的 30%用于景区森林管护，并作为一项制度确立下来，开启了我国生态补偿的先

河(郑宇，2008)。政府还通过实施封山育林、退耕还林，保护生态环境。

2)景区带动社区的商业开发

随着旅游景区的开发，青城山农民们逐步加入旅游开发中。村集体土地出租与转让给开发企业，以带动社区旅游发展。同时城乡联建农村住房，通过宅基地资源加贷款搞旅游开发。

5.6　四川旅游生态补偿存在的问题

由于四川旅游生态补偿实践刚刚起步，面临着许多的阻力与问题，下面仅对一些常见问题进行讨论。

5.6.1　旅游生态补偿的相关概念模糊

调研中发现，人们对于旅游生态补偿内涵的认识还比较模糊，一些研究也盲目套用生态补偿的相关理论，在旅游生态补偿机制中，这对旅游生态补偿深入的理论研究和有效的实际应用有一定的影响。目前的旅游业，尤其是依托保护区发展起来的旅游业在四川迅速地铺开，如何理顺旅游开发与生态环境保护之间关系，弄清旅游生态补偿的内涵，这是今后的方向(张一群，杨桂华，2012)。

5.6.2　生态建设资金严重不足

四川目前从事旅游开发的森林公园和自然保护区，大多没有固定的旅游开发投资渠道，资金短缺，使得资源开发利用程度低，基础设施整体水平差，不少景区可进入性差，70%的森林公园、80%的自然保护区目前还不具备基本的接待能力，这是四川旅游开发面临的瓶颈制约。我国自然保护区的保护投入仅为337～718元/km^2，而发展中国家平均水平为997元/km^2，发达国家更是高达13 068元/km^2。美国每年用于保护区的资金约占当年GDP的0.02%，而中国只有0.002%。以环境治理综合投资占地区经济总值的比重来看，四川的这一比重远低于全国的平均水平，这与四川所拥有的庞大自然保护区数量完全不匹配。

5.6.3　旅游生态补偿力度不够

旅游地生态补偿的力度不够，主要体现在以下方面：

(1)补偿涉及范围偏窄。目前生态补偿的范围主要考虑的是森林、草原、矿产资源，对于流域、湿地、耕地及土壤的生态补偿体系还不明了。

(2)补偿标准普遍偏低。如九寨沟从每张门票中仅提取7元用于景区居民的生活保障；退耕还林补贴也仅5～7元/亩。

(3)补偿资金来源渠道单一。生态补偿资金主要依靠中央财政转移支付，而当地政府，企事业单位投入、相关的优惠贷款以及社会捐赠等渠道明显缺失。

(4)补偿方式单一，目前的生态补偿主要是资金补助，其他的补偿方式未得到应有的重视，如产业扶持、技术援助、人才支持、就业培训等。在调查中发现，唐家河自然保护区已开始注重清溪镇至游客中心的旅游产业扶持和旅游基础设施建设，这是值得借鉴和推广的方式。

(5)补偿资金支付和管理办法不完善。如唐家河自然保护区旅游门票收入的30%应反哺给自然保护区，作为生态补偿。2012年应有90万元返回保护区，但实际到位资金并不乐观。

5.6.4 旅游生态补偿的配套基础性制度不完善

在四川旅游开发中，旅游“景区-中介-市场”的互动机制没有有效形成，产业链不完善，管理体系和技术支撑体系也尚未建立。由于有关的政策、法律、法规不完善，管理体制不健全，一些景区多头管理现象明显。在旅游地招商引资和合作经营中，资产评估标准及规范转让程序不明确，对旅游资源的价值评价不那么客观、有效，时常出现以过低价格、不公平的条件出让旅游开发和经营权，影响了旅游资源经营主体的权益(薛瑞芳，2009)。

5.6.5 保护者和受益者的权责落实不到位

在许多景区，对生态保护者的合理补偿及责任落实，不同程度上存在不到位的问题。大多生态受益者履行补偿义务的意识不强，很多开发者的生态保护义务履行不到位。

5.6.6 旅游经营管理专业人才缺乏

目前，在四川旅游地的管理队伍整体素质偏低，大多数人员受教育程度不高，开拓创新意识不足，特别是对旅游开发的综合管理能力不足，这对生态旅游的发展有一定的影响(潘华丽，2013)。

5.6.7 旅游生态补偿的法律保障缺失，监管力度不够

目前，旅游生态补偿主要是借用生态补偿的相关法律及法规，如自然保护区条例、森林法、野生动物保护法等。使旅游生态补偿机制的建立处于无法可依，无据可循状态。我国目前还没有生态补偿监管部门，这影响到旅游生态补偿机制的有序建立(陈丽华，2011)。

5.6.8 旅游开发利益牵制性强，补偿制度难以实施

旅游的开发涉及许多利益相关群体。政府部门、规划开发者、经营者对旅游开发起到决定性作用，他们都是旅游开发的受益者：政府部门带来当地GDP的增长，规划开发者领取规划费用，旅游经营者经营获利。三者利益关系错综复杂，相互牵制，使旅游生态补偿制度实施较难。另外，旅游者及当地居民的利益相关也很复杂。

5.6.9 补偿标准较难制定

旅游的开发与多种资源的占用有关，对环境的影响也是多方面的，即使是同一种资源，由于其质量和区位不同，价值也有差异。将这些因素换算成补偿标准比较困难，人们很难确定补偿的方式和补偿金额，这影响了旅游生态补偿的公平性(刘静霞，2009)。

5.7 四川旅游生态补偿管理的对策

5.7.1 加强对旅游生态补偿的系统理论研究

虽然国家对生态环境的保护很重视，且开始了对生态补偿的一些实践探索，但是对于旅游生态补偿还缺乏系统研究。旅游生态补偿受制于许多相关政策及因素，如农业政策的变化、某种产品市场供需的变化等都会对其产生影响。为此，四川省旅游生态补偿的实施，首先应加强对其系统理论的研究。建议由相关职能部门委托专家开展四川省旅游生态补偿的系统理论的研究，建立四川旅游生态补偿的长效机制，编制四川省旅游生态补偿的近期和远期行动计划，提高四川旅游生态补偿的科学性。

5.7.2 加快旅游生态补偿的体制改革

旅游生态补偿是对行政依赖性较强的环境调控工具，健全的体制会影响其运行效果。针对目前我国生态补偿过程中条块分割严重、补偿效率低下的问题，四川在实施旅游生态补偿过程中应建立统一的利益协调与整合机构，分别处理不同层面的旅游生态补偿的具体问题，对于涉及不同区域的利益协调问题则可以通过上一级别的生态补偿专项领导小组进行协商。

旅游生态补偿作为一种新型的、对行政依赖性较强的环境调控工具，其运行效果的好坏在很大程度上依赖于健全的体制机制。针对目前我国生态补偿过程中条块分割严重、补偿效率低下的问题，四川在实施旅游生态补偿过程中应建立统一的利益协调与整合机构。由于四川很多生态资源是全国性的，所以应建立从中央到地方的各级生态补偿专项领导小组，处理不同层面的旅游生态补偿的相关问题，对于涉及不同区域的利益协调问题则可以通过上一级别的生态补偿专项领导小组进行协商。领导小组建议由发改委、环保、财政、林业、农业、水利、旅游等相关部门领导组成，领导小组主要行使生态补偿工作的监督、协调、奖惩、仲裁等相关职责。领导小组下设办公室，作为常设办事机构。另外，建立一个由专家组成的技术咨询委员会，从事相关政策和技术的咨询(马勇和胡孝平，2010a、b)。

5.7.3 建立旅游生态补偿的行政激励机制

旅游生态补偿的实施与当地政府参与的积极性和主动性有着密切关系。目前，对于政府官员的考核标准主要注重经济发展水平，这不能调动政府参与生态建设与保护的积极性，有时反而会促使他们选择高能耗和高收益的经济产业。因此，要启动绿色 GDP 国民经济核算研究，建立和完善补偿的行政激励机制，将资源与环境成本纳入区域经济发展水平的评价体系。对现行党政领导干部政绩考核时，应将生态社会指标(如基尼系数)、生态环境指标(如万元 GDP 排污强度)、生态经济指标(如单位 GDP 能耗)等纳入考核内容并逐渐加大其权重，充分调动各市、地、州政府参与生态保护的积极性(燕守广，2009)。

5.7.4 建立旅游生态补偿监控评估体系

四川旅游生态补偿的最终目标是，在保护并改善生态环境质量的基础上促进地方经济的发展。尽管旅游是一种资源消耗较少、环境破坏较小的经济产业，但是在旅游生态补偿实施的过程中，应加强对旅游补偿对象的选择和资金的监控。要成为旅游生态补偿的对象，相关旅游企业和旅游项目必须达到环保部门的环保标准，而且要特别强化对补偿对象的财务审计和综合考评，不仅让旅游生态补偿资金用得合理，还要定期考评，考评的主要指标是周边生态环境改善状况、对经济社会的贡献率。对考核不合格的企业和项目应取消其补偿对象资格，并不断充实新的旅游项目和企业作为生态补偿的中介，以确保旅游生态补偿达到预期效果(陈明光等，2013)。

5.7.5 加强旅游生态补偿的投融资体制的创新

旅游生态补偿的运行需要资金支撑，要积极争取国内外资金的投入。建立政府引导、市场推进、社会参与的生态补偿投融资机制。形成多元化的资金筹集格局，适当考虑资源补偿税收制度，鼓励社会资金参与、建立社会化的旅游发展基金，还可利用国债资金、开发性贷款、国际组织和外国政府的贷款，提高旅游发展资金使用的效益。

5.7.6 健全旅游生态补偿的法制保障机制

仅靠行政手段约束和协调生态补偿不同利益主体关系是不够的，还必须健全其法律保障机制。根据外部性理论，旅游生态补偿的解决思路包括政府干预(包括税收与一般性收费)和明晰生态产品产权，但是目前这两种解决思路在我国都还没有法律支持。建议有关部门调整并细化生态补偿的相关法律及法规，明确补偿主体与对象，补偿标准及方式。明晰生态资源的产权归属，搞好相应的配套制度建设和标准制定工作，把生态补偿的基本制度法定化，依法从事生态补偿的各项工作(王峰，2013)。

5.7.7 重视旅游生态补偿意识及人才培养

旅游生态补偿对大众而言，是一个全新的概念，有一个逐步被接受的过程。要重视旅游生态补偿的科普教育和宣传工作，增强民众，特别是社区居民的旅游生态补偿意识，并充分吸取他们的意见(高亚东，2009)。利用大专院校、培训班、专题讲座、学术会议等各种形式引进人才、派出学习等办法培养一大批生态旅游方面的高素质的专业服务人才和管理人才，为四川实现旅游可持续发展提供人才保障。

6 案例研究——唐家河自然保护区旅游生态补偿机制研究

世界自然保护联盟(International Union for Conservation of Nature，IUCN)把保护区定义为：为环境保护和维持生物多样性而划定的一块特定陆地或海洋区域，是纯自然环境的或者是与文化资源相联系的，并通过法律的或其他有效措施对其进行管理(鲁小波，2010)。我国将具有典型特殊的自然生态系统或自然综合体以及其他为了科研、监测、教育、文化娱乐目的而划分出的保护地域统称为自然保护区。建立自然保护区是为了拯救某些濒于灭绝的生物物种，监测人为活动对自然界的影响，研究保持人类生存环境的条件和生态系统的自然演替规律，找出合理利用资源的科学方法。

随着自然保护区的发展，旅游业也蓬勃发展起来，自然保护区也成为越来越多的旅游者出行首选的旅游目的地。从生态旅游的本质特征来看，我国自然保护区发展生态旅游是可持续发展的必然选择。目前，我国自然保护区发展生态旅游遇到一些问题，如开发保护机制与旅游资源建设和管护难以协调，导致自然保护区生态环境日益退化；旅游收入用于旅游资源维护与修复和改善当地居民经济水平的比重极低，与自然保护区开展生态旅游的目的背道而驰。因此建立自然保护区旅游的生态补偿机制，有助于这些保护区旅游开发的可持续发展。本研究以唐家河自然保护区为例，分析了保护区的生态环境威胁因素和旅游生态补偿现状，在此基础上构建了旅游生态补偿系统，包括补偿主体、对象、补偿标准。根据旅游生态足迹分析模型，测度旅游产业发展对唐家河自然资源生态环境的影响程度，评估当地居民生态足迹以及退耕还林、退耕还草的生态效应，探索基于生态足迹方法对当地居民进行生态补偿的机制与标准，以期有助于唐家河的可持续发展，为其他景区与自然保护区的生态旅游开发与管理提供借鉴。

6.1 研究背景及方法

6.1.1 研究背景

从世界上第一个自然保护区的建立开始，自然保护区就与旅游联系在一起。1872 年建立的世界上第一个自然保护区——美国黄石公园，是被永远地划为“供人民游乐之用和为大众造福”的保护地，兼有自然保护区和公园的功能(匡纬和李莎，2007)。目前，全球推行生态旅游的主要是先进国家和具有原始自然资源分布的国家。

我国于 1956 年建立了第一个保护区——鼎湖山自然保护区，拉开了我国现代保护地建设的帷幕。截至 2015 年底，我国已经建立各类自然保护区达 2697 处(其中，国家级自然保护区为 407 处)，总面积为 1.46 亿 hm^2，占国土面积的 15.24%(中华人民共和国环境保护部，2016)。

我国自然保护区经过 50 年的建设，自然保护事业获得了长足发展。进行自然保护区可持续发展研究，是促使自然保护区稳定恒久的基础(尤海涛，周立学，2005)。自然保护区是自然景观奇特优美、动植物资源独特丰富的地区，其外围地区和边缘地带是开展生态旅游的理想场所。

四川自然资源丰富，生物多样性区系组成复杂，并保留了大熊猫(*Ailuropoda melanoleuca*)、扭角羚(*Budorcas taxicolor*)、川金丝猴(*Rhinopithecus roxellanae*)、珙桐(*Davidia involucrata*)、水青树(*Tetracentron sinense*)等众多世所瞩目的珍稀濒危物种。为加强保护与管理，全省已建设保护区 168 个，其中国家级自然保护区 29 个，省级自然保护区 59 个(中华人民共和国环境保护部，2016)。保护区面积近 898 万 hm^2，约占全省国土总面积的 20%，有 90%以上的濒危物种及其栖息地受到有效保护。在四川省自然保护区中，自然生态系统类及野生生物类占保护区总数的 95%以上，主要保护对象为森林、湿地及野生动物(杨国良，2010)。

唐家河自然保护区位于岷山山系龙门山地震断裂带的西北段、摩天岭南麓，为四川盆地北部向青藏高原过渡的亚热带交汇地带，生态系统、森林植被较完整，是大熊猫、扭角羚、川金丝猴等珍稀野生动物资源较丰富的地区，被誉为“天然基因库”“生命家园”和岷山山系的“绿色明珠”，具有重要的科研和保护价值。

在唐家河自然保护区理论研究上，主要集中在动物研究、植物及景观分析、旅游开发、保护管理四个方面。在动物方面，袁重桂等(1990)对唐家河自然保护区冬季独栖羚牛及其习性进行了分析；欧维富等(1999)对唐家河自然保护区大熊猫种群数量及栖息地的移动进行了研究；张泽钧等(2002)对唐家河大熊猫种群生存力进行了分析；王湑等(2003)分析了唐家河自然保护区小型兽类群落结构；吴华等(2000)对唐家河自然保护区鬣羚春冬季对生境的选择进行了研究。在唐家河自然保护区植物及景观研究方面，刘丽霞等(2008)对唐家河自然保护区种子植物区系进行了研究；鲜方海和喻晓钢(2011)等对唐家河国家级自然保护区大型真菌多样性研究；聂勇等(2010)对川产淫羊藿属(*Epimedium*)药用植物的无性系构件特征和生物量配置进行了比较；黄优尤等于 2008 年对四川唐家河自然保护区的植被景观空间格局、植被景观梯度变化及其成因进行了分析，2009 年对主要植被类型景观格局的梯度、西北至东南方向景观格局的梯度变化进行分析。

在旅游开发方面，杨晓华(2005)对岷山地区唐家河自然保护区生态旅游开发与保护进行了研究；杨旭煜等(2006)对四川唐家河国家级自然保护区生态旅游发展战略进行了研究；李如嘉(2010)等以唐家河国家级自然保护区为例对“新旅游”视野下大熊猫旅游产品的开发进行了分析；雷静等(2009)基于生物多样性保护对唐家河自然保护区生态旅游发展进行了研究。

在保护管理方面，谌利民等(2006)对四川唐家河自然保护区周边工农村自然资源利用冲突与管理、周边林缘社区野生动物冲突与管理对策进行了研究。

这些研究都为唐家河自然保护区生态旅游开发与生态补偿机制研究提供了借鉴和参考。同时，唐家河自然保护区经济相对落后，人民生活较为贫困，环境保护工作缺乏大量的资金来源。适合于合理开展生态旅游促进其可持续发展，并且随着大熊猫栖息地遗产的申报成功及唐家河自然保护区灾后重建，唐家河正以崭新的面貌呈现在世人面前。本区的旅游热度将会在原有的基础上大幅度提升，会吸引更多的旅游者。而以往对唐家河自然保护区的研究主要集中于对大熊猫本身及其生境的保护上，而对其栖息地围绕其开展的生态旅游研究较少，对于环境造成的危害及旅游开发中的生态补偿机制还没有研究。如没有科学合理的理论指导，继续采取不合理的旅游发展方式，将会对大熊猫栖息地造成更加严重的破坏，大熊猫的生存将受到严重威胁。如何尽可能地减少对自然资源和生态环境的影响，如何建立科学的生态旅游管理机制是下一阶段应该重点关注的问题。这正是生态旅游研究和实践进一步发展过程中必须着力解决的问题。

6.1.2 研究目的和意义

1. 研究目的

1)唐家河自然保护区生态旅游发展的需要

由于生态旅游和生态补偿在我国起步较晚，目前还没有成熟的理论和成功的经验可以借鉴。通过对唐家河自然保护区生态旅游及补偿机制研究，旨在为唐家河生态旅游的可持续发展提供理论指导。

2)唐家河自然保护区可持续发展的需要

生态旅游是对环境负责任的旅游，它要求旅游活动对环境冲击最小化、对当地文化冲击最小化，生态旅游还强调社区利益最大化和游客满意最大化。唐家河自然保护区生态旅游及补偿机制研究，可以促使唐家河自然保护区的生态、环境和经济的可持续发展。

3)唐家河自然保护区旅游品牌形象提升的需要

随着全球经济的发展，绿色运动及绿色消费席卷全球。生态旅游作为一种绿色消费，越来越受到人们的青睐。因此，唐家河自然保护区的生态旅游及补偿研究，不仅是可持续发展的需要，而且是定位、提炼、充实唐家河自然保护区形象和旅游形象的需要。

4)唐家河自然保护区产业结构升级的需要

旅游业是一个综合性的产业，又是一个关联性很强的产业。大力发展旅游业，通过旅游业的关联带动功能，刺激和带动其他相关产业的发展，通过客流带来物流、资金流、信息流，也将是唐家河进行产业结构调整、实现经济迅速稳定发展的有效途径。

2. 研究意义

(1)唐家河自然保护区是生态旅游资源较丰富的地区，同时也是生态环境脆弱区。通过本研究为正确处理保护与开发的关系提供科学依据，走可持续发展之路，避免盲目开发带来的不良后果。

(2)由于该区域经济发展水平低下，居民对山水资源依赖性较高，对资源的破坏时有发生。通过对生态旅游及补偿机制的研究，找出既可以保护生态环境又兼顾当地居民的利益的模式。使社区贫困人口在旅游发展中获益，并带动其他相关产业的发展，实现整个区域的脱贫致富。为其他类似经济落后地区开展旅游扶贫、全面建设小康社会提供借鉴。

(3)本区域的生态旅游景区开发较早，有一定的基础，但总体来说理论研究滞后，对唐家河自然保护区生态旅游及补偿机制进行系统的、专业的研究，对推动四川省自然保护区的建设以及当地经济发展具有重要的指导意义。

6.1.3 研究方法和技术路线

1. 研究方法

本研究通过文献法、实地考察法、数理统计法和系统分析法等方法来进行研究。

1)文献法

通过收集他人的研究成果了解现阶段生态旅游研究的热点和不足，确定本课题及研究重点。

2)实地考察法

通过实地调查，以获得第一手资料，其中包括“面谈”技术和“侧面观察法”获得游客的个人信息、旅游行为等。

3)数理统计法

通过百分比、排序、统计图表等方法研究。

4)生态足迹法

根据生态足迹的理念，根据旅游者与社区居民的生态足迹效率之差，计算出唐家河自然保护区社区居民生态补偿的合理标准。

5)其他方法

除了上述方法外，还将应用SWOT分析法、定性描述法、抽样调查法、系统分析统法、层次分析法、专家调查法等，全面分析唐家河自然保护区生态旅游及补偿机制相关问题。

2. 技术路线

唐家河自然保护区旅游生态补偿机制研究技术线路见图6.1。

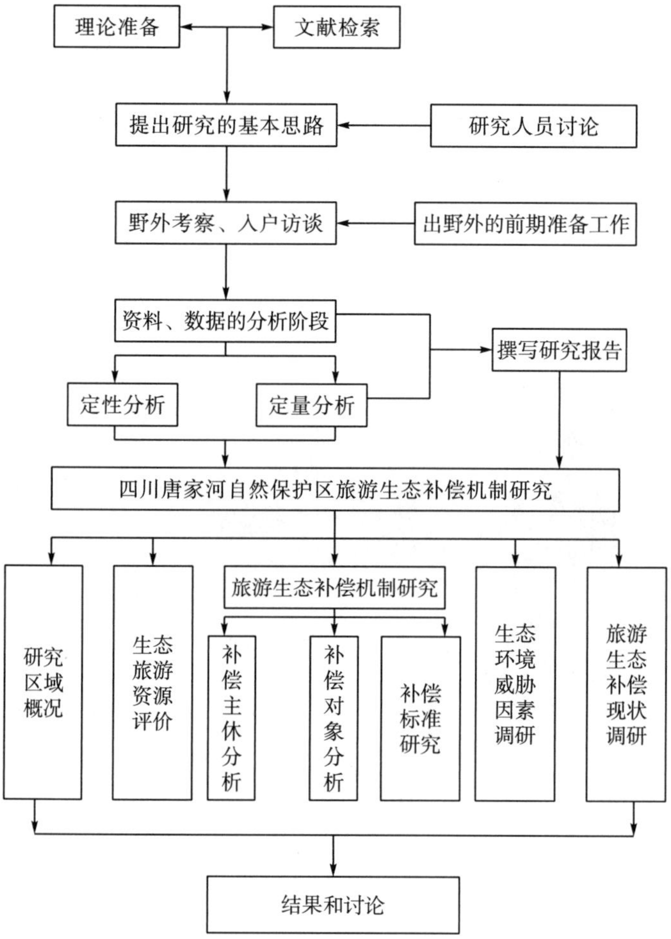

图 6.1 技术路线流程图

6.2 研究区域概况

唐家河自然保护区位于四川广元市青川县境内。北与甘肃文县境内的白水江国家级自然保护区相连，东接青川东阳沟省级自然保护区，西与绵阳市的平武县毗邻，东南面与青川县青溪镇、桥楼乡、三锅乡相接。介于东经 104.5°～104.87°，北纬 32.5°～32.68°，东西长 24.5km，南北宽约 16.3km，总面积 4.3 万 hm^2(张泽钧，2016)，海拔为 1750～3864m。保护区始建于 1978 年，1986 年批准为国家级自然保护区，是一个以大熊猫及其栖息地为主要保护对象的森林和野生动物类型的自然保护区(胡锦矗，2005)。

唐家河自然保护区内的大熊猫种群是联系甘肃省白水江国家级自然保护区与四川省平武县王朗国家级自然保护区大熊猫种群的枢纽。通过大熊猫走廊带，与平武小河沟，九寨沟、松潘的白羊等大熊猫自然保护区连成一片，唐家河自然保护区处于大熊猫种群基因交流的中间部位(图 6.2)。唐家河自然保护区在中国自然保护区网络中的地理位置特殊，具有极高的保护价值、科研价值和生态旅游价值(杨晓华，2005)。

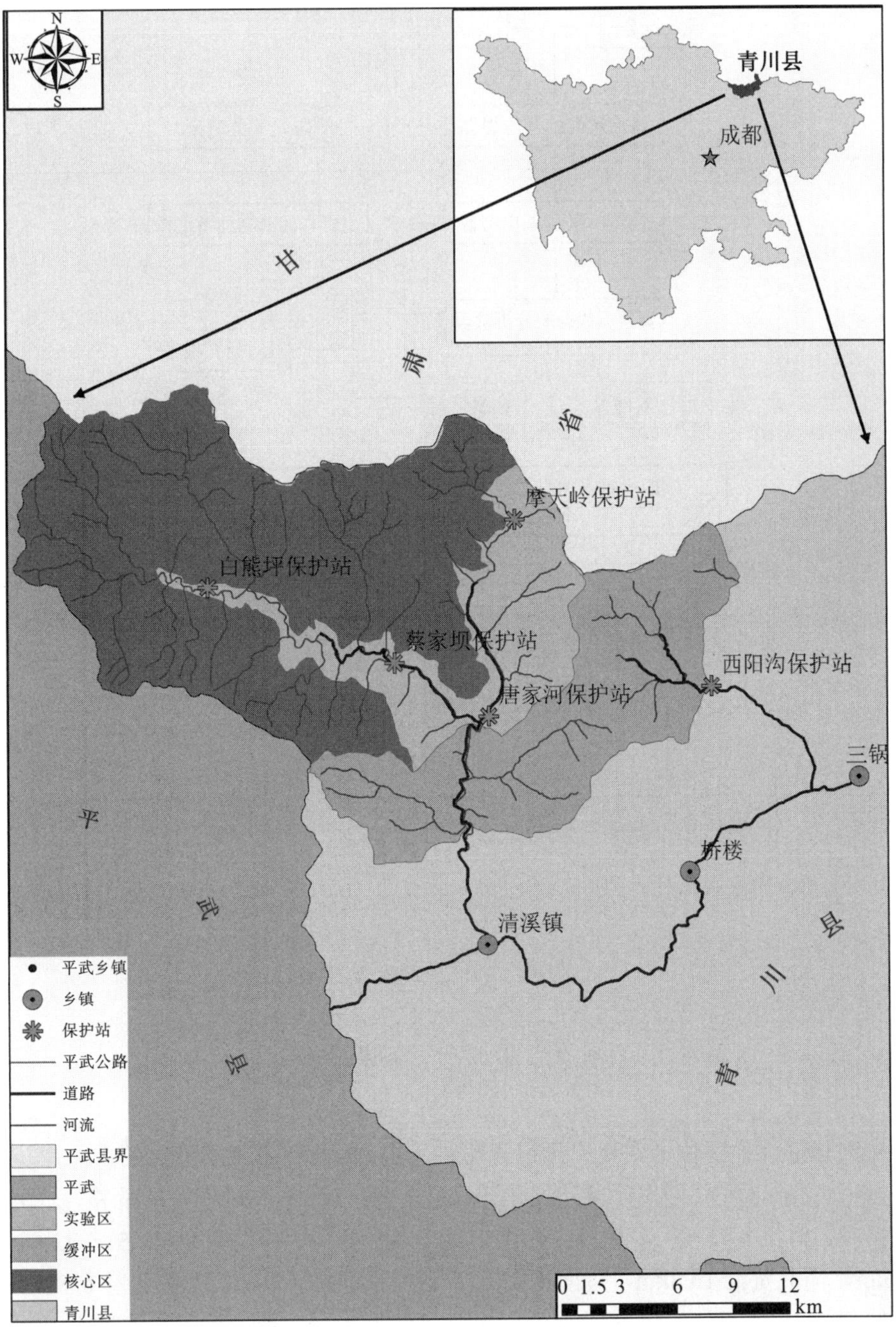

图 6.2 唐家河区位图

6.2.1 自然概况

1) 面积

2005 年 5 月，省林业厅组织有关专家对保护区进行了实地调查与规划，对核心区、缓冲区、实验区的范围和面积予以调整。把原部份缓冲区和实验区(临近四川省东阳沟自然保护区部份)划为核心区，将唐家河保护站外围社区居民生产、生活集中的区域(原为缓冲区)划为实验区。其中，核心区增加面积 2853.87hm²，实验区增加面积 4547.83hm²，缓冲区面积减少 740.70hm²。6 月，由四川省林业勘察设计院编制完成《四川省唐家河国家级自然保护区总体规划》(修编)。至 2010 年底，保护区总面积计为 40 000hm²。其中核心区 27 153.87hm²，占保护区总面积 65.63%；缓冲区 3798.30hm²，占 10.16%；实验区 9047.83hm²，占 24.21%(张泽钧，2016)。

2)地质

境内地处川西北高原与盆地边缘接壤的高山峡谷地带，峰峦重叠，地形复杂。北缘之摩天岭海拔 2000m 左右，至西北角大草坪一线，海拔上升到 3800 m 以上，由此转向西缘之石笋、深垭口与麻山一线，海拔仍保持在 3500m 以上；至南缘小草坡、癞肚子石一线海拔降至 3000m 以下。自北路沟至西北而东南横贯区境中部，切割剧烈，河谷地在海拔 1500m 以下，大草坪海拔 3837m，唐家河检查站(石罐子)海拔 1250m，毛香坝海拔 1450m，相对高差约 2400m。地势由西北略向东南倾斜，而南北两侧的分水岭地带倾向中部谷地为切割地形。

地形主要特点：西北高，东南低。地形起伏较大，高差悬殊，山势陡峭，河谷深切，危岩断壁，异峰突兀，自然景观壮丽。

山脉为岷山山系，北缘为岷山山脉东南段余尾延至摩天岭，由西至东横亘，并向南展布伸入乔庄断裂以南的龙门山中。

3)地貌

境内地处龙门山断裂带与西北秦岭，摩天岭褶皱带波及区，岩石主要是二叠纪、石炭纪和泥盆纪的千枚岩、板岩、花岗岩、灰岩、沙岩等。

境内出露的地层有第四系、志留系、震旦系、前震旦系，以震旦系和前震旦系出露面积最大最多。岩石以千枚岩、变质岩和变砂岩分布最广，由于新老构造运动，而软硬性岩交替出现。

区内为东北向的乔庄大断裂。其走向北东，东倾向北、北西，由倾角 60°～80°的逆断层构成，来自陕西省，经刘家场、天隍院、上马坊、孔溪、乔庄、三锅石、桥楼坝、青溪、马转关走向平武境。区内为乔庄大断裂的北部属杨子准地台之摩天岭台隆。褶皱为摩天岭构造带，其为一系列紧密残状褶皱，挤压强烈，结构面向北西倾斜，来自北西向的挤压力强，主为鸭包嘴复背斜和平武、青川复向斜组成，其翼部次级褶皱发育，伴有高角度冲断裂，使褶皱更加复杂，组成地层下古代线—中度变质的塑性千枚岩、片岩为主。

4)气候特征

境内属亚热带季风气侯区，气候垂直变化明显，雨量充沛，具有温暖湿润、夏季凉爽、冬季漫长等特点。区内年气温 12℃，最高年均温为 14.1℃，最低年均温为 13.7℃，无霜期年均 243.1 天。年均日照 1337.6 小时，年均降水(降雪)量为 1021.7mm，强降雨集中在 7 月至 8 月，相对湿度 78%。随着海拔的变化，气候类型、植被、土壤等自然景观发生相互更替和变化，区域山体景观、生物景观、气候景观等旅游景观更具有多样性和复杂性，季节差异和组合配置使自然景观增添了更强的吸引力。

5）河流

境内河谷发育，大小溪沟纵横。有 4 条大沟，46 条支沟，123 条小支沟，是白龙江第一支流青竹江（清水河，古称醍醐水）的发源地，均属长江流域嘉陵江水系。主要有北路沟、唐家河。

北路沟（俗称上河里）：其主支流有文县河（文县沟）、洪石河、石桥河源于大草坪、乱石山一带；小湾河源于大草堂，均流向东南，再纳南北两侧的支流支沟，形成树状水系，至北雄关以下即称北路沟。

唐家河：源于摩天岭南麓，由北而南纳区境东侧诸支沟后，至唐家河检查站与北路沟二者相汇，形成青竹江的源头，由北而南注入下寺河，流经广元市昭化的张家坪，再注入白龙江，最后汇归嘉陵江，全长 170km。

境内河水终年不断，河床不规整，多乱石，跌水，比降大，水流湍急，其流域面积为 1430.7km^2，多年平均流量 30.3m^3/s，水利资源蕴藏量达 10.73 万 kW。

6）土壤

境内土壤类型有：山地黄壤、山地黄棕壤、山地暗棕壤、山地棕色暗针叶林土（山地灰化土）和高山草甸共五种。尤以黄壤为基带，多呈微酸性反应，pH 在 5～6.5，垂直分布明显。

山地黄壤：分布于区内东南面海拔 1250～1600m 的落叶、常绿阔叶林下，呈微酸性，在 30 度以下绿坡地段，土层较厚；在 30 度以上陡坡狭谷、悬岩地，土层薄，石矿多。

山地黄棕壤：分布在海拔 1600～2100m，是山地黄壤向山东省棕壤的过渡类型，发育在落叶阔叶、常绿叶和少量暗针叶混交林下，有森林棕色土的性质，表层有较多的腐殖质，呈酸性反应。

山地棕壤：分布在海拔 2100～2400m，云杉、桦木、漆树针阔、混交林下和以桦木为主的落叶混交林下，缓坡土层厚，表层呈黄棕色，陡坡发育不良，多半为薄石质土。

山地棕色暗针叶林土（山地灰化土）：分布于海拔 2400～3500m，箭竹、冷杉、杜鹃林下。

高山草甸土：分布于海拔 3500m 以上，高山草地的发育土壤因山高气寒，细菌活动弱，腐殖质食量高易保持积累，色泽较暗。

7）植物和动物资源

据《四川唐家河自然保护区综合科学考察报告》载（胡锦矗，2005）：保护区内高等植物 216 科 819 属 1988 种。保护区内低等植物中的大型真菌有 51 科 150 属 434 种。保护区内有资源植物 1984 种，占该区内大型真菌、苔藓植物、蕨类植物、裸子植物和被子植物总和 2424 种的 80.36%。分为药用、油脂、淀粉、纤维、单宁、芳香油、用材、观赏、饲料、野生蔬菜、野生水果等 11 大类。

境内在动物资源区划上，属于东洋界西南盆地西北缘高山深谷地带，又为第四纪冰川“避难所”，区系组成既复杂又古老，濒危物种较为丰富，生物多样性程度极高。保护区有陆栖脊椎动物5纲27目99科257属430种。其中，兽类有7目29科101种，占四川总数的42.98%；鸟类14目51科266种，占四川总数的41.18%；爬行类动物4目8科27种，占四川总数的28.13%；两栖动物2目7科20种，占四川总数的19.8%；鱼类2目4科16种，占四川总数的6.5%；珍稀濒危保护动物72种。

6.2.2 社区概况

据2004年6月保护区GEF(全球环境基金)项目社区工作小组《周边社区PRA综合调查报告》载：保护区周边涉及平武县的高村、木皮、木座3个乡和青川县的青溪、桥楼、三锅3乡(镇)。其中青溪镇、桥楼乡和三锅乡所辖29个行政村。亦有青溪镇的三龙、工农、联盟、和平、石玉、西平、阴平、平桥村，桥楼乡的河西、青石、兴隆、新倪、苏阳村，三锅乡的民兴、民利、东阳、畜牧村共计18个行政村与保护区缓冲区接壤，总人口15676人。少数民族主要是回族，分散居住于青溪镇桥楼乡和三锅乡的8个行政村内，计890余人。

两乡一镇有柏油公路分布，通车里程超过100km，到村有机耕便道，少数村有泥结碎石林区公路。电力供应充足，除满足农户家中照明用电外，还有电器设备和粮油加工小型机器设备。民营企业主要有砖瓦厂、石英厂、锌铜矿厂及采石场(以花岗岩为主)。

1)土地资源

保护区与周边两乡一镇，总面积159 692.6hm²。其中：林地面积93 319.3hm²，占总面积的59%；非林地51 373.3hm²，占总面积的32%；其他用地15 000hm²，占总面积的9%。

2)生活习俗

周边社区有40%的村民居住在海拔1000～1400m的山腰上，从事农事活动，农闲时或外出务工，或采集林副产品以增加家庭收入。周边社区分布的少数民族主要为回族，约占总人口的17%，他们信奉伊斯兰教，过“圣纪节”和“古尔邦节”。汉民族仍以传统的春节、元宵节、端午节、中秋节等节日为主。

3)经济状况

周边社区大约80%的农田为旱地和坡耕地，水田分布在青溪镇至三锅乡的河谷两岸(水稻主要产区)。2002年，周边三个乡(镇)粮食总产量为15 435t，人均粮食占有量445.02kg。油料479t，茶叶20t，水果342t，蚕茧63t，蜂蜜16.6t，肉类1842.9t。禽蛋160.9t。

农业和牧业收入占农户总收入的70%以上，林业收入次之。农户亦在房前屋后栽植水果和核桃等干果树木或少量栽种药材，发展时间较短，收益欠丰。

为增加收入，村民或从事建筑、服务、运输、饮食等第二、三产业，或利用农闲时间上山采集药材、外出务工。

4)资源利用状况

周边社区原始森林较少，多数是采伐后自然恢复的次生林或灌丛，有少量的人工林，非木材林产品资源和草本药用资源较少。大部分村的薪柴主要来自自留山，一部分来自集体林地，历年每户使用5000kg以上的薪柴用来取暖、煮饭和煮牲畜饲料。

位于保护区缓冲区内的工农村、联盟村和三龙村，有400多只山羊100多头牛，实行散放，放牧区域主要在自留山或集体林。

据统计，每年约有100人(次)到区内从事采集和偷猎活动。4月至5月入区采挖野生天麻，6月至7月捡野生菌，9月至10月采摘猕猴桃和野生板栗等。周边社区居民有狩猎的习惯，部分居民进入保护区猎杀扭角羚、黑熊、斑羚、鬣羚、毛冠鹿、小麂等野生动物的现象时有发生。

5)文教卫生

周边两乡一镇均有文化站、地面卫星接收站，各村均有地面卫星接收站。两乡一镇有高中1所，初中1所，中心小学3所，村小学12所，专职教师342人。当地有90%的人口是初中以下文化程度。

周边乡镇有3个卫生院，22个村医疗站，专业医护人员52名，病床35床。

6.2.3 机构管理

唐家河自然保护区是四川省林业厅直属副县(处)级事业单位，业务和人事由四川省林业厅直接管理。2007年12月19日，广元市机构编制委员会以广编发〔2007〕53号文批复，由广元市人民政府委托青川县人民政府管理，四川省唐家河国家级自然保护区管理处同时成立四川省广元唐家河风景区管理局，实行两块牌子，一套人员的管理体制，原有机构性质，内设机构，人员编制不变；设处长(局长)1名(兼县委常委或副县长)，副处长(副局长)3名。

唐家河自然保护区管理处(同设党委和工会)现下设行政办公室(人事劳资科、宣传教育科)、科教保护科、计财科、旅游管理科、项目办、乔庄办事处和林区派出所等。

6.3 唐家河自然保护区及旅游生态补偿现状调查

6.3.1 生态旅游资源评价

唐家河自然保护区旅游资源可分为3个主类，14个亚类，51个基本类型。从定量评价结果看，唐家河自然保护区生态旅游资源开发评价推荐得分83.46分，属四级旅游资源(张泽钧，2016)。唐家河自然保护区生态旅游资源是十分丰富的，品位高、点多面广、具独特性(杨旭煜等，2006)。

1)旅游资源丰富，组合良好

唐家河自然保护区生态旅游资源类型众多，分布较广。原始的自然风光与特有的回族风情相辅相成，相得益彰。游客可以在不同季节或者同一季节的不同地点、不同海拔上开展观光、探险、科考、科普旅游活动。

2)旅游资源高品位，特色鲜明

唐家河自然保护区被誉为“天然的动植物园”“理想的科研基地”。其生态旅游资源品位高，特色鲜明，这是由唐家河自然保护区在地质地貌、生物气候方面表现明显的特有性所决定的。

3)具有重要的科研价值

得天独厚的自然条件和比较完整的生态系统使唐家河自然保护区旅游资源具有典型性、多样性和科学性。许多中外专家学者来保护区进行地质、森林、水文、环境、生态、动物、植物等科学考察与研究。

6.3.2 生态旅游发展调研

1)唐家河自然保护区的生态旅游起步阶段

1987 年，唐家河自然保护区被广元市外事办确定为市级首批开放参观点。1998 年，建立保护区生态旅游小组，制定《生态旅游规划》，被四川省旅游局定为“四川省旅游定点单位”。1999 年 6 月，邀请了成都、德阳、绵阳、广元等地旅行社参加唐家河自然保护区生态旅游促销会，有旅行社组织游客到保护区观光旅游。2000 年，唐家河自然保护区逐步规范旅游接待服务，观光旅游的旅客近 1 万人次。2001 年以来，游客数量年均递增 56.5%。2004 年，“五一”旅游黄金周期间，创收 4 万余元，客房出租率达 67%，客流来自成都、德阳、绵阳和广元方向的居多，自驾车旅游占 85%左右。2005 年，来自成都、绵阳和外省游客增加，分别占 40%、24%和 9%。“十一”黄金周期间，接待游客 1162 人次，比同期增 7.4%，创收 10.082 万元，比同期增 14.8%。2006 年“五一”黄金周达到了唐家河自然保护区旅游接待历史上的高峰，单日接待 480 人，共接待 2118 人(次)，总收入达到 20.1 万元的最高纪录。“十一”黄金周，接待游客 1418 人(次)，车辆 281 台(次)。

2)唐家河自然保护区的生态旅游规范阶段

唐家河自然保护区生态旅游一开始为自主经营，2006 年 10 月，成立“四川唐家河生态旅游公司”，至此，保护区的旅游管理、开发和接待等活动均由该公司经营管理。2007 年，建立健全了《唐家河景区门票管理细则》《唐家河景区生态旅游突发公共事件应急预案》《旅游公司内控制度》《生态旅游协会章程》等。安装中英文防火、动植物简介警示标识、标牌。参加“魅力四川 • 2007”广元行活动，获度假类景区第一名，摄影类景区第八名，成功当选为“魅力四川 • 2007 之 QQ 游”目的地之一。当年接待游客 5 万余人(次)，旅游总收入 231 万元。

2008 年 3 月，重新组建“四川唐家河旅游开发有限公司”，由青川县国有资产监督管理局代表县人民政府履行出资人职责，组成一家国有独资有限责任公司，从事唐家河自然保护区旅游景区景点的开发建设。青川县委、县政府投资超过160万元，对青溪新城镇建设进行了规划，把青溪古镇和唐家河生态旅游发展有效结合，改造青溪至关虎沿线民居风貌50余户。对农家旅游进行规范管理，改善服务质量。

3)唐家河自然保护区的生态旅游发展阶段

唐家河自然保护区的灾后重建于2008年8月全面启动，经过3年的努力，总投资超过2.35亿元，累计实施基础设施、生态保护、服务接待、景点打造、内涵提升等21个项目。

2011年6月，以“动物天堂”享誉中外的唐家河自然保护区重建竣工，以全新形象正式向游客开放。2012年旅游总收入800万元，2013年旅游总收入1000万元。2013年10月，唐家河顺利通过国家生态旅游示范区检查，景区紫荆花谷入选首届“四川十大最美花卉观赏地”。

唐家河旅游产业起步较晚，但发展势头较好。唐家河生态旅游的培育和建设，带动了青溪镇乡村旅游快速发展，尤以川北民居特色的阴平村乡村旅游发展较快。唐家河是一个生态休闲、动物观光、科考摄影、历史追踪、放松心情的最佳生态旅游目的地。

唐家河自然保护区的发展理念是“保护立区，依法建区，科技兴区，旅游强区”，把唐家河自然保护区与阴平古道资源、青溪古镇至关虎沿线旅游资源整合，建设一个集生态休闲、动物观光、科考摄影、历史追踪、放松心情为一体的最佳生态旅游目的地。走出一条生态保护和旅游开发协调发展的全新路子。

著名野生动物学家Jako考察唐家河自然保护区后极为惊叹，认为唐家河自然保护区是一个非动物园的国家动物园，其野生动物可见率可与欧美许多国家公园媲美。台湾文化大学的专家教授们到这里考察后，认为唐家河自然保护区的生态资源具有国际品质。很多生态旅游专家认为唐家河自然保护区是川北的明珠，是广元生态旅游的龙头，是一块尚未雕琢的美玉。

4)唐家河自然保护区的生态旅游的社区参与

唐家河自然保护区生态旅游的社区参与是在2006年。保护区“五一”黄金周共接待2118人次，单日接待480人，总收入20.1万元。在保护区旅游的拉动下，周边社区出现了生态农家旅游的新亮点，农家旅游总收入超过10万元。农家旅游业主最高收入3万余元，“五一”黄金周至7月底，来区旅游人数超过4500人，收入115万元。2007年接待游客5万余人次，旅游总收入231万元。2008年“5•12”地震前，周边乡村接待游客超过5000人次，实现旅游综合收入超过1000万元。

6.3.3 唐家河自然保护区生态环境威胁因素调研

在调查中发现，由于旅游开发和周边社区的影响，有许多因素直接对唐家河自然保护区的保护对象的生存和发展带来了负面影响的威胁因素。这些威胁因素需要进行生态环境建设与管理，需要建立一定的生态补偿机制。

1）旅游者对生物多样性的影响

随着游客数量的大幅度增加，使得唐家河自然保护区的动物特别是兽类改变了自己的活动范围，减少了栖息地面积，动物密度有所下降。保护区的植被遭到游客的践踏，一些珍稀植物被采摘，种群数量不断减少。由于旅游餐饮需要，外购大量鲜货食品，可能引起外来物种侵入、疾病及病虫害增加。

2）旅游设施建设对生物多样性影响

旅游设施的建设，不仅造成水土流失，也可能改变或破坏原有的生境，甚至造成栖息地隔离和破坏，导致唐家河自然保护区内动植物的种类和数量变化。许多人文景观的修建是在保护区的山顶、水域边缘或生态脆弱地带，易造成局部干扰和破坏。

3）旅游商品开发对生物多样性的影响

游客喜欢采自山里的野菜、野果和中药材等土特产。随着唐家河自然保护区旅游业的发展，旅游需求的不断增加，势必对这些旅游商品的需求量更大。社区居民为了追求经济利益，会加大对这些植物的采摘，不仅使唐家河自然保护区的某些种群数量下降，还因食物链的关系，减少动物的食物，影响动物多样性。区内的经济鱼类（细鲤鱼、雅鱼）也被居民们大量采食。受市场诱惑，少数社区居民常有偷猎活动，如黑熊、野猪、扭角羚、毛冠鹿、小麂等，这很容易导致某些动植物的灭绝（雷静等，2009）。

这些采集活动除了直接给唐家河自然保护区的保护对象造成威胁、干扰外，还会带来其他威胁，如野外用火、栖息地破坏等。

4）环境污染

唐家河自然保护区内目前有4个保护站，1个大酒店，除了保护区职工常年生活在此外，随着旅游的开发，游客大量进入，产生生活污水和垃圾在所难免，这对野生动物的栖息环境产生一定程度的污染，也污染了下游社区居民的饮用水源。除此之处，还有入区车辆产生噪声和废气污染，游客所携带方便食品的包装带来了白色污染，这些都可能对唐家河自然保护区造成危害。

5）森林火灾隐患

唐家河自然保护区森林火灾隐患主要来自于社区传统的耕作方式用火、上坟祭祖、过往人员临时用火、进入区内的游客和自然火灾。火灾隐患的原因在于自然保护区的相应设施设备不足，监测体系缺乏，同时护林防火缺乏周边社区居民的积极参与。

6）放牧

唐家河自然保护区周边社区放牧是一种传统养殖模式。由于旅游开发的需要，社区耕牛、山羊有增长的趋势，散放的家畜啃食树皮与地表覆盖物，引起森林资源的破坏和水土流失，放牧区域已与野生动物的栖息地有部分重叠，干扰了保护对象，家畜携带的病菌有可能与野生动物交叉感染。

7）非法砍伐林木和薪柴利用

由于唐家河自然保护区周边社区及更远社区居民时常有在保护区盗伐薪柴的现象，薪柴的过度消耗，破坏了森林资源和野生动物的栖息环境。

8）采矿

由于唐家河自然保护区林权的问题，保护区内的联盟社区有一些资源开采项目，造成对大熊猫等野生动物正常生活的干扰和对栖息地的直接破坏。

9）野生动物对社区的危害

经过对唐家河自然保护区周边社区 10 个行政村的参与式农村评估(participatory rural appvaisal，PRA)调查，种在林缘地带的农作物经常遭受野生动物危害。受害区域主要集中在平桥村、工农村、联盟村和三农村，受危害的农户分别占各村总户数的30%、30%、35%和40%，农户每年直接经济损失在300～500元。

6.3.4 唐家河自然保护区生态建设与生态补偿现状调研

1. 争取国际合作基金支持，开展保护区生态环境建设及保护

1981 年至今，来自美国、德国、英国等十多个国家及香港特别行政区的组织、专家前来唐家河自然保护区考察、交流超过260批。特别是近几年，唐家河自然保护区的国际合作项目深受好评，出色的完成了德国技术援助项目。目前正在实施的有全球环境基金合作项目、世界自然基金会岷山地区的大熊猫监测项目、华盛顿国家动物园合作项目、德国复兴银行合作项目。通过项目的开展，保护区共获得项目 6350 万元人民币的经费支持，同时还有技术支持。保护区除了在保护技能上有较大提高外，硬件上也得到了一定的支持。国际合作更为周边社区居民做了大量实事，促进了当地经济和资源保护的协调发展，建立了社区共管示范体系。

1）世界自然基金会合作项目

(1) 白熊坪观察站的建设。中国与世界自然基金会(原世界野生生物基金会)合作，拉开了中外专家和学者研究大熊猫、黑熊、扭角羚、川金丝猴等动物的序幕。至 1984 年底，用于保护区白熊坪观察站的经费投入达 44931 元。

(2) 岷山森林景观保护与发展项目。2002 年，世界自然基金会与国家林业局签署了合作协议，正式启动岷山森林景观保护与发展项目。青川县与四川社会科学院调查了解当地社会经济发展状况，对保护区的威胁和压力，以及潜在的可利用资源，于 2007 年正式开展唐家河自然保护区生态旅游项目。

2）中德合作资源保护项目

1997 年，与德国技术公司进行了中德四川自然保护区自然资源保护项目(GTZ 项目)。通过 GTZ 专家的考察评估，1998 年在与保护区直接接壤的青溪镇工农村建立示范村。1999

年保护区管理处与GTZ项目联络人签订了《地方补贴协议工农村基础设施小措施项目》。GTZ项目下拨给工农村建设项目资金91760元。2000年，GTZ专家对工农村进行了土地利用规划，根据GTZ项目规程要求，为唐家河自然保护区提供交通工具、办公现代化设备和巡护装备，在现代管理、生态旅游、生态监测、电脑运用、参与式管理等方面进行方法和能力培训外，同时给周边社区经济提供发展项目。

主要实施的项目有：野生动物网围栏、工农村小基础设施、小额信贷、经济林木和野生动物非食性作物试种、提供种养业技术咨询服务等。

3)中德合作四川造林与自然保护项目

1999年，项目批准实施中德合作四川造林与自然保护项目。其中40万马克青川县林业局负责实施，40万马克用于保护区的野生动物管理。2001年保护区与德国复兴银行(KFW)正式达成协议，合作开展“中德合作四川造林与自然保护项目——唐家河自然保护区野生动物管理项目”。项目由德国复兴银行提供80万马克，用于保护区野生动物管理项目。同时争取财政援助500万马克的自然保护造林项目，用于唐家河自然保护区缓冲区内、周边社区及县内新造林45000hm^2。该项目不仅改善了周边农民的经济条件，也建立了持续的野生动物管理和种群控制计划。

2006年底，项目外方提出追加项目投资，包括摩托车道桥梁建设，保护站点建设，野外监测棚屋建设，社区供水系统及环境教育等。

4)美国华盛顿国家动物园合作项目

1999年，保护区与美国华盛顿国家动物园意向性达成建立十年合作伙伴关系。2001年分别签署了《会谈备忘录》《野生动物保护和管理培训项目(WCMTP)协议书》等。国家林业局保护司同意唐家河自然保护区开展“保护区生物多样地理信息系统研究项目”“举办野生动物管理培训班”“公众教育培训活动”3个项目。

培训项目主要有：保护生物学与野生动物管理培训、野外科研项目培训、地理信息系统培训班。研究项目主要有：红外线相机野外观察项目亚洲黑熊生态研究项目，地球观察项目(Earth Watch)，扭角羚GPS跟踪调查项目。

5)全球环境基金合作项目

中国与作为全球基金管理人的国际复兴开发银行，签订了“林业持续发展项目——保护地区管理部分赠款协议”，总称“全球环境基金”。2002年唐家河自然保护正式启动全球环境基金项目，该项目的实施期为6年。划分给唐家河自然保护区全球环境基金项目的投资总计67.59万美元，分期开展项目活动。主要有自然保护区规划和管理部分(参与管理计划编制、野生动物管理、生态系统本底地图、野外研究、野外层次保护、自然保护区投资)、以社区为基础的自然保护部分(社区共管、社区保护教育、能源保护、技术服务的推广)、项目监测和评价部分(监测和评价、英语培训)。

2. 社区共管，多渠道补偿，反哺周边社区

1)借助国际合作项目，改善社区周边环境，促进社区经济发展

唐家河自然保护区在获得国际合作项目资助的同时，完善和发展了唐家河社区共管理念。保护区在实施自然基金会项目、中德合作四川省自然保护区自然资源保护项目、中德合作四川造林与自然保护项目——唐家河国家级自然保护区野生动物管理项目、全球环境基金——林业可持续发展项目、美国华盛顿动物园合作项目等国际合作项目中，引导农户参与实施自然保护，降低资源消耗与社区经济协调发展。在地方政府协同参与和支持下，为周边社区实施了维修和修建基础设施；实施了建节柴灶，建沼气池，购节柴取暖炉等能源保护项目；开展了种植核桃、魔芋、山药、良种玉米、良种大豆、紫花苜宿草、家禽家畜养殖和规模化养蜂等替代生计资助项目；开展了野生动物危害防治示范活动。带动了周边社区生态乡村旅游，加强了环境保护意识教育活动，提高了周边社区村民的保护意识和参与意识。

唐家河自然保护区与周边社区共管发展协调机制，得到世界自然基金会、世界银行、德国复兴银行、德国技术公司等国际组织认同，被作为一个模式受到推崇。

2) 以保护区的生态旅游带动社区的乡村旅游

按唐家河风景区规划，青溪古镇及阴平村等乡村农家乐被纳入保护区生态旅游体系，将社区的田园风光、特色民居、参与农活等作为生态型休闲游的有机组成部分。保护区在开展的全球环境基金项目中已经启动了部分农家乐的建设和示范工作，采取“区内游，区外住”的反哺周边社区的经济发展机制。与地方政府一道推动阴平村乡村农家乐规模化建设，阴平村建设了一批具有川北民居文化特色的农家乐，目前已有 200 家经营的农家乐。随着唐家河自然保护区旅游开发的深入，青溪古镇的全面建设、竹园至青溪等 8 个沿途乡镇的旅游业也将开展。社区与保护区的旅游开发同步发展，体现了保护区对社区的带动作用。

3) 建立唐家河自然保护区社区发展基金

保护区在前期社区工作中，通过实施全球环境基金项目和 GTZ 项目，成立了“社区滚动发展基金”，以极低利息借给老百姓，对社区弱势群体特别是妇女给予重点扶持。社区滚动发展基金是我国少有的社区金融项目，一定程度上推动了社区的发展。

为推动该项目的进一步发展，目前正在建立“唐家河自然保护区社区发展基金”，资金来源为保护区投入、地方政府投入、企业捐赠、社会团体和个人捐赠，保护区每年从经营性收入中持续投入一定量的资金逐步扩大规模。基金资助方向为社区有机农业发展、农家乐建设、社区能力建设等内容。

4) 帮助社区发展有机农业，创建岷山地区农副产品集散中心

唐家河自然保护区目前正在根据国家对有机农业、绿色食品的标准和生产要求，制定有机农业培训计划，由保护区出面申请国家有机农产品认证，并进行标示，注册、创建“唐家河”商标和认证。

3. 旅游与保护协同发展，旅游门票收入反哺自然保护区

“四川唐家河旅游开发有限公司”经营旅游的收益，必须回投于唐家河自然保护区，管理处通过生态恢复措施，消除旅游开发和经营的负面影响。按协议，旅游公司门票收入

的 30%反哺给唐家河自然保护区管理处，作为生态补偿。唐家河旅游开发有限公司 2012 年和 2013 门票收入 300 万元，按协议应有 90 万元反哺自然保护区。

4. 天然林保护工程，间接获得国家生态建设及补偿

唐家河自然保护区管理处 2000 年度启动天然林保护工程，国家的补贴政策是 5～7 元/亩。结合天然林资源保护工程，在保护区进行原生植被的恢复，采取育苗补植辅助自然恢复的办法清除外来物种，补植的树种采用保护区内的珍稀物种或适宜于野生动物食用的乡土树种，严格防止和控制外来物种的侵入。

随着天然林保护工程和周边社区退耕还林项目实施，周边林缘社区森林植被得到较快的恢复，野生动物数量、种类及分布范围都有显著的增加和扩大。

6.4 唐家河自然保护区旅游生态补偿主体分析

6.4.1 政府

唐家河自然保护区对四川生物多样性的保护及生态环境的改善都有很大贡献。四川省、广元市、青川县等各级政府期望以唐家河自然保护区，带动其旅游及相关产业的发展，因此政府应当是补偿的主要主体。

四川省林业厅作为唐家河自然保护区管理处主管部门，期望通过生态旅游活动，保护自然资源和自然生态系统，履行环境教育职责，四川省林业厅应当承担更多的补偿责任，成为补偿主体。

6.4.2 旅游开发企业

唐家河旅游开发有限公司凭借对旅游资源的把控，获取了利润。有义务回馈旅游生态环境，成为补偿主体。更多地承担社会责任。

6.4.3 旅游商品及“农家乐”经营者

保护区毗邻的青溪古镇、阴平村、落衣沟至关虎等村落，以及下一步开发的竹园至青溪等 8 个沿途乡镇的旅游商品及“农家乐”经营者希望保护区的生态旅游带动社区的旅游服务产业以及“农家乐”的发展，因此这些经营者有义务回馈保护区的旅游生态环境，对周边社区没参加旅游经营的社区居民也应尽更多的社会责任，适当补偿，促进社区和谐发展。

6.4.4 游客

游客在唐家河自然保护区的生态旅游，消耗了唐家河自然保护区的自然资源，对生态环境造成了一定的影响。除买门票外，有责任对唐家河自然保护区旅游生态环境进行补偿。

6.5 唐家河自然保护区旅游生态补偿对象分析

6.5.1 唐家河自然保护区的生态环境

生态旅游应该把生态环境保护作为既定的前提，强调在合理利用生态环境资源的同时，还要做到保护与改善生态环境。前面分析了唐家河自然保护区生态环境威胁因素，唐家河自然保护区在旅游开发中，被污染的环境、被破坏的生态系统其环境功能会逐步丧失，进而失去自然保护区的特色，因此要对其进行补偿。

在唐家河自然保护区，随着旅游的开发，游客大量进入，产生生活污水和垃圾在所难免，这对野生动物的栖息环境造成一定程度的污染，也污染了下游社区居民的饮用水源。

特色漂流项目的开展，对其支流河道的原始风貌和周围植被产生破坏，因此应对其开发地区的饮水源进行保护，对造成的损失进行生态补偿，不但要净化水源，还要对饮水源区域的生产和生活进行赔付。为了防止在旅游开发过程中的土地板结与沙化，保护区也将进行植树造林，对其投入的生态成本应予以补偿。

在唐家河自然保护区旅游开发中，对灌木林、草场、河滩、重要湿地等生态环境敏感地带也会产生不同程度的破坏，应给予充分保护和补偿。对当地丧失灌溉水源或饮用水源的社区居民进行合理的补偿。

在唐家河自然保护区旅游开发中，对原自然生态环境进行了一些人为的改造，对原自然生态生存的野生动物产生了影响。旅游开发方应对保护处为保护野生动物所花去的成本进行补偿。因旅游开发，保护处及周边社区为保护被迫迁徙的野生动物而遭受的人身、财产或其他损失也应进行补偿。通过对周边 10 个行政村参与乡村评估(PRA 调查)和专题调查，野生动物危害还体现在对农作物的危害，这主要集中在与保护区相邻的半高山部分，对这些区域也应进行补偿。

6.5.2 保护区周边社区及居民

由于唐家河自然保护区的旅游产业开发，原区内居民逐步迁出，由于旅游开发，许多传统生产、生活方式被约束或限制。所以保护区周边社区及居民应该得到相应补偿。

唐家河自然保护区周边社区及居民的补偿范围主要是保护区周边涉及的平武县高村、木座、木皮 3 个乡。青川县的青溪、桥楼、三锅 3 乡(镇)，总人口大致 15000 人。

6.5.3 保护区管理处

唐家河自然保护区管理处转让生态旅游开发和经营权，应参照国家生态公益林补偿标准补偿；唐家河旅游公司的旅游收益，必须回投于保护区；其他的生态补偿主体也应对保护区管理处进行适度补偿。唐家河自然保护区管理处将补偿经费用于自然资源和自然生态系统的保护管理。

6.5.4 保护区内员工

唐家河自然保护区管理处的员工要进行日常的保护工作，如巡护工作队、护林防火员及保护站职工监测大熊猫、牛羚、金丝猴等珍稀动物的生态环境动态变化、人为的干扰情况等。在调查中发现，旅游旺季，保护区几个保护站的职工的主要精力都放在维持交通、秩序及环境卫生和安全上，几乎没有精力从事保护站的日常工作，而这些工作他们日后又不得不补上。因此，对唐家河自然保护区管理处的员工，特别是各保护站的员工应进行旅游生态补偿。

6.6 基于旅游生态足迹的社区居民生态补偿标准研究

生态足迹是一种测量生态足迹与生态承载力之间差距的方法(徐娥，2006)。根据生态足迹的理念，旅游生态足迹(touristic ecological footprint，TEF)可界定为：旅游地支持一定数量旅游者的旅游活动所需的生物生产性土地面积(韩光伟，2008)。由于旅游地所支持的人口包括当地居民与旅游者，两者都消费当地自然资源所提供的产品与服务，因此旅游者的旅游生态足迹通过与当地居民生态足迹的“叠加”效应共同对旅游地可持续发展产生影响与作用。

定量测度旅游者与居民生态足迹的大小并进行效率差异比较，可以明晰旅游者与居民对当地环境资源影响与利用效益的差异性程度，为对居民进行生态补偿提供决策依据(俞颖奇，2012)。测度旅游地居民的生态足迹，应通过各种资源消耗的生物生产性面积计算、产量调整和等量化处理 3 个步骤，具体测度如式：

$$\mathrm{EF} = N \cdot \mathrm{ef} = N\sum(Aa_j) = N\sum(c_i / p_i) \tag{6-1}$$

式中，EF 是要计算的总的生态足迹；i 代表的是消费商品及投入的类型；p_i 代表的是 i 种消费商品的平均生产能力；c_i 代表的是 i 种商品的人均消费量；Aa_j 代表的是人均 i 种交易商品折算的生物生产性土地面积；N 代表的是人口数；ef 代表的是人均生态足迹。

因此，生态足迹是一定区域人口数和人均物质消费的一个函数，表征每种消费商品的生物生产性面积的总和。

6.6.1 计算数据的来源

1. 基础数据

基础数据包括各类旅游设施的总量和构成，能源消耗的总量和构成，居民每年人均消费食品的数量和类型，当地土地的生产力水平，游客总量及其消费总支出等(章锦河和张捷，2004；罗佳，2008；蒋业利，2012)，这些数据主要来源于省、市、县年鉴和旅游统计年鉴，同时参阅省、市各级土地利用、生态建设规划和研究报告等，还有唐家河自然保护区管理处官网等。

2. 调查数据

调查数据包括各类设施旅游的面积，旅游设施使用率，游客构成，游客消费构成，平均旅行距离，交通工具选择，平均旅游天数等(王保利和李永宏，2007；曹辉和陈秋华，2007；徐玉霞，2011)，调查对象主要是唐家河自然保护区内的游客、当地旅游企事业单位，调查数据是根据调查问卷(见附录)的统计而得，调查问卷共发送 200 份，回收 195 份，其中有效问卷 191 份，回收有效率 95.5%。

3. 标准数据

标准数据包含交通工具的能源消耗量，产量因子、均衡因子等，数据主要来自交通统计年鉴，同时参阅相关研究文献(李鹏和杨桂华，2007；田萍萍，2006)。

4. 数据的筛选

我们查阅了 2011～2013 年的数据，经过整理发现，2012 年的数据比较完整并有代表性，因此，我们使用 2012 年的数据来计算旅游生态足迹。

6.6.2 唐家河自然保护区旅游者的旅游生态足迹

青川县 2012 年全县接待游客 214 万人次，旅游综合收入实现 7.5 亿元。旅游人数同比增加 96 万人次，增长 81.4%；旅游综合收入增加 2.82 亿元，增长 60.3%。唐家河自然保护区旅游区 2012 年共接待中外游客 66.5160 万人次，根据上述资料来源和式(6-2)计算旅游生态足迹(杨桂华和李鹏，2007)。

$$\mathrm{TEF} = \sum(N_i \times C_i / P_i) \tag{6-2}$$

式中，TEF 是要计算的总的旅游生态足迹；N_i代表的是第 i 种旅游生态足迹类型的游客人数；C_i代表的是第 i 种旅游生态足迹类型产品的人均消费量；P_i代表的是 i 种旅游生态足迹类型产品的平均生产能力。

经计算，唐家河自然保护区旅游者 2012 年的旅游生态足迹总值为 30 141.73 hm^2，人均为 $45\,315\times10^{-6}hm^2$。

从土地类型结构来看，最高的是化石能源地，人均生态足迹占 85.23%(杨桂华和李鹏，2007)。其次是建成地，占 6.53%；耕地面积占 5.80%。相对较小的是林地，占 2.23%；草地占 0.09%；水域面积占 0.12%。

从旅游类型结构来看，生态足迹最大的是基本旅游消费部分(旅游餐饮、住宿、交通等)，约占 91.9%，而非基本旅游消费部分(购物、游览、娱乐等)较小，约占 8.1%(蒋依依等，2006)。

6.6.3 唐家河自然保护区社区居民的生态足迹

唐家河自然保护区周边涉及青川县青溪镇、桥楼乡和三锅乡。共 29 个村，198 个村民小组，总人口 29 340 人，农业人口 27 913 人，约占总人口的 95%。其中有 18 个行政村

4300户与保护区接壤，总人口15 676人。少数民族主要是回族，分散居住于桥楼乡和三锅乡的8个行政村内，共有898人。居民主要发展农牧业，还从事一些如淘金、修路、装卸等临时性工作。畜牧业是农户生产的重要项目，如养牛、养猪等，“5·12”地震后，区内60余处山体滑坡，森林植被损毁近5万亩，其中大熊猫主食的箭竹损毁面积近3000亩。唐家河自然保护区为了退耕还林，引导当地农民养殖蜜蜂，在河谷地带种植桑树来养蚕。保护区社区居民共计15 676人，根据2012年当地的社会经济统计数据和式(6-1)，可以计算唐家河自然保护区社区居民的生态足迹(鲁丰先等，2006)。

经计算，唐家河自然保护区社区居民2012年生态足迹的总值为13 349.68hm^2，人均生态足迹值是$8516\times10^{-4}hm^2$。

1. 生态足迹的叠加分析

唐家河自然保护区周边社区居民人均2012年的本底生态足迹为8516×10^{-4} hm^2，人均旅游生态足迹叠加的区内分割部分为$32\,708\times10^{-6}hm^2$，因此人均生态足迹总的需求为$884\,308\times10^{-6}$ hm^2，而旅游生态足迹需求仅5.12%。由此看到两点：

(1)唐家河自然保护区2012年共接待游客665 160人次，旅游者平均逗留2d。旅游者总人数是社区居民15 676人的42.4倍；旅游者人均逗留天数是社区居民的23%；如果进行年度转化，旅游者人均生态足迹为$78\,688\times10^{-4}$ hm^2，是当地居民的9.24倍。

(2)因游客总量大，2012年唐家河自然保护区游客总旅游生态足迹的区内分割值是9611.77hm^2，是当地社区居民的72%，占叠加后总的生态足迹需求(22 961.45hm^2)的41.86%。

旅游者占用了相当多的当地社区居民的生态足迹需求，造成居民利益损失，应进行相应的旅游生态补偿(曹辉，2007)。

2. 旅游者与当地居民生态足迹效率差异分析

在调查研究的基础上，通过数据整理、分析与计算，得出唐家河旅游生态足迹及效率值(冯国杰，2014)。

唐家河自然保护区2012年旅游生态足迹总计30 141.73 hm^2，旅游收入2.67×10^8元，其旅游生态足迹效率是8858元/hm^2，是中国平均水平(3386元/hm^2)的2.62倍，接近全球平均水平(1106美元/hm^2)，这说明了唐家河自然保护区旅游资源利用的相对高效性，但与美国(3337美元/hm^2)、香港(3982美元/hm^2)等发达国家及地区相比，还存在较大的差距。这主要是旅游购物、餐饮的生态足迹效率较低导致的(韩光伟，2008)。由此发现，唐家河自然保护区的旅游产业链有待完善，旅游交通网络应不断完善，畅通旅游流。

唐家河自然保护区2012年社区居民的生态足迹总值是13 349.68hm^2，经济总收入是2907.1×10^3元，其本底生态足迹效率值是3092元/hm^2。

对2012唐家河自然保护区2个生态足迹效率值进行比较得出，旅游者的旅游生态足迹效率(8858元/hm^2)是当地居民的本底生态足迹效率(3092元/hm^2)的2.9倍。

6.6.4 唐家河自然保护区社区居民的生态补偿标准

1. 生态补偿最低标准

2012 年唐家河自然保护区社区居民的生态足迹效率为 3092 元/hm^2。在发展低碳经济的大趋势下，灾后青川成为生态重建区。为建生态区，在 500 万亩的青川土地上，已建成生态公益林 213 万亩，占全县林地总面积的 60%，退耕还林、荒山造林、封山育林 50 多万亩，使整个青川林地面积达到 374 万亩，森林覆盖率达到 68.7%。青川县 2012 年完成造林面积 0.83 万亩，其中人工造林 0.33 万亩、封山育林 0.5 万亩。大力实施“银杏富民”工程，栽植银杏 268.7 万株，并在青溪镇、三锅乡建立银杏示范基地共 1010 亩。在三锅乡范围内已实施退耕还林 3262.5 亩，唐家河自然保护区 2012 年退耕还林与还草的面积是 526.64hm^2，根据式(6-3)可以计算出居民的直接收益损失价值(章锦河等，2005)。

$$R = E_{ef} \times S \tag{6-3}$$

式中，R 是要计算的居民直接收益损失价值；E_{ef} 代表的是居民生态足迹效率；S 代表的是退耕还林还草的面积。

计算得出，居民的直接收益损失价值为 1628.37×10^3 元，这可以作为生态补偿最低标准，唐家河自然保护区社区居民 2012 年每户应得补偿 379 元，人均应得补偿 104 元。

2. 生态补偿最高标准

2012 年唐家河自然保护区旅游生态足迹效率值是 8858 元/hm^2，退耕还林还草面积是 526.64 hm^2，根据式(6-4)可以计算退耕还林还草的游憩功能价值。

$$V = \mathrm{ET}_{ef} \times S \tag{6-4}$$

式中，V 是要计算的游憩功能价值；ET_{ef} 代表的是旅游生态足迹效率；S 代表的是退耕还林还草的面积。

计算得出，退耕还林还草的游憩功能价值是 4664.98×10^3 元，这可以作为生态补偿上限标准，唐家河自然保护区社区居民 2012 年每户应得补偿 1085 元，人均应得补偿 296 元。

3. 生态补偿合理标准

确定补偿的合理标准是选择以旅游者与社区居民的生态足迹效率之差计算(郑敏，张伟，2008)。唐家河自然保护区 2012 年旅游者与社区居民的生态足迹效率之差为 5766 元/hm^2，退耕还林还草的面积为 526.64hm^2，根据式(6-5)可以计算居民的生态补偿值(郑敏，2008；冯国杰，2014)。

$$\mathrm{EC} = (\mathrm{ET}_{ef} - E_{ef}) \times S \times k \tag{6-5}$$

式中，EC 是要计算的居民生态补偿价值；ET_{ef} 代表的是旅游生态足迹效率；E_{ef} 代表的是居民生态足迹效率；S 代表的是退耕还林还草的面积；k 代表的是生态补偿调节系数，我们计算时取 k 为 1。

计算得出，居民生态补偿价值是 3036.61×10^3 元，这可以作为生态补偿的合理标准，唐家河自然保护区 2012 年社区居民每户应得补偿 706 元，人均应得补偿 194 元。

参考文献

C. 特罗勒, 林超. 1983. 景观生态学. 地理译报, (1): 1-7.

蔡骐, 杨静. 2005. 关于涵化理论的历史考察和方法论反思. 吉首大学学报(社会科学版), 20(4): 89-92.

蔡守秋. 2005. 环境正义与环境安全——二论环境资源法学的基本理念. 河海大学学报(哲学社会科学版), 7(2): 1-5+92.

蔡鑫磊. 2013. 基于利益相关者理论的中国矿业权市场研究. 北京: 中国经济出版社.

曹昌伟. 2014. 法学视阈下生态补偿概念之厘定. 铜陵学院学报, 13(3): 73-76.

曹辉, 陈秋华. 2007. 福州市旅游生态足迹动态. 生态学报, 27(11): 4687-4695.

曹辉. 2007. 城市旅游生态足迹测评——以福建省福州市为例. 资源科学, 29(6): 98-105.

曹明德, 黄东东. 2007. 论土地资源生态补偿. 法制与社会发展, 75(3): 96-105.

曹明德. 2007. 矿产资源生态补偿法律制度之探究. 法商研究, (2): 17-24.

曹新向, 姬晓娜, 安传艳. 2006. 基于生态足迹分析的区域旅游可持续发展定量评价研究——以开封市为例. 环境科学与管理, 31(6): 133-136.

陈昌曙. 2000. 哲学视野中的可持续发展. 北京: 中国社会科学出版社.

陈宏辉. 2003. 利益相关者管理: 企业伦理管理的时代要求. 经济问题探索, (2): 68-71.

陈宏辉. 2004. 企业利益相关者的利益要求: 理论与实证研究. 北京: 经济管理出版社.

陈辉. 2007. 基于生态足迹理论的四川青城山区生态旅游可持续发展研究. 成都: 四川农业大学.

陈丽华. 2011. 桂林旅游产业创新发展研究. 武汉: 武汉大学.

陈利顶, 李秀珍, 傅伯杰, 等. 2014. 中国景观生态学发展历程与未来研究重点. 生态学报, 34(12): 3129-3141.

陈玲玲, 严伟, 陆鑫. 2011. 基于生态足迹模型的南京市旅游可持续发展评估及对策研究. 生态经济, (12): 157-161.

陈玲玲, 严伟, 潘鸿雷. 2012. 生态旅游 理论与实践. 上海: 复旦大学出版社.

陈明光, 田伟珂, 查兰建, 等. 2013. 黔西南生态文化旅游的生态补偿研究. 改革与战略, 29(9): 66-69.

陈成国. 2004. 礼记校注. 长沙: 岳麓书社.

陈鹰, 黄磊昌, 王祥荣. 2007. 区域旅游规划中旅游资源集合区生态位的研究. 城市规划, (4): 37-41.

陈月娜. 2010. 博弈论应用于我国旅游研究的探讨. 全国商情(理论研究), (4): 86-87.

陈振明. 1999. 政治学. 北京: 中国社会科学出版社.

陈祖海. 2004. 试论生态税赋的经济激励——兼论西部生态补偿的政府行为. 税务与经济, 15(6): 55-57.

陈祖海. 2008. 西部生态补偿机制研究. 北京: 民族出版社.

谌利民, 何万红, 张敏, 等. 2006. 四川唐家河自然保护区周边工农村自然资源利用冲突与管理对策研究. 四川林勘设计, (4): 5-9.

谌利民, 熊跃武, 马曲波, 等. 2006. 四川唐家河自然保护区周边林缘社区野生动物冲突与管理对策研究. 四川动物, 25(4): 781-783.

程厚思, 邱文达, 赵德文. 1997. 孤岛效应与云南民族贫困问题研究. 贫困问题专刊, (2): 9 -13 .

程占红, 张金屯. 2001. 生态旅游的兴起和研究进展. 经济地理, 21(1): 110-113.

丛沛桐, 颜廷芬, 周福军, 等. 1999. 东北羊草群落种群生态位重叠关系研究. 植物研究, 12(2) : 213-218.

崔凤军. 1996. 泰安岱庙的游客合理容量研究. 泰安师专学报, (6): 80-83.

大卫·皮尔斯. 1996. 绿色经济的蓝图. 北京: 北京师范大学出版社.

代明, 覃剑, 戴谢尔. 2009. 环境服务付费研究与实践动态. 环境与可持续发展, 34(6): 13-16.

邓明翔. 2012. 滇池流域生态补偿机制研究. 昆明: 云南财经大学.

董燕燕. 2010. 关于生态补偿与生态正义. 改革与开放, (14): 92.

窦蕾. 2007. 基于生态足迹模型的旅游可持续发展评价研究. 济南: 山东师范大学.

杜群, 张萌. 2006. 我国生态补偿法律政策现状与问题//生态补偿机制与政策设计国际研讨会论文集. 北京: 中国环境科学出版社: 62.

杜群. 2005. 生态补偿的法律关系及其发展现状和问题. 现代法学, 27 (3): 186-191.

杜万平. 2001. 完善西部区域生态补偿机制的建议. 中国人口 • 资源与环境, 11(3): 119-122.

段永惠, 王丽娟. 2004. 生态旅游及其在我国发展的思考. 生产力研究, (6): 104-106

范俊荣. 2011. 论政府介入自然资源损害补偿的角色. 甘肃政法学院学报, (4): 29-34. .

范练练, 沈苏彦. 2016. 旅游景区征地补偿及其对农民的影响分析——基于江苏溱湖风景区的调研. 中南林业科技大学学报(社会科学版), 10(3): 66-70.

范永康. 2013. 生态美的学理依据、理论内涵和美学特征. 鄱阳湖学刊, (3): 85-89.

范中桥. 2004. 地域分异规律初探. 哈尔滨师范大学自然科学学报, 20(5): 106-109.

方俊. 2003. 社区管理研究综述. 江西行政学院学报, 5(1): 76-80.

方恺. 2013. 生态足迹深度和广度: 构建三维模型的新指标. 生态学报, 33(1): 267-274.

冯国杰, 严贤春, 冯明义, 等. 2013. 嘉陵江流域四川段主要旅游景区生态位. 生态学杂志, 32(9) : 2407-2411.

冯国杰. 2014. 四川唐家河自然保护区生态旅游开发及补偿机制研究. 南充: 西华师范大学.

冯凌. 2010. 基于产权经济学“交易费用”理论的生态补偿机制建设. 地理科学进展, 29(5) : 515-522.

冯艳芬, 王芳, 杨木壮. 2009. 生态补偿标准研究. 地理与地理信息科学, 25(4): 84-88. .

傅伯杰. 1983. 地理学的新领域——景观生态学. 生态学杂志, 2(4): 60-7.

高瑞. 2007. 基于 GIS 的生态补偿空间均衡性分析. 武汉: 华中师范大学.

高亚东. 2009. 我国旅游开发中的生态环境补偿机制研究. 贵阳: 贵州大学.

葛颜祥, 梁丽娟, 接玉梅. 2006. 水源地生态补偿机制的构建与运作研究. 农业经济问题, (9): 22-27+79.

葛颜祥, 吴菲菲, 王蓓蓓, 等. 2007. 流域生态补偿: 政府补偿与市场补偿比较与选择. 山东农业大学学报(社会科学版), (4): 48-53+125-126.

关海玲, 梁哲. 2016. 基于 CVM 的山西省森林旅游资源生态补偿意愿研究——以五台山国家森林公园为例. 经济问题, (10): 105-109.

郭华. 2008. 国外旅游利益相关者研究综述与启示. 人文地理, 23(2): 100-105.

郭升选. 2006. 生态补偿的经济学解释. 西安财经学院学报, 19(6): 43-48.

郭田田, 刘东. 2011. 建立旅游开发生态补偿机制研究. 管理学刊, 24(3): 65-67.

郭秀锐, 杨居荣, 毛显强. 2003. 城市生态足迹计算与分析——以广州为例. 地理研究, 22(5): 654-662.

中华人民共和国环境保护部. 2016-11-08. 全国自然保护区名录. http: //sts. mep. gov. cn/zrbhq/zrbhq/.

国家环境保护总局环境与经济政策研究中心. 2006. “中国建立生态补偿机制的战略与政策框架”研究报告.

国务院环境保护委员会秘书, 中国人民大学人口与环境与发展研究室编. 1996. 中国环境资源政策法规大全. 北京: 中信出版社.

韩光伟. 2008. 四川二郎山国家森林公园旅游生态足迹实证研究. 成都: 四川农业大学.

韩杰. 2004. 对地域分异规律的探讨. 地理教学, (4): 4-5.

韩明谟, 王思斌. 1993. 社会学概论. 北京: 中央广播电视大学出版社.

韩卫平. 2016. 生态补偿概念的法学界定. 甘肃政法学院学报, (2): 74-80.

韩召迎. 2012. 基于生态足迹模型的区域可持续发展评价研究. 南京: 南京农业大学.

汉语大词典编委会. 1995. 汉语大词典. 北京: 汉语大词典出版社.

郝奇华. 2015. 新制度经济学视角下的环境服务业发展研究. 西安: 西安建筑科技大学.

何承耕. 2007. 多时空尺度视野下的生态补偿理论与应用研究. 福州: 福建师范大学.

贺伶俐, 袁书琪, 李海峰. 2010. 基于生态位理论的福州市内河旅游开发策略. 重庆师范大学学报(自然科学版), 27(1): 672-693.

洪尚群, 吴晓青, 段昌群, 等. 2001. 补偿途径和方式多样化是生态补偿基础和保障. 环境科学与技术, 24(S2): 40-42.

胡海胜. 2007. 山地景区生态足迹分析——以庐山为例. 长江流域资源与环境, 16(6): 814-820.

胡锦矗. 2005. 四川唐家河自然保护区综合科学考察报告. 成都: 四川科学技术出版社.

胡孝平, 马勇, 史万震. 2011. 基于旅游产业发展视角的生态补偿模式创新研究. 江苏商论, (4): 129-131.

胡勇军, 胡声军. 2005. 福利经济学及其理论演进. 江西青年职业学院学报, 15(4): 53-55.

胡振琪, 程琳琳, 宋蕾. 2006. 我国矿产资源开发生态补偿机制的构想. 环境保护, (19): 59-62.

户朝雪, 秦安臣. 2014. 国内旅游生态足迹研究进展. 河北林果研究, 29(4): 425-429.

华淑华. 1985. 旅游经济学. 社会科学, (8): 68.

环境保护部环境规划院. 2009. 神农架林区生态补偿课题研究报告.

《环境科学大辞典》编委会. 2008. 环境科学大辞典(修订版). 北京: 中国环境科学出版社.

黄芳. 2001. 优化旅游系统的生态学原理. 生态经济, (11) : 19-20.

黄海玉, 魏敏. 2006. 厦门市生态旅游资源开发与价值补偿研究. 生态经济(学术版), (2): 179-181+277.

黄圣霞, 巫国富. 2011. 基于博弈的生态旅游资源开发与利益补偿研究. 安徽农业科, 39(22): 13830-13831+13834.

黄锡生. 2006. 矿产资源生态补偿制度探究. 现代法学, 28(6): 122-127.

黄羊山. 2004. 旅游规划原理. 南京: 东南大学出版社.

黄鹰西, 杨亚娜, 杨桂华. 2014. 中外旅游生态补偿实践对比研究. 生态经济(学术版), 30(1): 280-283.

黄尤优, 刘守江, 胡进耀, 等. 2009a. 四川唐家河自然保护区西北至东南方向景观格局的梯度变化. 云南植物研究, 31(1): 49-56.

黄尤优, 刘守江, 胡进耀, 等. 2009b. 唐家河保护区主要植被类型景观格局的梯度分析. 长江流域资源与环境, 18(2): 197-203.

黄尤优, 刘守江, 张鹤, 等. 2008a. 唐家河自然保护区植被景观空间格局分析. 中南林业科技大学学报, 28(1): 108-112.

黄尤优, 刘守江, 张鹤, 等. 2008b. 唐家河自然保护区植被景观梯度变化及其成因. 生态与农村环境学报, 24(4): 17-22.

姜加虎, 黄群, 孙占东. 2006. 洞庭湖生态功能保护的原则和任务. 生态环境, 15(3): 645-649.

蒋姮. 2008. 自然保护地参与式生态补偿机制研究. 北京: 中国政法大学.

蒋姮. 2009. 重塑自然保护地生态旅游补偿渠道. 生态经济, (1): 47-50.

蒋业利. 2012. 重点旅游城市旅游生态足迹研究——以桂林市为例. 环境保护与循环经济, (3): 42-46.

蒋依依, 宋子千, 张敏. 2013. 旅游地生态补偿研究进展与展望. 资源科学, 35(11): 2194-2201.

蒋依依, 王仰麟, 成升魁, 等. 2008. 旅游景观生态系统理论. 生态学报, 28(4): 1786-1793.

蒋依依, 王仰麟, 彭建, 等. 2006. 基于旅游生态足迹模型的旅游区可持续发展度量——以云南省丽江纳西族自治县为例. 地理研究, 25(6): 1134-1142.

靳乐山, 李小云, 左停. 2007. 生态环境服务付费的国际经验及其对中国的启示. 生态经济, (12): 156-158+163.

孔凡斌, 魏华. 2004. 森林生态保护与效益补偿法律机制研究. 干旱区资源与环境, 18(5): 112-118.

孔凡斌. 2003. 试论森林生态补偿制度的政策理论、对象和实现途径. 西北林学院学报, 18(2): 101-104+115.

孔凡斌. 2010. 中国生态补偿机制: 理论、实践与政策设计. 北京: 中国环境科学出版社.

孔凡斌. 2007. 完善我国生态补偿机制: 理论, 实践与研究展望. 农业经济问题, (10): 50-54.

匡纬, 李莎. 2007. 美国国家公园初探. 科技信息, (3): 264.

雷静, 冯明义, 兰英, 等. 2009. 基于生物多样性保护的唐家河自然保护区生态旅游发展研究. 四川林勘设计, (1): 37-40+51.

李传健. 2006. 农业补贴与土地资源价值的实现. 实事求是, (1): 40-42.

李春梅. 2009. 成都三圣乡乡村旅游发展对房地产开发的影响研究. 成都: 四川师范大学.

李丹丹. 2015. 基于 CVM 的海滨旅游资源生态补偿意愿研究——以北海银滩为例. 人力资源管理, (3): 201-202.

李刚. 2012. 九寨沟自然保护区生态旅游与社区参与互动模式研究. 成都: 四川农业大学.

李海涛, 黄渝. 2007. 浅析生物多样性的理论与实践. 安徽农业科学, 35(32): 10488-10489+10491.

李建华. 2009. 森林旅游生态补偿的生态伦理学思考. 商业经济, (10): 111-113.

李建华. 2014. 基于社区参与的森林生态旅游补偿机制研究. 现代经济信息, (7): 261-262+264.

李建建, 黎元生, 胡熠. 2006. 论流域生态区际补偿的主导模式与运行机制. 生态经济(学术版), 22(2): 319-321+326.

李静, 黄远水. 2010. 都市自然遗产旅游资源的生态补偿机制研究. 乐山师范学院学报, 25(12): 57-61.

李俊清, 石金莲, 刘金福. 2004. 生态旅游学. 北京: 中国林业出版社.

李蕾蕾. 1995. 从景观生态学构建城市旅游开发与规划的操作模式. 地理研究, 14(3): 69-73.

李丽娟. 2012. 构建我国森林旅游生态补偿机制初探. 西北林学院学报, 27(2): 238-241.

李鹏, 杨桂华. 2007. 云南香格里拉旅游线路产品生态足迹. 生态学报, 27(7): 2954- 2963.

李倩, 申海龙. 2008. 环境公平理论及其现实意义初探. 北方经济, (6): 24-25.

李如嘉. 2010. "新旅游"视野下大熊猫旅游产品的开发——以唐家河国家级自然保护区为例. 西南民族大学学报(人文社科版), (10): 141-144.

李佟. 2011. 草原旅游景区生态位评价模型及其应用研究. 南昌: 江西师范大学.

李文华, 李芬, 李世东, 等. 2006. 森林生态效益补偿的研究现状与展望. 自然资源学报, 21(5): 677-688.

李文华, 刘某承. 2010. 关于中国生态补偿机制建设的几点思考. 资源科学, 32(5): 791-796.

李文华, 王如松. 2002. 生态安全与生态建设. 北京: 气象出版社.

李小云, 靳乐山, 左停, 等. 2007. 生态补偿机制; 市场与政府的作用. 北京: 社会科学文献出版社.

李晓光, 苗鸿, 郑华, 等. 2009. 生态补偿标准确定的主要方法及其应用. 生态学报, 29(8): 4431-4440.

李亚娟, 胡静, 张渭. 2010. 浅析生态补偿机制在旅游业中的应用. 中国人口・资源与环境, 20(S2): 222-225.

李永华. 2012. 论生态正义的理论维度. 中央财经大学学报, (8): 73-77.

梁慧. 2007. 国际生态旅游发展趋势展望. 当代经济, (1): 72-73.

梁丽娟, 葛颜祥, 傅奇蕾. 2006. 流域生态补偿选择性激励机制——从博弈论视角的分析. 农业科技管理, (4): 49-52.

梁丽娟, 葛颜祥. 2006. 关于我国构建生态补偿机制的思考. 软科学, (4): 66-70.

廖荣华. 2003. 关于生态旅游系统理论研究综述. 邵阳学院学报, 2(5): 122-126.

廖小平, 成海鹰. 2004. 论代际公平. 伦理学研究, (4): 25-31.

廖小平. 2002. 代际伦理刍议. 哲学动态, (1): 18-20.

林志刚, 陈诚. 2010. 可持续发展视野下的代际公平研究述评. 湖北经济学院学报, 8(6): 107-112.

刘爱利, 刘家明, 刘敏, 等. 2007. 国内外旅游度假区孤岛效应研究进展. 地理科学进展, 26(6): 109-118.

刘冰冰, 贾爱玲. 2014. 生态补偿制度的理论基础——环境公平. 河北公安警察职业学院学报, 14(2): 46-49.

刘改芳, 董观志. 2007. 基于生态位的区域旅游业稳定度研究. 旅游学刊, 22(05): 19-23.

刘国涛. 2010. 生态补偿概念和性质. 山东师范大学学报(人文社会科学版), 55(5): 145-150.

刘静霞. 2009. 湖泊型旅游生态社区建设. 昆明: 云南财经大学.

刘丽霞, 马锐峰, 马永红, 等. 2008. 唐家河自然保护区种子植物区系研究. 绵阳师范学院学报, 27(2): 77-83.

刘淼, 胡远满, 李月辉, 等. 2006. 生态足迹方法及研究进展. 生态学杂志, 25(3): 334-339.

刘敏, 刘春凤, 胡中州. 2013. 旅游生态补偿: 内涵探讨与科学问题. 旅游学刊, 28(2): 52-59.

刘旭芳, 李爱年. 2007. 论生态补偿的法律关系. 时代法学, 5(1): 54-59.

刘宇辉, 彭希哲. 2004. 中国历年生态足迹计算与发展可持续性评估. 生态学报, 24(10): 2257-2262.

娄嘉利, 罗善军. 2015. 国际旅游岛建设背景下海南省征地补偿研究——以万宁市龙滚镇为例. 安徽农业科学, 43(19): 295-296+301.

卢云亭. 1996. 生态旅游与可持续旅游发展. 经济地理, 16(1): 106-111.

鲁丰先, 秦耀辰, 徐两省, 等. 2006. 旅游生态足迹初探——以嵩山景区 2005 年“五一”黄金周为例. 人文地理, (5): 31-35.

鲁小波. 2010. 自然保护区生态旅游开发与管理. 北京: 旅游教育出版社.

罗尔斯顿. 2000. 哲学走向荒野. 刘耳, 叶平, 译. 北京: 中国社会科学出版社.

罗佳. 2008. 九江市旅游生态足迹分析与研究. 武汉: 华中师范大学.

罗小龙, 甄峰. 2000. 生态位态势理论在城乡结合部应用的初步研究——以南京市为例. 经济地理, 20(5): 55-58+71.

罗艳菊, 吴章文. 2005. 鼎湖山自然保护区旅游者生态足迹分析. 浙江林学院学报, 22(3): 330-334.

吕忠梅. 2003. 超越与保守——可持续发展视野下的环境法创新. 北京: 法律出版社.

麻红晓, 甘联君. 2005. 关于生态旅游的责任性理论之思考. 江西科技师范学院学报, (5): 25-28.

马春, 孟伟庆, 鞠美庭, 等. 2008. 中国 1997—2006 年可持续发展动态测度分析. 安全与环境学报, 8(6): 75-80.

马晶. 2005. 环境正义的法哲学研究. 长春: 吉林大学.

马勇, 胡孝平. 2010a. 神农架旅游生态补偿实施系统构建. 人文地理, 25(6): 120-124.

马勇, 胡孝平. 2010b. 鄂西生态文化旅游圈生态补偿模式创新对策研究. 湖北社会科学, (10): 73-76.

马志正. 1993. 恢复生态学刍议. 山西师大学报(自然科学版), 7(2): 80.

毛显强, 钟瑜, 张胜. 2002. 生态补偿的理论探讨. 中国人口. 资源与环境, 12(4): 40-43.

孟德友, 陆玉麒. 2008. 基于生态位理论的城市生态位研究. 地域研究与开发, 27(2): 56-58.

米姗姗, 阎友兵. 2007. 试论生态旅游与生态补偿机制的构建. 企业家天地, (1): 18-19.

闵庆文, 甄霖, 杨光悔. 2007. 自然保护区生态补偿研究与实践进展. 生态与农村环境学报, 23(1): 81-84.

闵庆文, 甄霖, 杨光梅, 等. 2006. 自然保护区生态补偿机制与政策研究. 环境保护, (19): 55-58.

莫延芬. 2010. 生态旅游中的社区利益补偿机制研究——以大山包国家级自然保护区为例. 重庆理工大学学报(社会科学版), 24(12): 49-53+58.

聂勇, 黎云祥, 马永红, 等. 2010. 川产淫羊藿属(*Epimedium*)药用植物的无性系构件特征和生物量配置比较. 植物研究, 33(4): 490-495.

牛莉芹, 程占红. 2009. 五台山发展生态旅游问题研究. 山西财经大学学报(高等教育版), 12(1): 90-92.

牛亚菲, 王文彤. 2000. 可持续旅游概念与理论研究. 国外城市规划, (3): 17-22.

牛亚菲. 1999. 可持续旅游, 生态旅游及实验方案. 地理研究, 18(2): 179-184.

欧维富, 鲜方海, 陈万里, 等. 1999. 唐家河自然保护区大熊猫种群数量及栖息地的移动. 四川动物, 18(2): 43-45.

欧阳志云, 郑华, 岳平. 2013. 建立我国生态补偿机制的思路与措施. 生态学报, 33(3): 686-692.

潘华丽. 2013. 环境税背景下旅游经济与旅游生态环境效应研究. 济南: 山东师范大学.

潘金玉. 2014. 基于旅游生态足迹模型的武隆喀斯特世界自然遗产地旅游可持续发展研究. 重庆: 重庆工商大学.

潘梦霞. 2015. 旅游开发征地中留地安置补偿研究. 湘潭: 湘潭大学.

潘晓东. 2004. 论国际环境公平义务的形成与确认. 中国人口. 资源与环境, 14(5) : 5-9.

祁黄雄, 林伟立. 1999. 景观生态学在旅游规划中的应用. 人文地理, 14(1): 26-30.

祁新华, 陈烈, 程煜, 等. 2005. 区域旅游可持续发展的生态学透视. 地理与地理信息科学, 21(1) : 74-78.

祁新华, 程煜, 包战雄. 2007. 生态位理论在旅游地竞争中的应用研究. 桂林旅游高等专科学校学报, 18(3) : 404-406.

秦艳红, 康慕谊. 2007. 国内外生态补偿现状及其完善措施. 自然资源学报, 22(4): 557-567.

任海, 王俊, 陆宏芳. 2014. 恢复生态学的理论与研究进展. 生态学报, 34(15): 4117-4124.

任文伟. 2011. 人类生态学发展及国内外研究进展. 中国科学基金, 25(2): 90-93.

任勇, 冯东方, 俞海. 2008. 中国生态补偿理论与政策框架设计. 北京: 中国环境科学出版社.

山东大学中文系《荀子批注》组. 1974. 荀子・天论. 济南: 山东人民出版社.

沈光明. 1988. 人类生态学. 现代外国哲学社会科学文摘, (9): 49-50.

沈满洪, 何灵巧. 2002. 外部性的分类及外部性理论的演化. 浙江大学学报(人文社会科学版), 32(1): 152-160.

沈满洪, 陆菁. 2004. 论生态保护补偿机制. 浙江学刊, (4): 217-220.

沈满洪, 谢慧明. 2009. 公共物品问题及其解决思路——公共物品理论文献综述. 浙江大学学报(人文社会科学版), 39(6): 133-144.

沈佐锐. 2011. 生态健康企业的法规意识和道德规范及生态足迹研讨//中国生态学学会 2011 年学术年会论文摘要集. 北京: 中国生态学会: 137.

史本林. 2005. 生态旅游发展研究. 西安: 西安地图出版社.

史玉成. 2016. 生态补偿的法理基础与概念辨析. 甘肃政法学院学报, (4): 8-16.

世界环境与发展委员会. 1997. 我们共同的未来. 长春: 吉林人民出版社.

舒基元, 姜学民, 杨峥. 1997. 自然资源代际转移模型研究. 中国人口・资源与环境, 7(1): 58-62.

四川省旅游局. 2006. 四川省旅游统计便览 (2004—2006).

四川省人民政府. 2004. 四川省生态旅游发展报告.

四川省人民政府. 2006. 新五大旅游区规划建设方案.

宋瑞. 2005. 我国生态旅游利益相关者分析. 中国人口・资源与环境, 5(1): 39-44.

宋学成, 王江华. 2004. 延安旅游圈的构建及社区化管理初探. 延安大学学报(社会科学版), 26(1): 79-83.

苏章全, 明庆忠, 李庆雷. 2010. 基于旅游生态位理论的旅游区发展策略研究——以滇中大昆明国际旅游区为例. 旅游学刊, 25(6): 37-41.

孙宏斌. 2014. 黑龙江省旅游资源开发背景下的生态补偿机制研究. 国土与自然资源研究, (6): 87-89.

索生安. 2012. 旅游开发中的人文关怀缺失与重构——基于利益主体理论视角. 湖北社会科学, (3): 76-78.

谭秋成. 2009. 关于生态补偿标准和机制. 中国人口. 资源与环境, 19(6): 1-6.

谭伟文, 文礼章, 仝宝生, 等. 2012. 生态足迹理论综述与应用展望. 生态经济, (6): 173-181.

唐小辉. 2015. 从马斯洛需求层次理论看美国旅游的人文关怀. 湖南科技学院学报, 36(11): 94-97.

唐以剑. 1981. 人类生态学——环境科学研究的核心. 自然辩证法通讯, (3): 50-51.

田道勇. 1996. 浅谈旅游可持续发展. 人文地理, 11(2): 12-15.

田里, 李常林. 2004. 生态旅游. 天津: 南开大学出版社.

田里, 钟晖, 杨懿. 2016a. 旅游经济孤岛效应测度及调控研究. 中国人口·资源与环境, 26(S1): 281-285.

田里, 钟晖, 杨懿. 2016b. 旅游景区孤岛效应理论研究. 思想战线, 42(4): 149-152.

田萍萍. 2006. 基于生态足迹分析的陕西关中地区生态安全与生态补偿研究. 西安: 西北大学.

汪慧. 2009. 完善旅游项目征地补偿制度. 合作经济与科技, (9): 25-26.

汪劲. 2014. 论生态补偿的概念——以《生态补偿条例》草案的立法解释为背景. 中国地质大学学报(社会科学版), 14(1): 1-8+139.

汪为青, 倪才英, 甘荣俊. 2009 . 自然保护区生态补偿问题研究. 榆林学院学报, 19(2): 8-11.

王保利, 李永宏. 2007. 基于旅游生态足迹模型的西安市旅游可持续发展评估. 生态学报, 27(11): 4777-4784.

王东焱. 2016. 基于 CVM 法的傣族园社区旅游资源间接使用价值评估及其补偿机制. 昆明: 云南师范大学.

王丰年. 2006. 论生态补偿的原则和机制. 自然辩证法研究, 22(1): 31-35.

王峰. 2012. 《西双版纳傣族自治州旅游生态补偿条例》立法研究. 中国政法大学学报, (4): 38-42+159.

王金南. 2006. 生态补偿机制与政策设计国际研讨会论文集. 北京: 中国环境科学出版社.

王军生, 邹东哲, 鹿明雷. 2015. 基于博弈论方法分析流域内生态补偿机制. 西安财经学院学报, 28(6): 109-114.

王女杰, 刘建, 吴大千, 等. 2010. 基于生态系统服务价值的区域生态补偿——以山东省为例. 生态学报, 30(23): 6646-6653.

王青云. 2008. 关于我国建立生态补偿机制的思考. 宏观经济研究, (7): 11-15+49.

王清军, 蔡守秋. 2006. 生态补偿机制的法律研究. 南京社会科学, (7): 73-80.

王群, 杨兴柱. 2012. 境外旅游业碳排放研究综述. 旅游学刊, 27(1): 73-82.

王晓易. 2010-03-21. 海南旅游要避免“孤岛效应” . http: //news. 163. com/10/0321/11/629VG0LL000146BB. html.

王渭, 王小明, 胡锦矗, 等. 2003. 唐家河自然保护区小型兽类群落结构. 兽类学报, 23(1): 39-44.

王云帆. 2014-07-01. 旅游景区应避免“孤岛效应” . http: //www. legaldaily. com. cn/index/content/2014-07/01/content_5640153. htm?node=20908.

魏湘岳. 1995. 生态旅游与我国的生物多样性保护. 科学对社会的影响, (4): 25-33.

文红, 李建华. 2007. 森林旅游生态补偿的理论思考. 湖南林业科技, 34(6): 73-75+82.

乌兰. 2010. 生态旅游. 北京: 经济管理出版社.

吴必虎. 1998. 旅游系统: 对旅游活动与旅游科学的一种解释. 旅游学刊, 13(1): 21-25.

吴泓, 周章. 2006. 基于利益主体理论的旅游利益主体融合探讨. 学海, (5): 150-154.

吴华, 胡锦矗, 陈万里, 等. 2000. 唐家河自然保护区鬣羚春冬季对生境的选择. 动物学研究, 21(5): 355-360.

吴晋阳. 2012. 我国生态旅游开发生态补偿法律制度的完善研究. 昆明: 昆明理工大学.

吴净利, 李好好. 2003. 对旅游可持续发展的探讨. 北方经贸, (1): 116-117.

吴隆杰, 杨林, 苏昕, 等. 2006. 近年来生态足迹研究进展. 中国农业大学学报, 11(3): 1-8.

吴晓青, 洪尚群, 段昌群, 等. 2003. 区际生态补偿机制是区域间协调发展的关键. 长江流域资源与环境, 12(1): 13-16.

吴耀宇. 2011. 浅论盐城海滨湿地自然保护区旅游生态补偿机制的构建. 特区经济, (2): 167-168.

席建超, 葛全胜, 成升魁, 等. 2004. 旅游消费生态占用初探——以北京市海外入境旅游者为例. 自然资源学报, 19(2): 224-229.

鲜方海, 喻晓钢. 2011. 唐家河国家级自然保护区大型真菌多样性研究. 中国野生植物资源, 30(2): 17-20.

向延平, 向昌国, 陈友莲. 2010. 生态位理论在张家界市主要旅游景区评价中的应用. 应用生态学报, 21(5): 1315 -1320.

肖笃宁, 钟林生. 2000. 生态旅游与景观生态学研究. 科学新闻, (5): 5.

肖坚. 2007. 完善生态环境税收补偿机制. 税收征纳, (11): 9-10.

谢高地, 鲁春霞, 冷允法, 等. 2003. 青藏高原生态资产的价值评估. 自然资源学报, 18(2): 189-196.

谢剑斌, 何承耕, 钟全林. 2008. 对生态补偿概念及两个研究层面的反思. 亚热带资源与环境学报, 3(2): 57-64.

熊国保, 胡婷婷, 罗志红. 2012. 区域地质旅游开发中的生态补偿机制构建——以鄱阳湖生态经济区为例. 江西社会科学, (8): 66-70.

徐娥. 2006. 盐城海滨湿地旅游生态足迹分析与生态旅游可持续开发研究. 南京: 南京师范大学.

徐旭. 2016. 生态补偿理论基础与中国问题. 中国市场, (34): 231+234.

徐玉霞. 2011. 城市旅游生态足迹动态分析——以宝鸡市为例. 西北人口, 32(2): 91-96.

徐中民. 2002. 中国 1999 年的生态足迹分析. 土壤学报, 39(3): 441-445.

许春晓. 2000. 论旅游资源非优区的补偿类型与性质. 湖南师范大学社会科学学报, 29(4): 67-71.

许芬, 时保国. 2010. 生态补偿—观点综述与理性选择. 开发研究, (5): 105-110.

许芬, 时保国. 2012. 生态补偿与理性选择. 求知, (8): 44-46.

薛瑞芳. 2009. 基于生态足迹理论的天目山旅游生态可持续发展研究. 西安: 陕西师范大学.

闫伟. 2008. 区域生态补偿体系研究. 北京: 经济科学出版社.

严力蛟. 2007. 生态旅游学. 北京: 中国环境科学出版社.

严丽. 2010. 广西金秀瑶族自治县旅游生态足迹研究. 广西: 桂林理工大学.

严贤春. 2004. 生态农业旅游. 北京: 中国农业出版社.

燕守广. 2009. 关于生态补偿概念的思考. 环境与可持续发展, 34(3): 33-36.

杨光梅. 2007. 我国生态补偿研究中的科学问题. 生态学报, 27(10): 299-300.

杨光宇. 2007. 榆林地区煤炭资源开发生态补偿机制及对策研究. 西安: 西北大学.

杨桂华, 李鹏. 2005. 旅游生态足迹: 测度旅游可持续发展的新方法. 生态学报, 25(6): 1475-1480.

杨桂华, 李鹏. 2007. 旅游生态足迹的理论意义探讨. 旅游学刊, 22(2): 54-58.

杨桂华, 张一群. 2012a. 旅游生态不正义及其纠正. 思想战线, (3): 112-115.

杨桂华, 张一群. 2012b. 自然遗产地旅游开发造血式生态补偿研究. 旅游学刊, 27(5): 8-9.

杨桂华, 钟林庆, 明庆忠. 2000. 生态旅游. 北京: 高等教育出版社.

杨国良. 2010. 四川生态旅游. 北京: 中国林业出版社.

杨国霞. 2010. 我国生态补偿标准研究综述. 黑龙江生态工程职业学院学报, 23(1): 3-5.

杨林. 2008. 景宁旅游开发中"文化生态补偿特区"构建. 金华职业技术学院学报, 8(3): 19-22.

杨攀科, 刘军. 2017. 国家公园旅游生态补偿机制的构建——以神农架国家公园为例. 旅游纵览(下半月), (4): 166-167.

杨晓华. 2005. 岷山地区唐家河自然保护区生态旅游开发与保护研究. 成都: 成都理工大学.

杨旭煜, 李如嘉, 程励, 等. 2006. 四川唐家河国家级自然保护区生态旅游发展战略研究. 四川动物, 25(1): 72-75.

杨一容. 2009. 基于制度短板的生态旅游资源补偿机制研究. 厦门: 厦门大学.

叶文虎, 魏斌, 仝川. 1998 . 城市生态补偿能力衡量和应用. 中国环境科学, 18(4): 11-14.

易艳. 2010. 宜春市明月山森林生态旅游资源开发中的价值补偿研究. 宜春学院学报, 32(11): 52-55+81.

易艳. 2011. 森林旅游资源开发中的外部环境成本补偿机制研究. 旅游论坛, 4(2): 37-40.

尹占娥, 殷杰, 许世远. 2007. 上海乡村旅游资源定量评价研究. 旅游学刊, 22(8) : 59-63.

尤海涛, 周立学. 2005. 自然保护区的旅游开发议. 临沂师范学院学报, (3): 53-56.

于航. 2008. 森林公园型自然保护区生态功能与价值分析. 长春: 吉林大学.

余洁, 李树民, 张祖群. 2007. 自然文化遗产地控制旅游建设用地的补偿机制. 中国人口·资源与环境, 17(4): 128-133.

余勇. 2006. “大青城”生态旅游区景观格局动态变化研究. 成都: 四川农业大学.

余正荣, 1996. 生态智慧论. 北京: 中国社会科学出版社.

余作岳, 彭少麟. 1997. 热带亚热带退化生态系统植被恢复生态学研究. 广州: 广东科技出版社.

俞颖奇. 2012. 基于生态足迹的旅游可持续发展研究. 北京: 中央民族大学.

庾莉萍. 2008. 水资源保护生态补偿机制的思考. 资源与人居环境, (2): 55-57.

喻建良. 2006. 国有采矿权转让价值评估——基于利益相关者理论的分析与实证. 北京: 中国经济出版社.

喻庆国. 2007. 云南元阳哈尼梯田湿地生态旅游生态补偿机制探讨. 安徽农业科学, 35(25): 7902-7908.

袁重桂, 胡锦矗, 吴毅, 等. 1990. 唐家河自然保护区冬季独栖羚牛及其习性. 动物学研究, 11(3): 203-208.

曾广权, 张星梓. 2006. 建立云南省生态补偿机制的研究. 昆明: 云南科学技术出版社.

曾珍香, 傅惠敏, 王云峰. 2000. 旅游可持续发展的系统分析. 河北工业大学学报, 29(3): 50-54.

张奥佳, 程占红. 2016. 中国旅游生态补偿研究现状与展望. 资源开发与市场, 32(2): 226-229.

张冰, 申韩丽, 王朋薇, 等. 2013. 长白山自然保护区旅游生态补偿支付意愿分析. 林业资源管理, (1): 68-75.

张诚谦. 1987. 论可更新资源的有偿利用. 农业现代化研究, (5): 22.

张锋. 2010. 生态补偿法律保障机制研究. 北京: 中国环境科学出版社.

张广海, 师亚哲. 2017. 国内旅游生态补偿研究进展与趋势分析. 山西农业大学学报(社会科学版), 16(6): 49-55.

张惠远, 刘桂环. 2006. 我国流域生态补偿机制设计. 环境保护, (19): 49-54.

张建萍. 2008. 生态旅游. 北京: 中国旅游出版社.

张建伟. 2007. 生态补偿中的政府责任: 论政府生态行政补偿. 学习论坛, (12): 67-69.

张杰, 张华. 1999. 生态旅游与生物多样性保护. 野生动物, (2): 17.

张理英, 薛跃规. 2007. 生态旅游开发中生态补偿机制初探——阳朔龙颈河案例研究. 桂林旅游高等专科学校学报, 18(2): 231-234.

张林, 覃峭. 2008. 补偿机制与旅游社区和谐发展研究——以龙脊梯田为例. 经济问题探索, (3): 121-124.

张录强, 范跃进. 2006. 循环经济原理及其发展要点. 东北财经大学学报, (2): 3-6.

张朴甜. 2017. 外部性理论研究综述. 现代商业, (9): 176-177.

张胜全. 2015. 从景观生态美的理论探析到辨别指标. 四川戏剧, (10): 91-93.

张思雪, 周游. 2012. 我国旅游资源生态补偿价值评估研究. 中国商贸, (33): 152-153.

张伟, 吴必虎. 2002. 利益主体(Stakeholder)理论在区域旅游规划中的应用——以四川省乐山市为例. 旅游学刊, 17(4): 63-68.

张伟, 张建春. 2005. 国外旅游与消除贫困问题研究评述. 旅游学刊, 20(1): 90-96 .

张小蒂. 1993. 资源节约型经济与利益机制. 上海: 上海三联书店.

张一群, 杨桂华. 2012. 对旅游生态补偿内涵的思考. 生态学杂志, 31(2) : 477-482.

张泽钧, 胡锦矗, 吴华, 等. 2002. 唐家河大熊猫种群生存力分析. 生态学报, 22(7): 990-998.

张泽钧. 2016. 四川唐家河国家级自然保护区生物多样性研究. 北京: 科学出版社.

张子程. 2009. 自然生态美三种形态的划分及理论意义. 中南民族大学学报(人文社会科学版), 29(2): 146-150.

章锦河, 张捷. 2004. 旅游生态足迹模型及黄山市实证分析. 地理学报, 59(9): 763-771.

章锦河, 李佳佳, 陈冬冬. 2007. 风景名胜区旅游经济的孤岛效应分析. 安徽师范大学学报(自然科学版), 30(6): 712-717.

章锦河, 张捷, 梁玥琳, 等. 2005. 九寨沟旅游生态足迹与生态补偿分析. 自然资源学报, 20(5): 735-744.

章铮. 1995. 生态环境补偿费的若干基本问题//中国生态环境补偿费的理论与实践. 北京: 中国环境科学出版社.

赵春光. 2009. 我国流域生态补偿法律制度研究. 青岛: 中国海洋大学.

赵翠薇, 王世杰. 2010. 生态补偿效益、标准——国际经验及对我国的启示. 地理研究, 29(4): 597-606.

赵建林. 2006. 生态补偿法律制度研究. 北京: 中国政法大学.

赵立民, 魏敏. 2007. 基于生态旅游资源开发的价值补偿机制研究. 生产力研究, (19): 71-73.

赵梦. 2010. 生态旅游研究进展. 四川林勘设计, (2): 34-41.

赵世瑾. 2012. 中国涵化理论沿革和发展现状综述. 北京印刷学院学报, 20(5): 6-10.

赵晓英, 孙成权. 1998. 恢复生态学及其发展. 地球科学进展, 13(5): 61-67.

赵煜, 胡孟娜, 余彬. 2015. 生态足迹理论研究综述. 发展, (7): 75-76.

郑海霞, 张陆彪, 涂勤. 2010. 金华江流域生态服务补偿支付意愿及其影响因素分析. 资源科学, 32(4): 761-767.

郑敏, 张伟. 2008. 山地旅资源生态补偿机制构建. 安徽农业科学, 36(11): 4629-4630+4659.

郑敏. 2008. 山岳型旅游资源开发生态补偿机制研究. 济南: 山东师范大学.

郑四渭, 贝勇斌. 2007. 非物质文化旅游资源价值补偿运行机制初探. 桂林旅游高等专科学校学报, 18(6): 795-797+802.

郑宇. 2008. 都江堰市旅游生态足迹研究. 成都: 四川师范大学.

中国21世纪议程管理中心. 2009. 生态补偿原理与应用. 北京: 社会科学文献出版社.

中国环境科学大词典编委会. 1991. 环境科学大辞典. 北京: 中国环境科学出版社.

中国社会科学院语言研究所词典编辑室. 2005. 现代汉语词典. 北京: 商务印书馆.

中国生态补偿机制与政策课题研究组. 2007. 中国生态补偿机制与政策研究. 北京: 科学出版社.

钟大能. 2006. 在西部民族地区完善财政生态补偿机制的对策建议. 中央财经大学学报, (5): 22-26.

钟华. 2009. 渭河流域水资源保护的生态补偿标准研究. 咸阳: 西北农林科技大学.

钟晖. 2016. 旅游景区孤岛效应测度及逆变机理研究. 昆明: 云南大学.

周大杰, 董文娟, 孙丽英, 等. 2005. 流域水资源管理中的生态补偿问题研究. 北京师范大学学报(社会科学版), (4): 131-135.

周放, 房慧伶. 2000. 两种鹪莺的种间生态位关系研究. 动物学研究, 21(1) : 52-57.

周静, 管卫华. 2012. 基于生态足迹方法的南京可持续发展研究. 生态学报, 32(20): 6471-6480.

朱春全. 1997. 生态位势态理论与扩展假说. 生态学报, 17(3) : 324-332.

朱华. 2006. 乡村旅游利益主体研究——以成都市三圣乡红砂村观光旅游为例. 旅游学刊, 21(5): 22-27.

庄国泰, 高鹏, 王学军. 1995. 中国生态环境补偿费的理论与实践. 中国环境科学, 15(6): 413-418.

邹仁爱, 陈俊鸿, 陈绍愿, 等. 2006. 旅游地生态位的概念、原理及优化策略研究. 人文地理, 21(5): 36-40.

邹统钎, 高中, 钟林生. 2008. 旅游学术思想流派. 天津: 南开大学出版社.

Adamson K A. 2003. An examination of consumer demand in the secondary niche market for fuel cell vehicles in Europe. In-ternational Journal of Hydrogen Energy, 28(7): 771-780.

Chen X D, Lupi F, He G M, et al. 2009. Factors affecting land reconversion plans following a payment for ecosystem service program. Biological Conservation, 142(8): 1740-1747.

Cole V, Sinclair A J. 2002. Measuring the ecological footprint of a Himanayan tourist center. Mountain Rearch and Development, 22(2): 132-141.

Colinvaux P. 1986. Ecology. New York: Wiley.

Elton C S. 1927. Animal Ecology. London: Sidgwick and Jackson.

Erb K H. 2004. Actual land demand of Austria 1926-2000: A variation on ecological footprint assessments. Land Use Policy, 21(3):

247-259.

Ghazoul J, Garcia C, Kushalappa C G, et al. 2009. Landscape labelling: a concept for next-generation payment for ecosystem service schemes. Forest Ecology and Management, 258(10): 1889-1895.

Ghimire B G. 2001. Regional tourism and South-south economic cooperation. The Geographical Journal, 167(2): 99 -110.

Global Footprint Network. 2005-12-10. National Footprint and Biocapacity Accounts. http: //www. footprintnetwark. org.

Gossling S, Hansson C B, Horstmeier O, et al. 2002. Ecological footprint analysis as a tool to assess tourism sustainability. Ecological Economics, 43(7): 199-211.

Gray L. 1999. New Zealand H R D practitioner competencies: Application of the ASTD competency mode. The International Journal of Human Resource Management, 10(6): 1046-1059.

Grinnell J. 1917. The niche-relationships of the California thrasher. The Auk, 34(4): 427433.

Guanxia C. 1995. The definition of the niche by fuzzy set theory. Ecological Modelling, 77: 65-71.

Holden E, Hoyer G. 2005. The ecological footprints of fuels. Transportation Research Part D: Transport and Environment, 10(5): 395-403.

Hunter C, Shaw J. 2007. The ecological footprint as a key indicator of sustainable tourism. Tourism Management, 28(1): 46-57.

Hunter C. 2002. Sustainable tourism and ecological footprint. Environment, Development and Sustainability, 4(1): 7-20.

Hutchinson G E. 1957. Concluding remarks. Cold Spring HarborSymposia on Quantitative Biology, 22(1507): 6677.

Kosoy N, Corbera E, Brown K. 2008. Participation in payments for ecosystem services: Case studies from the Lacandon rainforest, Mexico. Geofomm, 39(6): 2073-2083.

Larson J S. 1984. Rapid assessment of wetlands: history and application to management. Global Wetlands, (3) : 623-636.

Loh J, Wackernagel M. 2004. The Living Planet Report 2004. World Wild Fund for Nature International(WWF), Grand, Switzerland.

Odum E P. 1971. Fundamentals of Ecology (3rd ed.) . Sanders: Philadelphia.

Passmore J A. 1979. Man`s Responsibility for Nature: Ecological Problems and Western Tradition. New York.

Rees W E, Wackernagel M. 1996. Our ecological footprint: reducing human impact on the earth. Canada: New Society Publisher.

Rees W E. 1996. Achieving sustainability: reform or transformation. Journal of Planning Literature, 9(4): 22-52.

Ross S, Wall G. 1999. Ecotourism: towards congruence between theory and practice. Tourism Management, 20(1): 123-132.

Scherr S J, White A. 2002. Outline for presentation-factors to consider in choosing instruments to promote enviuomental services. Workshop on Payment Schemes for Enviuomental Services, (4): 22-23.

Slinger V. 2000. Ecotourism in the last indigenous caribbean community. annals of Tourism Research, 27(2): 520-523.

Stoglehner G. 2003. Ecological footprint—a tool for assessing sustainable energy supplies. Journal of Cleaner Production, 11(3): 267-277.

Tao Z P. 2003. Ecological Rucksack and Ecological Footprint—The Weight and the Area Concept of Sustainable Development. Beijing: Economical Sciences publishing House.

Wackernagel M, Monfreda C, Deumling D. 2002. The Living Planet Report 2002. World Wild Fund for Nature International(WWF), Grand, Switzerland .

Wackernagel M, Rees W E. 1996. Our Ecological Footprint: Reducing Human Impact on the Earth. Gabriela Island. B C, Canada. New Society Publishers.

Wackernagel M. 1997. Ecological footprints of nations: How much do they use? How much nature do they have? Commissioned by the Earth Council for the Rio+5Forum.

Weaver D B. 1999. Magnitude of Ecotourism in Costa Rica and Kenya. Annals of Tourism Research, 26(4): 792-816.

Wendland K J, Honzák M, Portela R, et al. 2010. Targeting and implementing payments for ecosystem services: opportunities for bundling biodiversity conservation with carbon and water services in Madagascar. Ecological Economics, 69(11): 2093-2107.

Wunder S. 2005. Payments for environmental services: some nuts and bolts. Practitioner, 239(1548): 206-208.

附录　四川旅游生态补偿问卷调查

尊敬的先生、女士：

为了使您的旅游得到更好的服务，促使本地区旅游业健康发展，请您协助我们填写本问卷，在符合您情况的项目内填写或划“√”表示。本次调查为无记名填写，纯粹用于旅游研究，我绝不会公开您的信息，感谢您的认真填写 ，祝旅途愉快！

西华师范大学生命科学学院

年　月　日

1. 您来自何地？________省(直辖市、自治区)________市________县________乡

2. 您的性别是：□女；　□男。

3. 您的年龄：□14 岁以下；□15—24 岁；□25—44；□45—64 岁；□65 岁以上。

4. 您的文化程度：□初中以下；□高中(含中专)；□大专及大学；□研究生及以上。

5. 您的职业是：□公务员；□企事业管理人员；□科研人员；□教师；□服务销售人员；□工人；□军人；□农民；□学生；□退休人员；□自由职业者；□其他_____。

6. 您的个人月收入_____元：□1000 元以下；□1000—1500 元；□1501—2000 元；□2001—2500 元；□2501—3000 元；□3001—3500 元；□3501—4000 元；□4001—5000 元；□5000 元以上。

7. 您对此地的了解是通过_____？□亲友介绍；□书报；□广播、电视；□互联网；□传说与典故；□旅行社介绍。

8. 您到此地旅游的目的主要是：_____□体验、了解自然；□到受干扰小的地方旅游；□体验民族风情；□休闲度假；□科考探险；□商务会议；□登山健身；□探亲访友；□其他________________________________。

9. 您的旅行方式是：□随旅行社；□单位组织；□与朋友结伴；□与家人一起；□单独一人。

10. 您在四川的旅行天数：□当天返回；□2—3 天；□4—5 天；□6—7 天；□8 天及以上。

11. 本次旅游主要开销在(可多选)：□吃；□住宿；□交通；□门票；□购物；□娱乐。

12. 您本次旅游的花费是：□小于 100 元；□100—200 元；□200—300 元；□300—500 元；□500—700 元；□700—900 元；□900 元以上。

13. 您一般选择的出游季节或时间是(可多选)：□空余时间；□周末；□国定假日；□休假；□淡季。

14. 通常决定您旅游的最主要因素是：□季节；□距离；□经费；□个人兴趣。

15. 通常您愿意选择何种旅游目的地：□历史文化名城；□优美自然山水；□现代化城市；□浓郁民族风情；□随机，都可以。

16. 您听说过“生态旅游”吗？□没听说过；□听说过但不了解；□较为了解，能说出大致内容；□非常了解。

17. 如果您看到其他游客乱扔垃圾，您会？□告诫自己不要乱扔；□告诉管理人员；□把垃圾捡起来放到垃圾箱里；□主动上前制止让人别乱扔；□置之不理，当没看见。

18. 现在四川旅游地已出现了生态退化或破坏现象，需要对其进行必要的环境保护，这需要资金支持，您是否愿意为此支付一定的费用？

□是；□否(选择“是”，请做 20、21、22 题；选择“否”，请做 23 题)。

19. 为保护四川旅游地环境，您的家庭每年最多能拿出多少钱(元)？

□5；□10；□20；□50；□80；□100；□120；□150；□200；□300；□400；□500；□800；□>1000。

20. 作为生态环境补偿，您认为哪种支付方式比较好？(可多选)

□以现金方式捐献到相关机构(如四川旅游保护区的管理机构)；

□购买环境保护国债；

□接受四川的生态旅游区提高门票价格，门票再按比例用于环境补偿；

□缴纳个人所得税(其中包含环境保护方面的税)。

21. 如果您在第 18 题中选择“否”(即不愿意付费)请说明原因。(可多选)

□家庭收入不高，没能力支付这个费用；

□愿意以其他方式代替，如出工代替；

□担心交了钱会被挪做他用，不用于旅游地的环境保护；

□这完全是政府的事，应由政府出钱来保护环境；

□旅游地的环境状况对我的生活影响较小，与我关系不密切；

□其他原因：____。

22. 通常情况下，您及家人一年中参加环境保护公益活动的次数是多少？

□没有参加；□1 次；□2 次；□3～4 次；□5 次及以上。

23. 请在下面 1～10 中选择你对生态补偿费用支付意愿的确定性程度。

非常不确定←・・・・・・・→非常确定

□1；□2；□3；□4；□5；□6；□7；□8；□9；□10。

24. 您心中理想的四川旅游是什么样的？(可多选)

□保留原始的自然风光；□增加人工景点丰富娱乐内容；□完善的餐饮住宿购物服务；□开展丰富多彩的主题活动；□提供地理、植物、旅游等知识教育；□有配套的景点。

25. 鉴于现在旅游地生态环境存在的问题，应该采取哪些措施解决问题或改善现状？请提出您宝贵的意见。

____

____